現代青年の「ひとりの時間」に関する発達心理学的研究

—— 自我同一性形成との関連に焦点を当てて ——

増 淵 裕 子 著

風 間 書 房

はじめに

　現代の青年は，他人に関与されない「ひとりの時間」を好み，大切にしているように見受けられる。青年心理学，発達心理学においても，現代青年の特徴として，個人主義や希薄な友人関係が言われている（宮下，2009）。しかし一方で，「便所飯（朝日新聞，2009）」や「ランチメイト症候群（町沢，2002）」など，ひとりで過ごすことを人にどう思われるかに過敏な様子も指摘されている。現代の青年にとって，「ひとりの時間」とはどのような意味があるのだろうか。「個」「個性」というものが重要視される現代の日本の教育や社会風潮の中で，「ひとりの時間」はどのような意味を持っているのだろうか。

　本書は，このような問題意識から，現代青年における「ひとりの時間」の持つ意味について，特に自我同一性形成との関連に焦点を当てて，以下の点を検討するものである。(1)ひとりで過ごすことを現代の青年はどのように感じ，どのように「ひとりの時間」を過ごしているのか，(2)ひとりで過ごすことの捉え方や「ひとりの時間」の過ごし方は発達や個人によって違いがあるのか，(3)「ひとりの時間」と自我同一性とはどう関連するのか，(4)現代青年における「ひとりの時間」の持つ有用性は何なのか。

　具体的には，第1章で，「ひとりの時間」と現代青年期について文献研究を行う。第2章から第4章では，調査研究を行う。第2章では，大学生を対象に「ひとりの時間」に関する探索的研究を行う。第3章では，大学生における「ひとりの時間」の分析として，ひとりで過ごすことに関する感情・評価尺度と，「ひとりの時間」の過ごし方尺度を作成し，これらと自我同一性や友人に対する感情等との関連を検討する。第4章では，青年期における「ひとりの時間」の発達的変化について，中・高・大学生を対象に検討を行

う。第5章では，第1章から第4章までの検討をふまえ，本研究の総括を行う。

なお，本書は，2012年3月に昭和女子大学より学位を授与された博士論文「現代青年における『ひとりの時間』の持つ意味―自我同一性形成との関連に焦点を当てて―」を基にしたものであるが，第3章の一部は，学位論文提出後にさらに再分析し，「大学生における『ひとりの時間』の検討および自我同一性との関連」（増淵（海野），2014, pp.105-123）として，青年心理学研究第25号に掲載された。再分析した理由は，青年心理学研究投稿時に，編集委員会および審査員の先生方から，分析プロセスに関する示唆が得られたためである。再分析結果は補章に掲載する。

1980年代以降の日本社会は，"人々が「個性」や「自分らしさ」にこだわり，「自分さがし」というアイデンティティ探求にすすんで乗り出していく時代と社会（児美川，2006, p.53）"と言われる。また，日本の学校教育においても，1980年代から，「個性の尊重」が重要とされてきた（臨時教育審議会，1985；浅野，2013）。このように，個人の意識の上でも社会の要請という点でも，「個」の確立が重要視されている現代，「ひとりの時間」の持ち方がより重要となってくると推測される。また，「ひとりの時間」という視点は，青年の心理や抱えている悩みを理解するために，および青年期の発達を見るために，有効であると考えられる。

本書の研究は，主として，筆者が大学院修士課程に入学した2004年から始まり，2012年までに行われたものを基にしている。近年，スマートフォンの普及，LINEやFacebook，ツイッターなどのソーシャル・ネットワーキング・サービス（SNS）利用者の増加など，青年の情報環境およびコミュニケーション手段は急速に変化を続けており，このような変化は，青年の「ひとりの時間」にも影響を及ぼしていると考えられる。また，ひとりぼっちを意味する「ぼっち」という若者言葉も出てきた。本書では，スマートフォンやSNSが大幅に普及した後の「ひとりの時間」は扱えていないが，本書の研

究が，個人主義，自分さがし，個性尊重教育等をキーワードとする現代青年を理解する手がかりとなり，今後さらに青年の「ひとりの時間」を検討していく際の基礎となればと考える。

　「ひとりの時間」という視点から，現代の青年を理解する上で役立つ知見を提供することが本書の目的である。

目　次

はじめに

第1章　「ひとりの時間」と現代青年期 …………………………… 1
1.1　はじめに　1
1.2　現代日本の青年の特徴と「ひとりの時間」　2
1.3　現代日本の「個」を重視する風潮と自我同一性の形成の難しさ　3
1.4　自我同一性の形成に関する先行研究　5
1.5　自我同一性の形成と「ひとりの時間」　12
1.6　「ひとりの時間」に関連する先行研究　14
1.7　「ひとりの時間」という視点から見た現代青年期　23
1.8　本研究における「ひとりの時間」の定義　24
1.9　本研究の目的と意義　25
1.10　本研究の構成　26

第2章　「ひとりの時間」に関する探索的研究 …………………… 29
2.1　本章の問題と目的　29
2.2　大学生は「ひとりの時間」をどう捉えるか―自由記述の分析を中心とした検討―　32
2.3　研究Ⅰ：大学生における「ひとりの時間」の持つ意味の探索　45
2.4　研究Ⅱ：ひとりで過ごすことに関する大学生の意識―「能動的なひとり」と「受動的なひとり」の比較―　72
2.5　本章のまとめ　89

第 3 章　大学生における「ひとりの時間」の分析 ……………… 93
　3.1　本章の問題と目的　　93
　3.2　「ひとりの時間」に関する尺度の作成と検討　　96
　3.3　大学生における「ひとりの時間」に関連する要因の検討　　114
　3.4　ひとりで過ごすことに関する感情・評価から見た群別特徴　　157
　3.5　本章のまとめ　　167

第 4 章　青年期における「ひとりの時間」の発達的変化 ……… 171
　4.1　本章の問題と目的　　171
　4.2　青年期における「ひとりの時間」の発達的変化の検討　　172
　4.3　青年期における「ひとりの時間」に関連する要因の検討　　181
　4.4　ひとりで過ごすことに関する感情・評価から見た青年の群別特徴　　197
　4.5　本章のまとめ　　205

第 5 章　総括と展望 …………………………………………………… 209
　5.1　本研究の概要　　209
　5.2　本研究の総合考察と今後の展望－充実した「ひとりの時間」を持つための提言－　　217

引用文献 …………………………………………………………………… 229
付　　録 …………………………………………………………………… 235

補　章　大学生における「ひとりの時間」の再検討 ……………… 239
　6.1　補章設定の経緯および本章の問題と目的　　239
　6.2　「ひとりの時間」に関する尺度の作成（3.2の再分析）　　240
　6.3　大学生における「ひとりの時間」と自我同一性との関連（3.3におけ

る自我同一性との関連に関する部分の再分析） 247
  6.4 ひとりで過ごすことに関する感情・評価から見た群別特徴（3.4の再分析） 255
  6.5 本章のまとめ 263

初出一覧……………………………………………………………………267
謝　辞……………………………………………………………………269

第1章 「ひとりの時間」と現代青年期

1.1 はじめに

　現代の青年は，他人に関与されない「ひとりの時間」を享受し，「ひとりの時間」を自分らしく過ごしているようにも見受けられる。一方，現代の日本の教育や社会風潮の中でも，「個」「個性」ということがますます重要視されるようになってきている。このように，「個」というものが，人々の意識の上でも社会の要請という点でも重視される現代日本において，青年にとって「ひとりの時間」とはどのような意味があるのか，彼らは「ひとりの時間」をどのように持っているのかを検討していくことは，現代の若者の実態を把握し，彼らの心理や抱えている悩みを理解する視点として，さらには青年期の発達を見る視点として，価値があると考えられる。すなわち，「ひとりの時間」という視点から見ることで，現代の日本の青年が直面している問題，および，自我同一性の形成といった青年期の発達の問題をよく理解していけるのではないだろうか。

　そこで，本章では，現代日本の青年期および青年期発達について，および，青年期における「ひとりの時間」に関連する先行研究について，これまでの研究を概観し，そこに「ひとりの時間」という視点を入れることで現代青年期を捉えなおし，「ひとりの時間」と現代青年期に関する問題を明らかにすることを目的とする。

1.2 現代日本の青年の特徴と「ひとりの時間」

　現代の青年は，他人に関与されない「ひとりの時間」を享受し，「ひとりの時間」を自分らしく過ごしているようにも見受けられる。たとえば，街中や電車内で携帯音楽プレーヤーで音楽を聴いたり，喫茶店でそれぞれ自分の時間を過ごしたりしている青年をよく見かける。

　読売新聞（2004）では，一人で行動する女性のイメージを調査し，「自立している」「気楽そう」という肯定的なイメージを挙げた人が7割に達したことから，"一人の時間を積極的に楽しもうとする女性の強い意識がうかがわれた（読売新聞，2004，p.27）"としている。また，肯定的イメージを挙げた人は平均49.0歳，「寂しそう」など否定的イメージを挙げた人は平均58.5歳と，年代によってイメージの違いがあったことを明らかにしている。この調査は，青年のみを対象としたものではなく，また女性限定ではあるものの，現代では，ひとりで過ごすことに肯定的なイメージを持つ人が多いこと，年代によってイメージに違いがあることを示すものであり，現代の青年男女一般でも，このような肯定的イメージを持つ人が多いと推測される。

　上記のように，青年が「ひとりの時間」をのびのびと満喫しているように思われる一方，ひとりで過ごすことを人にどう思われるかに過敏な様子も指摘されている。一人で食べている姿を人に見られるのが嫌で，トイレの個室でご飯を食べる「便所飯（朝日新聞，2009）」や，学校や職場で一緒に食事をする相手がいないことに一種の恐怖を覚える「ランチメイト症候群（町沢，2002）」，「ひとりじゃいられない症候群（諸富，2001）」など，ひとりで過ごすことを人にどう思われるか，友達がいないと思われるのではないかということに強い不安を抱え，実際にひとりでは過ごせない，ひとりで行動できない青年がいることもうかがえる。

　このような現代青年の特徴として，宮下（2009）は，個人主義や希薄な友

人関係が見られることを指摘している。また，岡田（2007）は，従来の青年観である，親密で内面を開示するような関係あるいは人格的共鳴や同一視をもたらすような関係を意味する「内面的友人関係」を避け，互いに傷つけ合わないよう，表面的に円滑な関係を志向する傾向を特徴とする「現代的友人関係」が，さまざまな実証的研究において見出されてきていることを指摘している。藤井（2001）は，現代青年のヤマアラシ・ジレンマは，従来の「近づきたい―離れたい」というものではなく，「近づきたい―近づきすぎたくない」・「離れたい―離れすぎたくない」という，より微妙で，非常に複雑な葛藤であることを明らかにしている。このように，希薄で表面的な友人関係を特徴とし，個人主義の傾向がある青年の内面には，友人関係への不安が強く，互いに傷つけ合わないようにという気遣いや，複雑な葛藤が存在すると考えられる。そのため，「ひとりの時間」を好む青年の中には，その裏にこのような友人関係への不安や葛藤を持つ人もいるのかもしれない。以上から，「ひとりの時間」の持ち方を検討する際には，対人関係の持ち方も合わせて考える必要があると考えられる。

1.3 現代日本の「個」を重視する風潮と自我同一性の形成の難しさ

児美川（2006）は，1980年代以降の日本社会を，"人々が「個性」や「自分らしさ」にこだわり，「自分さがし」というアイデンティティ探求にすすんで乗り出していく時代と社会（児美川，2006，p.53）"と考え，"そこに生きる個人を自由に羽ばたかせる「解放」的な側面を有している（児美川，2006，p.53）"一方で，"人の行為や行動は「個性的」であることが望ましいというある種の強迫的な観念（児美川，2006，p.54）"（=「個性的であれという社会的規範」）があることを指摘している。また，土井（2004）も，"「個性的であることは素晴らしいことだ」との想いを，かつての社会とは異なって，現代では

多くの人びとが共有しているのだとしたら，それはまぎれもなく社会現象の一つであり，したがってその想いは社会化の産物にほかならない（土井,2004, p.38）"として，現代の子どもたちが「個性」を煽られていることを指摘している。このように，「個」を重視し，「個性」を尊重する現代の風潮は，彼らにとって自由で喜ばしい風潮である反面，自分だけの何か（特徴・長所・進路など）を探していかなければならないという点で，大きな圧力にもなっているのではないかと考えられる。

また，奇（2005）は，日本と韓国の自我同一性形成における「集団性」の差異について検討しているが，韓国の自我同一性形成については十分な資料が得られなかったと述べ，それについて，韓国では日本で注目されているような「個」の確立や自立を課題にした視点自体が乏しいことも一因だと指摘している。このことから，「個」の確立や自立というのは，日本の欧米化の進行によって現在特に浮上している問題，日本社会が特に直面している問題とも言えるのではないだろうか。

谷（1997）は，日本においては，相互協調的自己観を前提とするため，同一性危機においては，現実の自分は「関係」の方に向いているが，理想としては「個」を志向しているという形の葛藤が多いとして，日本人青年の同一性形成における葛藤の存在を述べている。高田（2004）もまた，"自己は他者との関係の中ではじめて成り立つとする相互協調的自己観を内面化した自己認識を形成することと，Eriksonの自我同一性の論議を始め，一般に青年期の発達課題であるとされる他者から分離した独自の自己を確立することは，ある意味で矛盾する側面をもつ（高田，2004, p.182）"として，日本文化における青年期に特徴的な，自己認識の再構成の難しさを指摘している。このように，日本社会の欧米化（相互協調的自己観から相互独立的自己観へ）の中で，その移行段階におけるひずみとして，青年の自我同一性形成の困難さ，自我同一性の感覚の持ちにくさということが出てきていると推測される。

さらに，上記のような自己観の側面からだけではなく，現代の日本社会は，

社会のシステムの複雑化，人々の生活様式や価値観の多様化などに伴って，何をもって一人前とするかの基準が非常に不明瞭であり，到達すべき目標を見いだすことが困難になってきていることから，現代社会での自我同一性の確立の難しさがあるという大日向（1990）の指摘もある。

以上から，現代日本における「個」の重視の風潮と，そのような風潮の中，一方で，青年が自我同一性を形成していくことの困難さがあることが考えられる。

1.4 自我同一性の形成に関する先行研究

従来から心理学においては，青年期になると，「自分とは何か」ということについて疑問を持つようになるとされ，自我同一性の形成は青年期における重要な発達課題であるとされている。しかし，前節で述べたように，現代日本において，「個」を重視する風潮がある一方で，青年が自我同一性を形成していくことの困難さがあると考えられる。では，自我同一性とはどのように形成されるのだろうか。本節では，自我同一性に関する先行研究，特に，本研究に関連する，自我同一性の形成プロセスと自我同一性形成に関わる要因に関する先行研究について概観する。

1.4.1 自我同一性の定義

自我同一性とは，Erikson（1959）が提唱した概念であり，"内的な不変性と連続性を維持する各個人の能力（心理学的意味での個人の自我）が他者に対する自己の意味の不変性と連続性とに合致する経験から生まれた自信（Erikson, 1959 小此木訳編 1973, p.112）"のことである。谷（2004）は，Eriksonの自我同一性についての記述を整理し，"斉一性・連続性をもった主観的な自分自身が，まわりからみられている社会的な自分と一致するという感覚（谷，2004，p.3）"と定義づけている。

1.4.2 自我同一性研究の変遷

Eriksonにより自我同一性の概念が提唱されて以来，自我同一性に関するさまざまな研究が行われてきた（鑪・山本・宮下，1984など）。

その中でも特に，Marcia（1966）の自我同一性ステイタス論は代表的であり，自我同一性の実証研究の始まりとなるものである。これは，職業と宗教的・政治的イデオロギーに関する「危機」と「積極的関与」の有無という2つの基準によって，自我同一性の様態を類型化したものであり，同一性達成，モラトリアム，早期完了，同一性拡散の4つに分類される（Table 1-1参照）。また，各ステイタスは，同一性達成，モラトリアム，早期完了，同一性拡散の順で同一性のレベルが高いとされている。

Marcia（1966）のステイタス論を用いた研究は数多くなされているが，ステイタス論に関する批判や疑問も多く指摘されている（Bourne, 1978; Côté & Levine, 1988; 谷，2008など）。たとえば，谷（2008）は，Marcia（1976）の縦断的研究において，同一性達成・モラトリアムから早期完了へと不合理なステイタスの移行が見られたことや，自我同一性形成においてMarciaが仮定するような「危機」が必要であるとはEriksonは全く述べていないことなど，いくつかの観点からステイタス論の問題点を指摘している。

また，ステイタス論への批判とも通じるが，自我同一性概念やステイタス論が提唱された1950～1960年代と比べて，現代においては，社会状況の変化により自我同一性のあり方自体が変わってきていることも指摘されている。これらの指摘は，状況に応じて柔軟に自己を使い分けたり，変容させたりすることが，現代においては適応的な自我同一性のあり方であるという考え方である。このことを，浅野（2009）は，「状況志向」，「多元的自己」，「多元化するアイデンティティ」という表現で指摘している。溝上（2008）もまた，ポストモダン社会のアイデンティティを，複数化・断片化・流動化したアイデンティティとし，アイデンティティ形成の領域が多領域化していると述べている。

Table 1-1　Marcia (1964) による，自我同一性ステイタス（鑢・山本・宮下，1984より抜粋し一部修正）

自我同一性ステイタス		危機	積極的関与
同一性達成 (Identity Achiever)		すでに経験した	している
モラトリアム (Moratorium)		現在，経験している	あいまいである，あるいは積極的に傾倒しようとしている
早期完了 (Foreclosure)		経験していない	している
同一性拡散 (Identity Diffusion)	危機前拡散 (Pre-crisis Diffusion)	経験していない	していない
	危機後拡散 (Postcrisis Diffusion)	すでに経験した	していない

注）「早期完了」は，鑢・山本・宮下（1984）では「早産」と訳されているが，「早期完了」と訳されることも多く，その方が意味が伝わりやすいと考え，本表では「早期完了」とした。

1.4.3　自我同一性の形成に関する研究

　自我同一性の形成に関する研究は，自我同一性の形成プロセスや自我同一性形成の要因を明らかにすることによって，Erikson 理論をより経験的・実証的にとらえていこうとする諸研究が中心であるが，自我同一性研究の重要な領域の1つであるにもかかわらず，研究数はそれほど多くないと言われている（宮下，1998）。しかしながら，近年，自我同一性形成に関する研究は少しずつ増えてきており，特に，自我同一性が具体的にどのように形成されるのか，自我同一性の形成プロセスにおいて具体的に何が変化するのかといった，具体性を伴った研究が出てきている。

　自我同一性が具体的にどのように形成されるのかに関して，山田（2004）は，これまでのアイデンティティの"感覚"を捉えるための尺度開発の研究では，"「その感覚が何によってもたらされているのか」についての問いには答えることができないでいる（山田，2004，p.403)"とした上で，現代大学生

の日常的活動がどのようにして自己形成に関わる活動として機能しているかを検討している[1-1]。その結果，アイデンティティの感覚といった内的な同一性の概念が，外的な活動に対して付与された認知的評価との関連によって形成・獲得されることが示されている。

　Kerpelman, Pittman, & Lamke (1997) は，自我同一性形成のプロセスについて，アイデンティティ・コントロール理論を提唱している（Figure 1-1参照）。この理論について，畑野（2010）は，"個人の行動はアイデンティティ基準に基づいてなされる。その行為は他者のフィードバックを受け，自己知覚される。自己知覚は比較器でこれまでのアイデンティティ基準と比較され，アイデンティティ基準とずれているかどうかが行動変容を規定する。(畑野，2010, p.33)"と説明している。

　また，自我同一性の形成プロセスにおいて具体的に何が変化するのかという点に関して，杉村（1998）は，自己と他者との関係のあり方がアイデンティティであると指摘し，アイデンティティ形成において関係性のレベルが変化していく，具体的には，自己の視点と他者の視点の結びつけ方が洗練されていくと考えている。また，その観点から，女子大学生を対象に実証研究を行い，関係性のレベルの変化を見出している（杉村，2001）。また，関係性のレベルの変化に関わる要因として，「就職活動・職業決定」および「友人・恋人との関係の変化」の2つが関係していたことを報告している（杉村，2001）。

　自我同一性形成に影響を与える要因，あるいは自我同一性と関連する要因に関する先行研究としては，関係性や対人関係，友人関係と自我同一性との関連を見た研究が多く（金子，1995；杉村，2001；松下・吉田，2009など），他には，親子関係（井上，1995；池田，2009など），パーソナリティ（Clancy & Dollinger, 1993; 水野，1982など），情報処理や認知能力（Berzonsky, 1989; Berzonsky

---

[1-1] 山田は"自己形成過程において，アイデンティティといった感覚が形成・獲得される（山田，2004, p.403）"として，自己形成とアイデンティティとの関連を位置づけている。

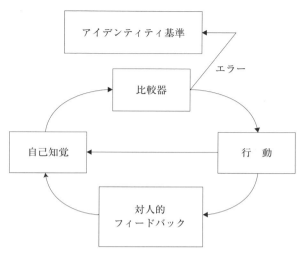

Figure 1-1　Kerpelman, Pittman, & Lamke (1997) のアイデンティティ・コントロール理論（溝上，2008より抜粋）

& Sullivan, 1992) などが言われている。しかし,「ひとりの時間」やひとりで過ごすことをどう捉えるかが自我同一性形成にどう影響するかを検討している論文はほとんど見られない。杉本 (2009) は,「居場所」と自我同一性の関連を検討し，大学生において，自分ひとりの居場所があることが自我同一性の安定に関連していることを明らかにしており,「ひとりの時間」が自我同一性に影響することを裏づけるものであると考えられる。

1.4.4　自我同一性と臨床的問題との関連

　Erikson (1959) は，青年期の危機として，自我同一性の拡散[1-2]の問題を挙

[1-2]　Erikson は,「同一性拡散（Identity diffusion）」という用語が必ずしも適切でないと考え，1968年以降「同一性混乱（Identity confusion）」という用語を使っているが，この2つは内容的に同義であると言われる（山本，1984）。ただし，混乱状態は病的状態であるのに対し，拡散状態は必ずしも常に病的とは言えないとされる（鑪，1984）。そこで，本研究では,「同一性拡散」という用語に統一し,「同一性拡散」のみを扱うことにする。

げている。同一性の拡散とは，自我同一性の確立と対をなす，青年期の心理社会的危機である。「自分が何かわからない」「自分がバラバラ」の感じ，経験を指す（鑪，1984）。山本（1984）は，Erikson（1956）が述べた同一性拡散の症状を，①選択と回避の迷い，②意欲の喪失と麻痺状態，③空虚感と孤立感の深まり，④「自分」を見失い，わからなくなる，⑤不安や恥ずかしさと自意識過剰の状態，⑥達成感や心の解放感を感じることができなくなる，⑦主体性の放棄と状況に流されるだけの生活，⑧希望や時間的展望の喪失，⑨基本的不信感と病的退行，と説明している。

1.4.5 自我同一性の性差に関する研究

　Eriksonの理論は，男性の視点からみた理論であると批判がなされ，女性独自の要因も盛り込まれた形で，これまで数多くの研究が発表されてきており，その論点の中心は，Eriksonの第Ⅴ段階の心理社会的危機である自我同一性対自我同一性拡散の解決は，第Ⅵ段階の親密性対孤立の解決と並行する，あるいは第Ⅵ段階の危機解決の方が先行するのではないかということである（宮下，1995）。また，Marcia法を使った研究でも，当初Marciaが設定した職業とイデオロギー（宗教・政治）の領域に加えて，女性では性の領域で危機を経験している者が多いことが明らかにされ，性などの領域が追加された（宮下，1995）。さらに，性差の検討だけでなく，男性と異なる女性特有の自我同一性へも焦点が当てられるようになった（夏野・西本・小川，1997）。また，その後，自我同一性研究は，青年期のみにとどまらず，ライフサイクルの視点から，成人期・老年期まで拡大され，研究がなされている（岡本，1997など）。

　女性の自我同一性を考える際に，「関係性」という視点が重要だと考えられてきた。当初は，男性の自我同一性は「個人内領域」，女性は「対人関係領域」が重要であると2分法的に考えられていたが，近年では，対人関係領域を男女両方の自我同一性に関わる領域として捉えようという動きや，自我

同一性そのものが「関係性」の中で発達するという考え方が出てきている（杉村，1998）。

1.4.6 本研究における自我同一性を捉える視点

　本研究では，Erikson 理論に基づいた，谷（2004）の自我同一性の定義（"斉一性・連続性をもった主観的な自分自身が，まわりからみられている社会的な自分と一致するという感覚"）に立ち，谷（2001）の多次元自我同一性尺度を使用して，「ひとりの時間」と自我同一性形成との関連に焦点を当てて検討することとする。谷（2001）は，Erikson 理論に基づき，自我同一性を「自己斉一性・連続性」「対他的同一性」「対自的同一性」「心理社会的同一性」の4つの下位概念からなるとし，「自己斉一性・連続性」とは「自分が自分であるという一貫性を持っており，時間的連続性を持っているという感覚」，「対自的同一性」とは「自分自身が目指すべきもの，望んでいるものなどが明確に意識されている感覚」，「対他的同一性」とは「他者からみられているであろう自分自身が，本来の自分自身と一致しているという感覚」，「心理社会的同一性」とは「現実の社会の中で自分自身を意味づけられるという，自分と社会との適応的な結びつきの感覚」のことであるとしている。

　谷（2001）の考え方および尺度を採用したのは，Erikson 理論に忠実に基づいており，自分自身の内的な一貫性と，他者や社会との適応的な結びつきの感覚の両方を測定することができるためである。「ひとりの時間」の持ち方を検討する際には，対人関係の持ち方も合わせて考える必要があると第2節で述べたが，「ひとりの時間」と自我同一性との関連を考える上でも，自分自身の一貫性と，他者や社会と自分自身との適応的な結びつきの感覚の両方を検討することが大事であると考えられる。また，高い信頼性と妥当性が確認されている尺度であり，自我同一性の感覚を特性論的に捉えることができるため多変量解析に適しているということも理由である。

　上述のように，Marcia（1966）のステイタス論には批判的意見もあるが，

同一性拡散やモラトリアムなどのタイプ分けの考え方は,「ひとりの時間」の個人差を考える上で参考になる部分も多いと考えられる。そのため,本研究の考察に当たっては,Marciaのステイタス論も必要に応じて使用することとする。

1.5 自我同一性の形成と「ひとりの時間」

前節で述べたように,自我同一性の形成に関連する大きな要因として,友人関係があると言われる。仲間との経験は,社会の中で自分がどのような役割を果たし,またどう生きていくべきなのかという意識を明確化させるという意味で,自我同一性の形成に大きく関与していると考えられている（遠藤, 1995）。したがって,自我同一性を形成していく上で重要なのは,友人関係を含むさまざまな経験を通して「自分とは何か」について考えることだと考えられる。しかし,これまでの青年期を対象とした研究においては,友人関係を築くことが青年にとってどのように有意義かを論じた研究が多く（水野, 2004),自我同一性が具体的にどのように形成されるのか,特に,「自分とは何か」について考えることがどのように自我同一性の形成に関わっているのかについてはあまり焦点が当てられてこなかったと言える。また,「ひとりの時間」やひとりで過ごすことをどう捉えるかが自我同一性形成にどう影響するかを検討している論文はほとんど見られない。

この点について,山田（2004）は,アイデンティティの感覚といった内的な同一性の概念が,外的な活動に対して付与された認知的評価との関連によって形成・獲得されることを明らかにしている。このことから,自我同一性は,①日常的活動の中で形成される,②日常的活動への認知的評価（すなわち,意味づけ）によって形成されると言えるだろう。そして,この②の認知的評価というのは,その人の「考え」であり,「考える」という活動を通して形成されるものであると推測される。特に,自我同一性の形成という,個

人が主体的に自己を統合していく課題においては，日常的活動を主体的に自己と関連づけて考えるということが重要となってくるのではないか。山田の研究では，意味づけをしていく過程（自我同一性の形成につながるような意味づけをしているのか，そうではない意味づけなのか）には言及していないが，日常的活動と意味づけを個人の中でつなげる役割を果たすものとして，すなわち，日常的活動を意味づけるための時間として，「ひとりの時間」があるのではないかと考えられる。言いかえれば，「ひとりの時間」は自我同一性形成の場としての役割を持つと推測される。

自我同一性形成の場としての「ひとりの時間」について，前節で述べたKerpelman et al.(1997)のアイデンティティ・コントロール理論（Figure 1-1, p.9参照）との関連で述べると，「ひとりの時間」は，Figure 1-1の上半分に当たると考えられる。すなわち，自己知覚したものを比較器でアイデンティティ基準と照らし合わせ，行動変容につなげる部分である。日常的活動や他者との経験（対人的フィードバック）を基に，「ひとりの時間」に，これまでのアイデンティティ基準と比較して，自分についておよび他者との関係性について考えることで，自我同一性が形成されていくと推測される。

杉村（2008）もまた，さまざまな経験をアイデンティティとして結実させるには，「時間」と「内省」が必要であることを指摘している。具体的には，アイデンティティの形成は，時間をかけて修正を繰り返しながら徐々に進むものであること（時間），さまざまな出来事を自分の中でどう受け止めて，意味づけるかが必要であること（内省）を述べているのだが，青年にとって，「ひとりの時間」はまさに「時間」と「内省」の両方を含む役割をしていると考えられる。

「ひとりの時間」と自我同一性の関連について，臨床的側面から指摘している文献もある。田中・渡邉（2006）は，思春期女子の自己形成について，ひとりでいる能力・集団でいる能力が重要であるとし，"一人で考えたものを集団の中で再確認していくことで，「自分」というものを作っていく。…

「自分」を考えるためには，周りの目を忘れて考えることのできる時間，一人でいる時間が必要（田中・渡邉，2006，p.230)"と述べているが，これは，思春期女子だけではなく，思春期・青年期男女一般に当てはまるだろう。自我同一性の形成の重視とそれに伴う困難さが指摘される現代日本においてだからこそ，青年一般にとって，「ひとりの時間」は，自分を見つめなおし，他者との関係性について考える場として特に重要となってくるのではないかと考えられる。

また，「ひとりの時間」の過ごし方だけでなく，ひとりで過ごすことをどう捉えるかということも，自我同一性に影響すると考えられる。杉村（1998）は，自己と他者との関係のあり方が自我同一性であると考えたが，ひとりで過ごすことの捉え方が自我同一性であるとも言えるのではないだろうか。「ひとりの時間」を安心して過ごせたり，自分を内省する時間として使えたりすることによって，ひとりで過ごすことに肯定的な意味や充実感を感じることができると，自分自身の一貫性・連続性や他者・社会と自分との適応的な結びつきの感覚につながり，自我同一性が高まると推測される。また，他者との関係性のあり方や，他者との関係性をどう捉えるかによっても，ひとりで過ごすことの捉え方が変わってくると推測される。

1.6 「ひとりの時間」に関連する先行研究

ここでは，「ひとりの時間」に関連すると考えられる先行研究として，「居場所」の研究，「プライベート空間」の研究，「ひとりでいられる能力」の研究，「ソリテュード（孤独，solitude）」の研究を概観し，「ひとりの時間」との相違や「ひとりの時間」という視点を入れることで何が見えてくるかを検討する。

1.6.1 「居場所」に関する研究

「居場所」に関する研究については，不登校問題との関連で，教育現場で注目されるようになり，研究が行われているが，「居場所」に関する一連の研究を概観したものとして，杉本・庄司（2007）の研究がある。彼らは，子どもの「居場所」は，「居場所」がないことへの注目から「居場所」を作るという動きに進展しつつあると述べた上で，「居場所」研究が盛んになりはじめた1990年以降の「居場所」に関する論文をレビューしている。その中で，居場所研究の今後の課題について，対人関係の側面に焦点を当てた分類が必要だが，これまでの対人関係の研究との差異はあるのかという問題に対して，"他者とかかわらない『居場所』もあり，対人関係だけで説明しうるものではない（杉本・庄司，2007，p. 90）" "対人関係研究との差異を明らかにするためにも，これまでの対人関係についての知見を考慮した上で，他の要因を含めた「居場所」研究独自の結果を示していくことが必要（杉本・庄司，2007，p. 90）" と述べている。このことから，「居場所」研究の独自性の1つとして，他者と関わらない「自分ひとりの居場所」があると言えるのではないかと考えられる。

また，杉本・庄司（2006）は，小・中・高校生を対象に，「居場所」の心理的構造とその発達的変化について，「居場所」を他者の存在により「自分ひとりの居場所」「家族のいる居場所」「家族以外の人のいる居場所」に分類して検討している。その結果，子どもたちの物理的な「居場所」は，小学生は「家族のいる居場所」が多いが，学校段階が上がるにつれて，中学生・高校生では「家族以外の人のいる居場所」「自分ひとりの居場所」の選択が増加すること，「自分ひとりの居場所」は，最も多く選択された「居場所」であり，その固有の心理的機能も確認され，他者との関わりの中で「居場所」の意義を強調するようなこれまでの捉え方とは反する結果となったと述べられている。

このことは，他者との関わりの場としての「居場所」だけでなく，ひとり

で過ごす場としての「居場所」も心理的に重要であること，特に思春期から青年期にかけてその必要度が増していくことを示唆していると考えられる。また，これまでの捉え方と反する結果であるということに関して，杉本・庄司は"「自分ひとりの居場所」で得られる心理的機能から，精神的なバランスを回復することも，ストレスフルな学校や社会に生きる現代の子どもたちにとって重要（杉本・庄司，2006，p.297）"ではないかと述べており，現代日本の子どもたちにとって「ひとりで過ごす」ということの重要性が増してきていることが推測される。

　また，「居場所」の心理的機能として，杉本・庄司（2006）は，「被受容感」「精神的安定」「行動の自由」「思考・内省」「自己肯定感」「他者からの自由」の6因子を明らかにし，「自分ひとりの居場所」「家族のいる居場所」「家族以外のいる居場所」の3分類による比較分析の結果，それぞれの「居場所」による違いを示唆している。特に，多重比較により，「思考・内省」「行動の自由」「他者からの自由」の3つにおいてすべて，心理的機能得点の高い順に，「自分ひとりの居場所」＞「家族のいる居場所」＞「家族以外のいる居場所」となっており，「自分ひとりの居場所」においては，この3つの要素が他の「居場所」と差のあることがうかがえる。

　以上のような「居場所」の研究と，「ひとりの時間」研究の共通点，相違点としては以下のことが挙げられる。まず，共通点としては，①「自分ひとりの居場所」として，ひとりでいる「居場所」が重視されてきており，「居場所」の概念の中に，「ひとりの時間」と同じく「ひとりでいる」という場面が含まれていること，②「心の居場所」という言い方があることや，「居場所」の定義（e.g.,「いつも生活している中で，特にいたいと感じる場所（杉本・庄司，2006）」）からも，単なる場所ではなく心理的側面が重視されていること，③その心理的機能（意味）として，「ひとりの時間」と共通する部分があることが挙げられる。また，相違点としては，①「居場所」の概念には，「自分ひとりの居場所」だけでなく，「家族のいる居場所」や「家族以外の人の

いる居場所」も含まれており，心理的にひとりである状態のみを問題にする「ひとりの時間」とは異なっていること，②「居場所」研究の焦点は学校現場やそこでの不適応問題であるため，対象は中学生およびその前後が中心であると考えられること，これに対し，「ひとりの時間」研究の対象は大学生を中心とした青年期とその周辺であると考えられること，③「居場所」は思春期の問題，「ひとりの時間」はもう少し上の年齢段階を中心とした青年期の問題と考えられること，④「居場所」研究には，子どもたちの不適応問題への対応や予防，そのための「居場所」づくりという今後の方向性が指摘されているのに対し，「ひとりの時間」研究は「ひとりの時間」の持ち方，過ごし方や青年期発達・臨床との関連，充実した「ひとりの時間」をどのように持つかという研究の方向性を想定していること，⑤「居場所」研究は，「居場所」や「居場所」づくりという「場所」に重点を置いているのに対し，「ひとりの時間」は「時間」，すなわち，その時間をどのように過ごすか，その時間にどのような行動を取るかに重点を置いていることが挙げられる。

　上記の相違点，特に焦点・対象の違い，研究の方向性の違いから，学校現場での中学生とその前後を捉えるには「居場所」という概念は重要であるが，青年期を捉えるには「居場所」研究では不十分であり，「ひとりの時間」という視点の方がより適切だと考えられる。思春期・青年期のこれまでの研究に，「居場所」だけでなく「ひとりの時間」という視点を入れることで，そこでどのように過ごしているか，「ひとり」に関する意識や過ごし方がどう変化するか，「ひとりの時間」の過ごし方がどのように青年期発達と関連しているかに焦点を当てることができると考える。

1.6.2　プライベート空間に関する研究

　泊・吉田（1998a, b）は，「プライベート空間」を，「社会的役割から離れて他者の目を気にせず自由に振舞える自分固有の領域（時間や空間）」と定義し，プライベート空間を確保することの心理的意味（機能）を考察してい

る。プライベート空間は3空間7機能に構造化され，具体的には，専有できる空間（機能：緊張解消・自己内省・課題への集中），共有できる空間（機能：率直なコミュニケーション），自己解放できる空間（機能：気分転換・情緒的解放・自己変身）であり，彼らはこの研究で，よりよい環境デザインを考えていく上での役立つ知見を提供している。

　上記の基礎的研究をふまえ，プライベート空間の機能と性格特性との関連を見た研究（泊・吉田，2001）や，感情・場所利用との関連を見た研究（泊・吉田，1999，2000）もある。

　また，佐川（2005）は，プライベート空間の機能と心理的ゆとりとの関連を検討しており，大学生にとって「自分を見つめ直したり気持ちの整理をする自己内省の空間」や，「普段の自分とは違う自分を表現できる自己変身の空間」を特に確保することが，心理的ゆとりを生むことにつながることが示唆されている。この結果は，青年期における「ひとりの時間」の意味にもつながるものであると考えられる。

　以上のようなプライベート空間に関する研究と，「ひとりの時間」研究の共通点としては，①「他者の目を気にせずに自由に振る舞える自分固有の領域」という「空間」を扱っており，心理的に「ひとりでいる」状態と重なる部分があること，②環境が有する治療的・健康回復的効果を検討しており，臨床的方向性を含んでいること，③心理的機能に共通するものがあることが挙げられる。また，相違点として，①他者と共有できる場面（機能：率直なコミュニケーション）もプライベート空間の定義に含まれているのに対し，「ひとりの時間」の定義ではコミュニケーション行為は含まないと考えること，②プライベート空間の研究では，対象が特に限定されておらず（調査は大学生に実施した研究が多い），成人を対象としていると推測されるのに対し（ただし，佐川（2005）のように，大学生にとっての「プライベート空間」を考察しているものもある），「ひとりの時間」の研究は，特に青年期に焦点を当てていることが挙げられる。

以上のような共通点・相違点があるが，プライベート空間は，「居場所」と同じく場所重視の概念であるため，「ひとりの時間」という視点からそこでの行動を見ていくこと，および発達的視点を投入することで，プライベート空間をその過ごし方の内容や，発達による違い等から詳細に見ていくことができると考える。

1.6.3 「ひとりでいられる能力」に関する研究

　松尾・小川（2000）は，Winnicott（1958）の提唱した「the capacity to be alone－ひとりでいられる能力－」という概念を用い，幼児期に子どもが常に母親と一緒にいなくてもいられるようになるためにその確立が必要とされる「ひとりでいられる能力」が，依存と自立の葛藤の真只中にある青年期において再び必要になってくると考え，その概念の有用性を依存性との比較から検討している。彼らによれば，Winnicott の言う「ひとりでいる状態」とは，単に現実にひとりでいることではなく，誰か（心的現実にいる誰かと，現実にいる誰かという両方）といながらにしてひとりでいるという状態を指しており，すなわち，「ひとりでいられる能力」は個人の中の心的現実によい対象がいるかどうかによって決まるという。これはつまり，幼児期に，母親という安心できる対象を心の中に持つことができると，子どもはひとりでいられるようになるということを意味していると考えられる。松尾・小川（2000）のこの研究の結果，ひとりでいることに関する態度尺度として，「一人快適因子」「一人回避因子」「他者希求因子」の3因子が見出され，「ひとりでいられる能力」は依存性とは別の概念として捉えられること，「ひとりでいられる能力」をひとりでいられなさからアプローチできる可能性があること，性別や生活形態によって違いは見られないことが示唆されている。しかし，彼ら自身が今後の課題として指摘しているように，彼らの用いた既存の尺度（Larson, R., & Lee, M., 1996）では，Winnicott が強調した「物理的にひとりでいるということではなく，他者といながらにしてひとりである」と

いう現象が含まれておらず片手落ちであり，尺度の内容についての再吟味が必要であるとされている。

　松尾・小川（2001）では，青年において「ひとりでいる－to be alone－」状態とは，個人が，他者からの評価，他者の自分に対する期待，他者の意向といった，物理的あるいは心理的な他者の存在を意識していない状態，すなわち他者への「とらわれ」から解放された（自由である）状態と定義し，自分は自由だと感じるときを20答法で質問し，自由記述の分析をしている。この分析から，個人のそばに物理的な他者が存在していても，存在していなくても，動機づけが内在しているときが「ひとりでいる」状態を示すことが示唆され，今後の課題として尺度の作成を挙げている。

　これらの「ひとりでいられる能力」の研究では，Winnicott（1958）の提唱した概念を，幼児期だけでなく，青年期に再び必要になると拡張し，調査を試みている点で価値があると考えられるが，その能力をどのように測定するかという点については難しさがあり，さらなる検討が必要と考えられる。また，「ひとりでいられる能力」は通常子ども時代に形成される能力であるとされ，それが青年期において再び必要となってくると彼らは考えているが，青年期に再び必要となるということは，獲得される時期は子ども時代のみで，青年期に獲得されるわけではないのか，それとも青年期において再び獲得される可能性があるのか，子ども時代と青年期との関連は述べられていない。「ひとりでいる」ということが，青年期だけでなく，幼児期にどうであるのかということを述べている点，および，「ひとりでいられる能力」を自我同一性の確立や対人関係の問題と関連づけている点に関しては，乳幼児期から児童期を経て思春期・青年期へ（あるいはその後の時期へ）という発達の流れの中で，「ひとりでいる」ということがそれぞれの時期でどういう意味があり，どのように発達・変化していくのかを考える上で貴重な視点であるが，具体的にどのような流れで発達するのか，子ども時代と青年期の関係はどうなっているのかについては今後の検討の余地があると考えられる。（だが，本

論文は，青年期と青年期の発達に焦点を当てているため，ここでは詳細には扱わないこととする。)

以上のような「ひとりでいられる能力」の研究と「ひとりの時間」の研究の共通点として，①「ひとりでいる」ということの物理的側面よりも心理的側面を重視していること，②自我同一性の形成といった発達と関連づけていること，③青年期を対象としていることが挙げられる。また，相違点として，「ひとりでいる」ことを能力として捉えていることが挙げられる。

確かに，彼らが挙げている「ひとりでいられる能力」として，「ひとりでいられなさ」から「ひとりでいることを楽しむことができる」「ひとりで過ごす時間を心から楽しむことがある」という能力へという方向は，「ひとりの時間」の過ごし方の発達・変化の方向として共通するものと考えられるが，「能力」と考えると，何をもって能力とするかという点が難しく，また，「ひとりでいる」ことについて現代青年がどう考えるかという実態も把握しきれているとはいえないため，「ひとりの時間」の持ち方・過ごし方と捉えて検討していった方が，より実態に近い検討ができるのではないかと考えられる。

さらに，松尾・小川（2000）は，多くの研究で自我同一性の確立と対人関係における問題との関連が見られていることを指摘している。したがって，「ひとりの時間」を自我同一性と関連づけて考える際にも，「ひとりの時間」の持ち方と対人関係の持ち方との関連とを合わせて考える必要があると考えられる。

1.6.4 ソリテュード（solitude）および「孤独」に関する研究

Marcoen, A., & Goossens, L. (1993) は，loneliness の研究に関する重要な概念として，ロンリネス（loneliness），ひとりでいることへの態度（attitude towards aloneness），ソリテュード（solitude）の3つを区別している。また，田所（2003）は，loneliness は孤独のネガティブな側面を意味し，alone とは「単にひとりである」という意味でネガティブな意味合いもポジティブな意

味合いも含有されていない，solitude とは孤独のポジティブな側面を意味すると説明している。その上で，田所は，孤独のポジティブな側面・ネガティブな側面を自由記述から分析し，孤独のポジティブな側面として，①自己熟考，②他者介入からの解放，③自由な活動性，④自己世界の保護，⑤気分の刷新という5つのカテゴリー，ネガティブな側面として，①精神的不健康，②排他的な人間像，③他者からの援助の欠如，④社会的孤立，⑤マイナス思考志向性という5つのカテゴリーを見出している。

以上のような「孤独」およびソリテュードの研究と「ひとりの時間」の研究の共通点として，①「ひとりでいる」ことのポジティブな側面を重視していること，②「孤独」を孤独感とは別物とし，ニュートラルな概念と考えていること，③心理的機能として，「思考・内省」を重視することが挙げられる。特に，「孤独」をポジティブに考えていく姿勢には，「ひとりの時間」研究の発端と通じるものがあり，興味深い視点である。また，相違点としては，①「孤独」がある状態を示す言葉なのに対して，「ひとりの時間」という言葉には時間の経過が重視されていること，②「孤独」よりも「ひとりの時間」という言葉の方が，よりニュートラルに捉えやすい表現であると考えられ，まとまった時間・空間的要素が想定されやすい点で，具体的・現実的である可能性があることが挙げられる。

このような共通点・相違点から，「孤独」および「ソリテュード」の研究に，「ひとりの時間」の持ち方がどのように変化するかという発達的視点を入れることで，「ひとりの時間」に関する意識やその過ごし方の発達として，ネガティブな「孤独」からポジティブな「孤独」へという方向性が考えられるのではないだろうか。また，「孤独」と「ひとりの時間」の関係としては，「ひとりの時間」における心の状態として「孤独」（＝孤独感ではなく，心理的にひとりの状態）があると考えた方がイメージしやすいと考えられる。

1.6.5 「ひとりの時間」およびひとりで過ごすことに関する欧米の研究

　Leary, Herbst, & McCrary（2003）は，一人での活動の頻度，および一人での活動を楽しんでいるかどうかは，他者と一緒に過ごしたい願望が弱いことよりも，一人（solitude）で過ごしたい願望が強いことにより強く関連していることを明らかにしている。つまり，他者と一緒にいるのが嫌だから，あるいは他者と過ごすことに関心がないからひとりでいるという「消極的なひとり」よりも，一人でいたいと望む「積極的なひとり」（本研究での「能動的なひとり」）の人の方が，ひとりでいる頻度が高く，また「ひとりの時間」を楽しんでいるということだと考えられる。Galanaki（2004）は，小学生が「ひとりでいること（aloneness）」と「孤独（loneliness）」の違いを知覚することができ，また，彼らの約半分が「自発的なひとり（voluntary aloneness）」と「自発的でないひとり（involuntary aloneness）」を区別していることを明らかにしている。また，有益なひとり，すなわちsolitudeが存在することを認識する子どもは，2年生ではかなり限られるが，青年期の始まりには劇的に増加することも示している。また，Larson（1997）は，児童期後期から青年期前期にかけて，一人でいる時間がより自発的なものになっていくことを明らかにしている。

　上記の研究から，欧米において，「ひとりでいること」と「孤独」，「積極的なひとり」と「消極的なひとり」，「自発的なひとり」と「自発的でないひとり」などが区別されており，欧米においても，ひとりで過ごすことの肯定的側面が着目されている。また，発達に伴い，「ひとりの時間」がより自発的になっていくことが示されている。

1.7　「ひとりの時間」という視点から見た現代青年期

　ここまで様々な研究を概観してきたが，ここで改めて，「ひとりの時間」という視点から現代青年期を考えてみたい。

現代日本には,「個」を重視する風潮とその一方で自我同一性の形成の難しさがあり,これは,現代の日本の青年が直面している問題と考えられる。また,先行研究では,自我同一性の形成において,自我同一性が具体的にどのように形成されるのか,特に,「自分とは何か」について考えることがどのように自我同一性の形成に関わっているのかについてはあまり焦点が当てられてこなかったと言える。そこで,「ひとりの時間」は,自分を見つめなおし,他者との関係性について考える場として,日常的活動を主体的に自己と関連づけて考えるという意味づけをしていく過程として,すなわち自我同一性を形成する場として特に重要となってくるのではないかと考えられる。

さらに,「ひとりの時間」に関連する先行研究の概観から,それぞれの研究と「ひとりの時間」の研究の共通点・相違点が明確となった。「ひとりの時間」研究は特に青年期を対象として,その時間をどのように過ごすかということに重点を置き,「ひとりの時間」に関する意識および「ひとりの時間」の持ち方,過ごし方から現代青年期の実態とその時期における発達を理解しようとするものであると考えられる。このような特徴から,本研究では,「ひとりの時間」という用語を使用し,検討していくこととする。

「ひとりの時間」という視点からの青年期の研究への示唆としては,能動的にひとりで過ごすことに着目することが有意義である可能性が考えられる。また,「ひとりの時間」に関する意識やその過ごし方の発達としては,具体的に,ネガティブな「孤独」からポジティブな「孤独」へ,「ひとりでいられなさ」から「ひとりで過ごす時間を心から楽しむことがある」という方向性が,発達の1つとしてあるのではないかと推測される。

1.8 本研究における「ひとりの時間」の定義

泊・吉田（1999）は,「プライベート空間は個室等の物理的な空間に固定されるのではなく,あくまで心理的機能を中心に定義される空間である」と

述べており，物理的に一人でいるかどうかは問題とされていない。本研究でも，泊・吉田と同様，「ひとりの時間」について，物理的時間・空間だけでなく，心理的時間・空間の側面を重視したいと考える。そこで，本研究では，「ひとりの時間」を「心理的にひとりでいる，単独であると感じられる時間（ただし，他者の存在や行為遂行の有無は問わない）」と定義し，検討することとする[1-3]。

1.9 本研究の目的と意義

上記から，本研究では，現代青年における「ひとりの時間」の持つ意味を検討すること，また，「ひとりの時間」と自我同一性との関連に焦点を当てて検討することを目的とする。

本研究の意義として，次の3点があると考えられる。

1つは，社会学的観点である。個人の意識の上でも社会の要請という点でも，「個」の確立が重要視されている現代，「ひとりの時間」の持ち方が，「個」を確立する上でより重要となってくると考えられる。また，青年が「ひとりで過ごす」ことをどのように捉え，どのような「ひとりの時間」を持っているかが，個人主義や希薄な友人関係という特徴が言われる現代青年を知る切り口になると考えられる。

2つ目に，発達心理学的観点である。従来から心理学において，自我同一性の形成は青年期の重要な発達課題である。友人への一時的な依存を経て自我同一性の形成へという流れの中で，「ひとりで過ごす」ことへの感情・評

[1-3] 本研究では当初，中里（2005）の「心の居場所」の機能の分類を参考に，「ひとりでいる場所で単独の行為を行う，あるいは複数の人が存在する場所で単独の行為を行う時間」で，「心理的にひとりでいる，単独であると感じられる時間」（ただし，ぼーっとしている時間やごろごろしている時間など，特に行為というほどのことを行っていない状況も含める）と定義していたが，「心理的にひとりでいる，単独であると感じられる時間」という部分が最終的に重要であると考え，上記のように定義を変更した。

価や「ひとりの時間」の持ち方自体が発達的に変化すると考えられる。また，「ひとりで過ごす」ことをどう捉えるかには，「他者と過ごす」ことをどう捉えるかも関係していると考えられる。

3つ目に，臨床心理学的観点である。ひとりで過ごすことを肯定的に捉え，自分のために充実した「ひとりの時間」を過ごせている人もいれば，ひとりで過ごすことに否定的イメージや否定的感情が強く，ひとりでいられない（群れでしか行動できない）青年もいる。また逆に，ひとりでしかいられない青年も存在する。このような違いを見ることで，心理臨床的支援・介入の可能性を考えることに役立つと考えられる。

1.10 本研究の構成

本研究は，Figure 1-2に示すように5章から構成される。

第1章では，「ひとりの時間」と現代青年期について文献研究を行い，本研究における問題意識と本研究の目的について述べた。

第2章から第4章では，調査研究を行う。第2章では，大学生を対象に「ひとりの時間」に関する探索的研究を行う。第3章では，大学生における「ひとりの時間」の分析として，ひとりで過ごすことに関する感情・評価尺度と，「ひとりの時間」の過ごし方尺度を作成し，これらと自我同一性や友人に対する感情等との関連を検討する。第4章では，青年期における「ひとりの時間」の発達的変化について，中・高・大学生を対象に検討を行う。

第5章では，第1章から第4章までの検討をふまえ，本研究の総括を行い，充実した「ひとりの時間」を持つための提言を行う。

第1章 「ひとりの時間」と現代青年期　27

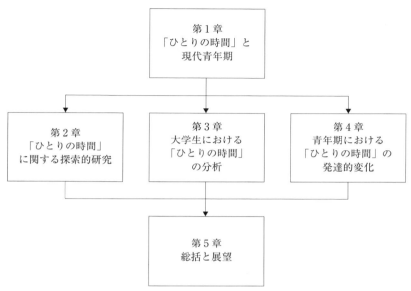

Figure 1-2　**本論文の構成**

第2章 「ひとりの時間」に関する探索的研究

2.1 本章の問題と目的

　本章では，「ひとりの時間」の発達的・臨床心理学的意義について研究するための第一段階として，大学生が「ひとりの時間」をどう捉えるかに関する基礎データを得ることを目的とした探索的研究を行う。

　まず，第2節（2.2）では，大学生が「ひとりの時間」をどう捉えるかについて，自由記述の分析を中心とした検討をする。具体的には，「1人」および「ひとりの時間」について，大学生がどのようなイメージや考えを持っているかを把握する（予備研究Ⅰ）。また，「ひとりの時間」の定義（何を「ひとりの時間」と捉えるか）の確認と，ひとりの時間と他者と過ごす時間の比較を行う（予備研究Ⅱ）。

　第3節（2.3）では，第2節で得られた内容を基にした多肢選択方式による調査から，大学生における「ひとりの時間」の持つ意味の探索を行う（研究Ⅰ）。具体的には，他者と過ごす時間との比較を通して「ひとりの時間」の持つ意味を検討する。また，生活形態による差や個人特性との関連の検討も行う。

　第4節（2.4）では，ひとりで過ごす状況を①自分の意志であえてひとりで過ごす場合（「能動的なひとり」）と，②ひとりで過ごしたくないのに，ひとりで過ごすしかない場合（「受動的なひとり」）に分け，それぞれに対する大学生の意識がどのように違うのかを検討する（研究Ⅱ）。

　その際，特に，①「ひとりの時間」と「他者と過ごす時間」との比較，および，そのバランス，②「ひとりの時間」と生活形態との関連，③「ひとり

の時間」と個人特性との関連に着目する。

1）「ひとりの時間」と「他者と過ごす時間」のバランスの問題

　一人前の大人になりつつある大学生は，中学・高校までとは違い，自分で生活の時間配分をすることが求められ，実際に一人でできることの範囲が増える。また，社会人に比べて時間的にも余裕があるのに対し，社会的には不安定な存在でもある。このような点から，それぞれ個人が，他者と過ごす時間とひとりで過ごす時間のバランス，すなわち「集団」と「個」のバランスを取ることが重要になる時期と考えられる。

　だが，青年期は「周辺人」と呼ばれ，その発達課題として自我同一性の確立が求められる時期であり，「集団」と「個」のバランスを取るのは容易なことではなく，そのバランスは自分なりに模索していかねばならない。もし，バランスが崩れてしまったり，自分なりのバランスがうまくつかめなかったりした場合，ひとりではいられない（「ひとりじゃいられない症候群（諸富，2001）」），あるいは，ひとりでしかいられない（集団でいることができない，極端になると「引きこもり」）ということも生じてくる。そこで，大学生における「ひとりの時間」の持つ意味について検討するために，他者と過ごす時間の意味およびこの2つのバランスの問題も合わせて考えることとする。

2）「ひとりの時間」と生活形態

　「ひとりの時間」の定義として，物理的時間・空間だけでなく，心理的時間・空間であると第1章で述べたが，それは物理的な要素は関係ないということではない。「ひとりの時間」を感じられるかどうかには，もちろん物理的な要素も大きく影響している。物理的に一人でいる時間がどのくらいあるかは，「ひとりの時間」の確保や意味を考える上で重要であると推測される。

　物理的に一人でいる時間の量を左右するものとして，生活形態（一人暮らし・自宅・寮など）の違いがある。松尾・小川（2000）では，生活形態と一人

でいることへの態度との関連を検討し，その２つには質的な違いは見られなかったことから，「ひとりでいられる能力」が状況によって左右されるものではないと結論づけている。しかし，「ひとりでいられる能力」という個人特性には影響しないとしても，「ひとりの時間」の活用の仕方やその意味の捉え方は，生活形態によって違いがあると考えられる。また，生活形態によって，「ひとりの時間」および「他者と過ごす時間」の確保しやすさが変わってくると考えられるので，生活形態は「ひとりの時間」と「他者と過ごす時間」のバランスの取りやすさにも影響すると推測される。

３）「ひとりの時間」と個人特性

「ひとりの時間」に対する考え方や，「ひとりの時間」と「他者と過ごす時間」のバランスの取り方（取りやすさ），「ひとりの時間」の意味の捉え方には，個人特性も関わっていると考えられる。

そこで，本章では，他者との距離の取り方を左右すると考えられる依存欲求と自己開示，および，個人内の気分の変動しやすさとして情緒不安定性を取り上げ，「ひとりの時間」との関連を検討する。

依存性については，松尾・小川（2000）が，一人でいることについての態度尺度との関連を検討している。そこでは，依存欲求尺度と一人快適因子の間に負の相関が見られており（$r=-.22$），ひとりでいることを楽しめていると報告した個人は，人に甘えるものではないという態度を持っていると考察されている。

自己開示については，ひとりでいることとの関連を検討した研究は見当たらない。

情緒不安定性については，泊・吉田（2001）が，性格特性の Big Five とプライベート空間機能との関連を検討し，その結果，情緒不安定性は Big Five の５性格特性の中でも，プライベート空間機能と相関が高い特性の１つであった。具体的には，情緒不安定性の高い者は専有空間および自己解放空間の

機能を求め，共有空間の機能は確保できていないという結果であり，それを受けて彼らは，情緒不安定性の高い者は，ネガティブな感情を体験しやすく，そうした感情状態の整理のために，自分1人で専有できる空間を求めると仮定している。

2.2 大学生は「ひとりの時間」をどう捉えるか－自由記述の分析を中心とした検討－

2.2.1 予備研究Ⅰ：「1人」および「1人の時間」に関するイメージ・考えの把握[2-1]

2.2.1.1 目的

「1人」および「1人の時間」について，大学生がどのようなイメージや考えをもっているかを把握する。

2.2.1.2 方法

調査対象者

首都圏の大学に通う大学生143名（男97女45不明1，年齢18～24歳，平均20.4歳）を対象とした。

調査時期および手続き

2004年7～8月，担当教員により，講義時間の一部を利用して集団実施された。質問紙には，プライバシーを保護すること，および，質問への回答は自由意志によるものであることを明記し，調査の際にもその旨を説明した。

調査内容

①「1人」についてのイメージ，②「1人の時間」を好きかどうかとその

[2-1] 予備研究Ⅰの時点では，「1人」・「1人の時間」という表記を使用していたが，物理的時間・空間だけでなく心理的時間・空間の方を強調するためには，ひらがな表記の方が適切だと考え，予備研究Ⅱより表記を改めた。

理由，③「1人の時間」には意味があると思うか（あると思う場合，どのような意味があると思うか）について，自由記述形式（複数回答可）で回答を求めた。ただし，②の「1人の時間」を好きかどうかについては5件法，③の「1人の時間」には意味があると思うかについては，2件法で回答を求めた。

2.2.1.3 結　果
1）「1人」についてのイメージ

　自由記述で得られた回答をKJ法により分類し，その分類について，心理学を専攻する大学院生4名で，3/4以上の一致で妥当と判断した。

　イメージの分類の結果，肯定的イメージ（リラックス，自由，気楽，自立），否定的イメージ（孤独・寂しいなどの否定的感情），その他のイメージ（考え事，心理的・物理的に1人の状況）の混在した7範疇に分類された。度数分布をTable 2-1に示す。また，肯定的なイメージと否定的なイメージを両方を記述した人が多かった。

Table 2-1　「1人」についてのイメージ（自由記述・複数回答可）

		度数 （人）	対象者の中で 回答した人の割合 （％）
1	リラックス	33	23.1
2	自由	49	34.3
3	気楽	54	37.8
4	自立	10	7.0
5	考え事	10	7.0
6	心理的・物理的に1人の状況	19	13.3
7	孤独・さびしいなどの否定的感情	65	45.5
8	その他	47	32.9
9	特になし	1	0.7
0	無回答	6	4.2
	計	294	

2）「1人の時間」が好きかどうかとその理由

　「1人の時間」を「好き」「どちらかといえば好き」と回答した人が80%で多く（114人），「どちらともいえない」が15%（21人），「嫌い」「どちらかといえば嫌い」が5%（8人）であった。

　「好き」「どちらかといえば好き」と回答した人の理由としては，リラックスできる，自由，気楽・気を使わない・邪魔されない，考え事ができる，人と一緒にいると疲れる，1人になりたいときもある，人と一緒にいるのが嫌い，などであった。この内容は，前述の「1人」についてのイメージにおける肯定的イメージと類似していた。

　「どちらともいえない」と回答した人の理由としては，状況・目的・気分による，1人の時間も人と一緒にいる時間も両方好き，などであった。

　「嫌い」「どちらかといえば嫌い」と回答した人の理由としては，つまらない，さびしい，不安，人と一緒にいる方が楽しい，などであった。この内容は，前述の「1人」についてのイメージにおける否定的イメージと類似していた。

3）「1人の時間」には意味があると思うか

　97%（137人）の人が「意味があると思う」と回答しており，「ないと思う」は3%（4人）のみであった。

　どのような意味があると思うかについては，リラックス・落ち着く・休息，物事を考える・考えを整理できる，自分を見つめなおす・自分自身と向き合う，ありのままの自分でいられる，やりたいことができる，ストレスを解消できる，自分だけのために時間を費やすことができる，人に気を使わなくて済む，ストレスを感じなくて済む，などであった。

2.2.1.4　考　察

　「1人」というと，孤独，さびしいというように，一般的に否定的に捉え

られがちと想定していたが，必ずしもそうではないことが判明した。「1人」には確かに否定的イメージも伴うが，それだけではなく，さまざまな肯定的イメージが存在すること，また，「1人の時間」を嫌いという人は少なく，好きだと感じている人が大多数であることが明らかになった。また，大多数の人が「1人の時間」には「意味があると思う」と回答しており，さまざまな意味が抽出された。これらの結果は，現代の大学生の生活の中で「ひとりの時間」が重要な一部となっている可能性を示唆するものであり，大学生自身が感じている「ひとりの時間」のもつ意味を浮き彫りにしていると考えられる。

また，「1人の時間」を好きかどうかという質問に「どちらともいえない」と回答した人の理由として，状況・目的・気分による，1人の時間も人と一緒にいる時間も両方好きであるという意見が少なからず見受けられた。この結果から，状況・目的・気分によって，一人で過ごしたいか他者と過ごしたいかは変わってくる可能性が示唆された。

2.2.2　予備研究Ⅱ：「ひとりの時間」の定義の検討
2.2.2.1　目　的

「ひとりの時間」の定義（何を「ひとりの時間」と捉えるか）を検討する。具体的には，中里（2005）の分類の中で，「ひとりでいる場所で単独の行為を行う」，あるいは「複数の人と一緒にいる場所で単独の行為を行う」時間（Table 2-2中のAとB）で，「心理的にひとりである，単独であると感じられる時間」を「ひとりの時間」と捉えるのではないかと仮定し，これを検証することにする[2-2]。

また，ひとりの時間と他者と過ごす時間の比較および2つの時間の関係

[2-2] 予備研究Ⅱの時点ではこの定義を使用していたが，本節での結果から，「心理的にひとりである，単独であると感じられる時間」が最終的に重要であると考え，本研究では第1章に述べたように定義を変更した。

Table 2-2　場面の種類とひとりの時間（中里（2005）に基づく）

		行為	
		単独	コミュニケーション（交）
人（場所）	単独	A：単×単	C：単×交
	複数	B：複×単	D：複×交

（バランス）に関して検討を行い，第3章以降の研究で使用する項目選定に活用する。

2.2.2.2　方　法

調査対象者

首都圏の大学に通う大学生22名（女22名，年齢19～22歳，平均19.7歳）を対象とした。なお，調査実施上の限界から，今回は女性のみを対象とした。

調査時期および手続き

2005年4月，調査者が，大学の講義時間中に集団実施し，その場で回収した。質問紙には，プライバシーを保護すること，および，質問への回答は自由意志によるものであることを明記し，調査の際にもその旨を説明した。

調査内容

以下に示す調査内容を含む質問紙を作成した。フェイスシートでは，対象者の属性（学年・年齢など）および生活形態を尋ねた。

1）どんなときを「ひとりの時間」と捉えるか。

この一週間の生活で，「ひとりの時間」を過ごしたと感じたことはあるか。そのときにどこで何をしていたか。

2）ひとりの時間と他者と過ごす時間の比較

(a)とき（時）

ひとりで過ごしたいときはどんなときか。だれかと（友人・恋人・家族など）過ごしたいときはどんなときか。

(b)気分

ひとりで過ごすときはどんな気分か。だれかと過ごすときはどんな気分か。

(c)行動

ひとりで過ごしたいときはどうするか。だれかと過ごしたいときはどうするか。

3）ひとりの時間と他者と過ごす時間の必要度や配分に関する内容

ひとりで過ごす時間とだれかと過ごす時間をそれぞれどの程度必要だと感じているか。自由になる時間が10あるとしたときの，ひとりで過ごしたい時間と他者と過ごしたい時間の割合（「ひとりの時間の希望率」とする）はどのくらいか。ひとりで過ごす時間と他者と過ごす時間のバランスがうまく取れず，疲れたり，イライラしたり，憂鬱になったりすることがあるか。

1）2）は自由記述，3）は4件法で回答を求めた（ただし，ひとりの時間の希望率については，数値を記入する形で回答を求めた）。

2.2.2.3 結　果

1）どんなときを「ひとりの時間」と捉えるか

結果を Table 2-3に示す。物理的に1人でいて単独の行為をしている時間か，複数の人（多くは見知らぬ人，親しくない人）の中にいて単独の行為をしている時間を挙げた人が多かった。ただし，「友人と会う」「家族と食事」「友達にメール」などの意見も少数ではあるが見られた。

2）ひとりの時間と他者と過ごす時間の比較

結果をまとめたものを Table 2-4に示す。

(a)ひとりで過ごしたいとき／だれかと過ごしたいとき

ひとりで過ごしたいときとしては，考え事をしたいときや，勉強・趣味などへ集中したいとき，ゆっくり・のんびりしたいとき，疲れているとき，天気が悪いとき，忙しいとき，などが挙げられた。

Table 2-3 「ひとりの時間」を過ごしたと感じたとき（〔 〕内は度数）

〈家・部屋で〉	〈家の外で〉
・食事，食事作り，1人で食事〔15〕 ・お茶を飲む〔3〕 ・家事（掃除・洗濯・部屋の片付け）〔11〕 ・入浴中（ぼーっとする，考え事，雑誌・小説を読む，寝るなど）〔14〕 ・トイレ〔2〕 ・テレビ・DVDを見る〔12〕 ・ラジオ・音楽を聞く〔8〕 ・パソコンでインターネット〔9〕 ・ゲーム〔2〕 ・勉強〔3〕 ・絵を描く〔2〕 ・読書（本，漫画，雑誌）〔10〕 ・家・部屋でだらだらする，ぼーっとする〔5〕 ・自室にいるとき〔2〕 ・部屋で活動，体操〔2〕 ・出かける支度・準備〔4〕 ・目が覚めてから起きあがるまで，お風呂から出てきてから寝るまで，寝る間際等の時間，寝る前に考え事〔5〕 ・睡眠，昼寝〔4〕 ・ペットと遊ぶ〔1〕 ・友達にメール〔1〕	・1人で食事〔1〕 ・喫茶店でお茶，食事〔3〕 ・学校，授業中，友達が一緒でない授業〔7〕 ・図書館（読書，勉強）〔5〕 ・移動中（大学での教室移動，通学の電車・バス・自転車・徒歩，通学以外の移動中／読書，音楽を聞く，考え事など）〔16〕 ・買い物，ウインドウショッピング（本屋，デパート等）〔11〕 ・散歩，ぶらぶらする〔2〕 ・待ち時間（待ち合わせまで時間や，病院等で待っている時間）〔4〕 ・バイト，バイトの休憩中〔4〕 ・スポーツジムで考え事〔1〕 ・病院へ行く〔1〕 ・電車の中でメール〔2〕 ・電車の中で携帯電話をいじる〔1〕 ・友達と会う〔1〕 ・家族と外食〔1〕 ・人がたくさんいてもその中に知り合いがいないとき，周りが家族連ればかりのとき〔2〕 ・携帯電話を気にしなくていいとき〔1〕 ・コミュニケーションしないとき〔1〕

　だれかと（友人・恋人・家族など）過ごしたいときについては，話や相談をしたいとき，遊ぶとき，イベントごとのとき，食事のとき，天気が良いとき，暇なとき，などであった。

　また，ネガティブな気分のときを表す回答は，ひとりで過ごしたいときと他者と過ごしたいときの両方で見られたが，その気分には違いがあり，ひとりで過ごしたいときの回答は，怒っているとき・イライラしているとき，落ちこんでいるときなどであったのに対し，他者と過ごしたいときの回答は，さびしいとき，不安・こわい・つらいときなどであった。

(b)ひとりで過ごすときの気分／だれかと過ごすときの気分

　ひとりで過ごすときの気分としては，さびしい，つまらない，落ち着く・

Table 2-4 ひとりの時間と他者と過ごす時間の比較（時・気分・行動）（〔 〕内は度数）

	ひとりで	だれかと（友人・恋人・家族など）
(a)とき（時） どんなときに ひとりで／だれかと 過ごしたいか。	・考え事をしたいとき〔5〕 ・集中して何かをやりたいとき（勉強・趣味など）〔7〕 ・ゆっくり・のんびりしたいとき〔4〕 ・疲れているとき〔13〕 ネガティブな気分のとき ・怒っている・イライラしているとき〔5〕 ・落ちこんでいるとき〔2〕 ・天気が悪いとき〔2〕 ・忙しいとき〔1〕 ・夜〔1〕	・だれかに話や相談をしたいとき〔6〕 ・遊ぶとき〔3〕 ・イベントごとのとき〔2〕 ・食事のとき〔1〕 ネガティブな気分のとき ・さびしいとき〔7〕 ・不安・こわい・つらいとき〔4〕 ポジティブな気分のとき ポジティブな気分になりたいとき ・気分が良い・楽しいとき〔5〕 ・楽しく過ごしたいとき〔2〕 ・やすらぎたい・甘えたいとき〔2〕 ・天気が良いとき〔2〕 ・暇なとき〔1〕 ・いつも〔2〕
(b)気分 ひとり／だれかと 過ごすときは どんな気分か。	・さびしい〔1〕 ・つまらない〔2〕 ・落ち着く・リラックス・ゆったり・のんびり〔6〕 ・何も考えなくていい〔1〕 ・楽 ・楽しい〔5〕 ・気持ちが整理されてすっきりする〔1〕 ・自分のしたいことが何でもできる〔1〕 時と場合による ・楽しいときもあるがさみしいときもある〔2〕 ・さびしいときあるし、落ち着くときもある〔1〕 ・そのときの場合によって異なるが、楽〔1〕 ・いろいろ考えてへこむときもあれば、やる気になるときもある〔1〕	・楽しい〔14〕 ・嬉しい〔3〕 ・その他，気分の高揚〔3〕 （テンションが上がる，笑いたくなる等） ・落ち着く・安心〔3〕 ・気がまぎれる・気楽〔2〕 ・一緒に過ごした後すっきりする〔1〕 ・人の目が気にならない・1人のときより強気〔1〕 一緒に過ごす人による ・その人によって異なるが、いろんな気分になる。けど、安心はしている〔1〕 ・楽しい。けど、人によって違う。疲れるときもある〔1〕 ・友人や家族とは楽しい。いつでも笑っていられる。恋人は何も話さなくても気持ちが落ち着く〔1〕 ・気の合わない友人だとつまらない

(Table 2-4の続き)

	ひとりで	だれかと（友人・恋人・家族など）
	・自分の意志でひとりになったときは落ち着くけど，ひとりになりたくないのにひとりになったときはさびしい〔1〕	〔1〕 ・ストレスが発散されもするし，溜まりもするし，難しい感じ〔1〕
(c)行動 ひとりで／だれかと過ごしたいと思ったときどうするか。	物理的にひとりになれる状況を作る ・ひとりで過ごす・ひとりで過ごせる状況を作る〔10〕 （場所を移動する，断れそうな約束は断る，人を避ける，1人になりたいと頼む，早めに起きる等） ・家・部屋にいる（帰る）〔5〕 ・ひとりで過ごせる状況を作るが，それが無理なら我慢する〔2〕 心理的にひとりになれる状況を作る ・心理的にひとりになる状況を作る〔3〕 （会話をしなくする，ヘッドホンをして音楽を聞き始める等） ひとりで過ごしたいと思うときがない〔2〕	・誘う・連絡を取る（メールや電話等）・会いに行く〔12〕 ・近づく・話しかける〔2〕 ・家族のいる部屋に行く（自宅の人の場合）〔2〕 ・誘ったり連絡をとったりしてみて，駄目ならひとりで過ごす〔4〕 ・誘ったり連絡をとったりしてみて，駄目なら電話やメールをする〔1〕 ・会うことがほとんどできないので，電話をする〔2〕 ・その他〔3〕 （友達ならメールを見る，ゲームをする，外へ出る）

リラックス，何も考えなくていい，楽，楽しい，気持ちが整理されてすっきりする，などが挙げられたが，時と場合によるという内容の回答も多かった。

　他者と過ごすときの気分としては，楽しい・嬉しい，落ち着く・安心，気がまぎれる・気楽，一緒に過ごした後にすっきりする，などが挙げられたが，一緒に過ごす人によるという内容の回答も多かった。

(c)ひとりで過ごしたいときに取る行動／だれかと過ごしたいときに取る行動

　ひとりで過ごしたいときに取る行動としては，物理的にひとりになれる状況を作る内容の回答か，心理的にひとりになれる状況を作る内容の回答が多かった。しかし，ひとりで過ごしたいと思うときがないという回答もあった。また，具体的に取る行動の違いには，生活形態が影響している可能性が推測

された（一人暮らしの場合は，家に帰ればひとりになれるが，寮の場合は，会話をやめたりヘッドホンをしたりすることで心理的にひとりになるしか方策がない人もいる）。

　だれかと過ごしたいときに取る行動としては，誘う・連絡を取る・会いに行く・話しかけるなど，積極的（能動的）に行動に出るという回答もあれば，誘ったり連絡を取ったりしてみて駄目ならひとりで過ごす・駄目なら電話やメールをするなど，「駄目なら」ということに言及しているものもあり，また，会うことがほとんどできないので電話をするという回答もあった。メールを見る，ゲームをするなど，他者に対して働きかけない行動に言及する回答も見られた。積極的に行動に出る度合いに関しては，性格特性による個人差が考えられるが，それだけではなく，他者とすぐに会えるような環境かどうか（自宅や寮なら他者のいる環境に行きやすいが，一人暮らしだと他者のいる環境に行きにくい）という，生活形態による影響もあると考えられる。

3）ひとりの時間と他者と過ごす時間の必要度や配分に関する内容
(a) ひとりで過ごす時間とだれかと過ごす時間それぞれの必要度

　結果を Table 2-5・Table 2-6に示す。生活形態にかかわらず，すべての人が，ひとりで過ごす時間も他者と過ごす時間も「非常に必要」あるいは「ある程度必要」と回答しており，「あまり必要でない」「全く必要でない」と回答した人は1人もいなかった。

Table 2-5　ひとりで過ごす時間の必要度（数値は度数）

	非常に必要である	ある程度必要である	あまり必要でない	全く必要でない	計
一人暮らし	2	5	0	0	7
自宅	4	6	0	0	10
寮	2	2	0	0	4
その他	0	1	0	0	1
計	8	14	0	0	22

Table 2-6 他者と一緒に過ごす時間の必要度 （数値は度数）

	非常に必要である	ある程度必要である	あまり必要でない	全く必要でない	計
一人暮らし	3	4	0	0	7
自宅	2	8	0	0	10
寮	1	3	0	0	4
その他	0	1	0	0	1
計	6	16	0	0	22

Table 2-7 ひとりの時間の希望率（ひとりで過ごしたい時間の割合：他者と過ごしたい時間の割合）（数値は度数）

	0:10	1:9	2:8	3:7	4:6	5:5	6:4	7:3	8:2	9:1	10:0	計
一人暮らし			1	2	1		2	1				7
自宅			2	1	1		2	2	2			10
寮					2		2					4
その他			1									1
計	0	0	4	3	4	0	6	3	2	0	0	22

(b) ひとりの時間の希望率（自由になる時間が10あるとしたときの，ひとりで過ごしたい時間と他者と過ごしたい時間の割合）

結果を Table 2-7に示す。ひとりの時間の希望率は，2:8～8:2までに分布しており，どの生活形態においても，ひとりで過ごす時間を多く求める者もいれば，他者と過ごす時間を多く求める者もいることが分かった。

(c) ひとりで過ごす時間と他者と過ごす時間のバランスがうまく取れず，疲れたり，イライラしたり，憂鬱になったりする頻度

結果を Table 2-8に示す。ひとりで過ごす時間と他者と一緒に過ごす時間のバランスがうまく取れず，疲れたり，イライラしたり，憂鬱になったりすることがある人は少なからず存在した。

生活形態別に見ると，一人暮らしの人では，「よくある」「ときどきある」と回答した人が計3人，「あまりない」が4人であった。自宅の人では，「よくある」「ときどきある」と回答した人が計5人，「あまりない」が5人であ

Table 2-8　バランスがうまく取れず，疲れたり，イライラしたり，憂鬱になったりする頻度（数値は度数）

	よくある	ときどきある	あまりない	まったくない	計
一人暮らし	2	1	4	0	7
自宅	1	4	5	0	10
寮	2	2	0	0	4
その他	0	0	1	0	1
計	5	7	10	0	22

った。寮の人では，「よくある」「ときどきある」と回答した人が計4人で，「あまりない」「まったくない」と答えた人はいなかった。

2.2.2.4　考　察

1）「ひとりの時間」の定義（Table 2-3）

　何を「ひとりの時間」と捉えるかを調べた結果，「ひとりの時間」として，物理的に1人でいて単独の行為をしている時間か，複数の人（多くは見知らぬ人，親しくない人）の中にいて単独の行為をしている時間を挙げた人が多く，「ひとりでいる場所で単独の行為を行う」，あるいは「複数の人と一緒にいる場所で単独の行為を行う」時間を「ひとりの時間」と捉えるという仮説を支持する結果が得られた。

　しかし，少数意見として，「友人と会う」「家族と食事」「友達にメール」などの回答も見られた。これについては，質問文の意図が完全に理解されず，その日のすべての行動を書き出した対象者がいる可能性が大きいと考えられる。ただし，これらの時間を「ひとりの時間」と捉えている可能性も否定できず，ひとりの時間の認知に個人差がある可能性もある。

2）予備研究Ⅱについて（Table 2-4〜2-8）

　ひとりで過ごす時間と他者と過ごす時間を，とき（時）・気分・行動の観点から比較したところ（Table 2-4），ひとりで過ごす時間と他者と過ごす時

間では，求める意味やそのときの気分が異なることが示唆された。しかし，気分については，その直前に「ひとりで（他者と）過ごしたいとき」の内容を書いてもらったため，その内容（例．考え事をしたいとき，疲れているとき等）のときにどんな気分かを書いた人もいると考えられ，結果が影響された可能性もある。

　ひとりで過ごすときの気分については，「時と場合による」という内容の回答が多く見られた。あえてひとりになるのか，ひとりになってしまうのかという違いによって，そのときの気分やひとりの時間の意味合いが異なる可能性がある。

　また，他者（友人・恋人・家族など）と過ごすときの気分については，「一緒に過ごす人による」という内容の回答が多く見られた。「他者」がだれかによって，そのときの気分や他者と過ごす時間の意味合いが異なる可能性がある。

　データの数が少ないので推測ではあるが，生活形態の違いが影響している可能性がある項目もあった。まず，ひとりで過ごしたいと思ったときに取る行動の違いである。物理的にひとりになることは，一人暮らしだと容易だが，寮だと難しい。そして，ひとりで過ごす時間と他者と一緒に過ごす時間のバランスの問題に影響するかもしれない。バランスがうまく取れず，疲れたり，イライラしたり，憂鬱になったりする頻度は（Table 2-8），一人暮らしおよび自宅の人では，「あまりない」と回答した人が「よくある」「ときどきある」と回答した人と同程度の人数でいたのに対し，寮の人では「あまりない」「まったくない」と回答した人は一人もいなかった。自宅や一人暮らしの人よりも，寮に住んでいる人の方が，ひとりになりにくい環境にあるために，ひとりで過ごす時間と他者と過ごす時間のバランスの取りにくさを感じている可能性がある。

　生活形態が違うとは，物理的にひとりでいられるスペースがどれくらいあるかと，家（住んでいるところ）に他者がいるかどうかに違いがあるというこ

とであり，これらが上記のような違いに影響しているものと考えられる。生活形態が違うと，ひとりの時間の確保しやすさや，「ひとりの時間」の質・意味合いが異なってくる可能性がある。

　以上の点をふまえて，第3・4節ではさらに検討を行う。

2.3　研究Ⅰ：大学生における「ひとりの時間」の持つ意味の探索

2.3.1　目　的
　本節では，第2節で得られた内容を基に，多肢選択方式の調査から，以下の5点を検討する。
① 　ひとりの時間の認知から，「ひとりの時間」の定義を確認する。
② 　ひとりの時間の意味と，他者（友人・恋人・家族など）と過ごす時間の意味の異同を検討する。
③ 　ひとりの時間と他者と過ごす時間のバランスの個人差を明らかにする。
④ 　②・③について生活形態による差があるかを検討する。
⑤ 　②・③について個人特性との関連を検討する。

2.3.2　方　法
2.3.2.1　調査対象者
　首都圏の大学（私立A女子大学・私立B大学・国立C大学）に通う大学生（一部短大生も含む）315名（男性110名・女性203名・不明2名）を対象とした。そのうち，回答に不備があったものを除く311名（男性106名・女性203名・不明2名，平均年齢20.1歳，標準偏差1.25歳）を分析の対象とした。対象の内訳をTable 2-9・Table 2-10に示す。

2.3.2.2　調査時期
　2005年7月～10月に実施した。

Table 2-9 性別・生活形態別分析対象の人数

		生活形態						全体
		一人暮らし	自宅	寮	きょうだいと一緒に下宿	親戚の家に下宿	その他	合計
性別	男性	39	59	3	1	0	4	106
	女性	43	97	40	12	3	8	203
	不明	1	1	0	0	0	0	2
全体	合計	83	157	43	13	3	12	311

Table 2-10 性別・学年別分析対象の人数

		学年					全体
		1年	2年	3年	4年	不明	合計
性別	男性	0	56	24	26	0	106
	女性	54	61	53	34	1	203
	不明	0	2	0	0	0	2
全体	合計	54	119	77	60	1	311

2.3.2.3 手続き

私立A女子大学・国立C大学に関しては，調査者が大学の講義時間中に集団実施し，その場で回収，あるいは講義時間後に質問紙を配布し，1週間以内に回収した。私立B大学に関しては，担当教員により，講義時間の一部を利用して集団実施された。また，集団実施では，寮に住む者のデータが少なかったため，寮に住む者のデータの一部に限り，私立A女子大学の寮に住む知人を介し，配布・回収した。質問紙には，プライバシーを保護すること，および，質問への回答は自由意志によるものであることを明記し，調査の際にもその旨を説明した。

2.3.2.4 調査内容

以下に示す調査内容を含む質問紙を作成した。フェイスシートでは，対象者の属性（学年・年齢・性別など）および生活形態（一人暮らし／自宅／寮など）

を尋ねた。

1）「ひとりの時間」の認知

　第2節予備研究Ⅱおよび中里（2005）を基に，「ひとりの時間」の認知に関する尺度を作成した。32項目の行動について，することがあるかどうか，することがある場合そのときに「ひとりの時間」だと感じるかどうかを，それぞれ2件法（はい／いいえ）で尋ねた。

2）ひとりの時間と他者（友人・恋人・家族など）と過ごす時間の関連に関する内容

　第2節予備研究Ⅱを基に作成した。(a)ひとりで過ごす時間とだれかと過ごす時間それぞれの必要度（4件法），(b)自由になる時間が10あるとしたときのひとりで過ごしたい時間と他者と過ごしたい時間の割合（「ひとりの時間の希望率」とする），(c)ひとりで過ごす時間が足りず不快感情を経験する頻度（4件法），および，他者と過ごす時間が足りず不快感情を経験する頻度（4件法）について尋ねた。

3）ひとりで過ごしたいときと他者（友人・恋人・家族など）と過ごしたいとき

　どんなときにひとりで過ごしたいか，および，どんなときにだれかと（友人・恋人・家族など）過ごしたいかを自由記述形式で尋ねた。

4）ひとりの時間の意味の捉え方

　第2節予備研究Ⅰを基に，ひとりの時間の意味に関する尺度を作成した。「ひとりで過ごす時間とは，あなたにとってどのような時間だと思いますか。」と教示し，33項目の内容について「全くそう思わない」～「非常にそう思う」の7件法で尋ねた。具体的項目は，Table 2-19（p.61）に示す。

5）パーソナリティ要因に関する内容（依存欲求・自己開示・情緒不安定性）

(a)依存欲求

　竹澤・小玉（2004）を参考に，依存欲求に関する6項目を作成し，「全く

Table 2-11 依存欲求・自己開示・情緒不安定性の各尺度の項目内容

依存欲求尺度の項目内容
　何かやろうとするときには，誰かに励まされたり，気づかってもらいたい。
　困っているときや悲しいときには，誰かに気持ちをわかってもらいたい。
　自分一人で片付けられない仕事があったときは，誰かに手伝ってほしい。
　自分一人で決断しかねるときは，誰かの意見に頼りたい。
　探し物をしなければならないとき，誰かに手伝って欲しい。
　できることなら，いつも誰かと一緒にいたい。

自己開示尺度の項目内容
　困ったことや悩みごとがあったときには，誰かに相談する。
　自分のことを人に話すのに抵抗がある。(＊)
　うれしいことがあったときには，そのことを誰かに話す。

情緒不安定性尺度の項目内容
　ささいなことを気にする。
　困難なことがあると圧倒されてしまう。
　物に動じない方である。(＊)

(＊)は逆転項目

そう思わない」～「いつもそう思う」の6件法で尋ねた。項目内容をTable 2-11に示す。

(b)自己開示

　自己開示の程度を測定すると考えられる3項目を独自に作成し，「全くそうでない」～「いつもそうである」の6件法で尋ねた。項目内容をTable 2-11に示す。

(c)情緒不安定性

　清水・今栄(1981)を参考に，情緒不安定性を測定すると考えられる3項目を作成し，「全くそうでない」～「いつもそうである」の6件法で尋ねた。項目内容をTable 2-11に示す。

2.3.3 結　果

2.3.3.1 個人特性に関する尺度得点の算出

　依存欲求・自己開示・情緒不安定性尺度のそれぞれに関して，Cronbach

のα係数を算出した結果，依存欲求尺度が.80，自己開示尺度が.57，情緒不安定性尺度が.64であった。各尺度について，合成得点を算出し，以下の分析で使用した。

2.3.3.2 「ひとりの時間」の認知

　32項目の行動について「することがある」と回答した人（α）の中で，「ひとりの時間だと感じる」と回答した人の割合（β）を，4種類の場面別に見たものが Table 2-12 である。単独場所×単独行為の項目は，60.4〜89.3%で高かったのに対し，複数場所×単独行為は，項目によってかなり幅が見られた（7.6〜88.4%）。単独場所×コミュニケーション行為の項目は22.4〜42.5%であった。複数場所×コミュニケーション行為の項目は2.8〜16.5%で，ほとんどの人がひとりの時間と感じていなかった。

　32項目の行動について「することがある」と回答した人の中で，「ひとりの時間」だと感じるか否かに人数の偏りがあるかどうかを調べるため，χ^2検定を実施した（Table 2-12）。

　①単独場所×単独行為では，すべての項目で人数の偏りが見られ，「ひとりの時間」だと感じる人の方が有意に多かった。

　②複数場所×単独行為では，「ひとりで喫茶店やカフェでお茶をする」，「ひとりで散歩をする」，「ひとりで外食をする」，「ひとりで買い物をする」，「図書館で，ひとりで読書や勉強をする」，「通学などの移動中，自転車に乗りながら，ぼーっとしたり，考え事をしたりする」の7項目で，「ひとりの時間」だと感じる人の方が有意に多く，「家族や友人，ルームメイトなどがいる部屋で，ひとりでテレビやラジオ，DVDを見る」，「家族や友人，ルームメイトなどがいる部屋で，ひとりで音楽やラジオを聞く」，「家族や友人，ルームメイトなどがいる部屋で，ひとりで本や雑誌や漫画を読む」，「学校で授業を受ける」の4項目で，「ひとりの時間」だと感じない人の方が有意に多かった。「通学などの移動中，歩きながら，ぼーっとしたり，考え事をし

Table 2-12 「ひとりの時間」を感じるとき

	α(%)	β(%)	χ^2
〈①単独場所×単独行為（単×単）〉（全12項目）			
2 他の人がいない部屋で，ひとりでぼーっとしたり，だらだらしたりする	93.7	89.3	174.10***
1 他の人がいない部屋で，ひとりで本や雑誌や漫画を読む	96.1	84.8	139.93***
21 他の人がいない部屋で，ひとりで音楽やラジオを聞く	89.5	83.9	120.06***
31 他の人がいない部屋で，ひとりでテレビやビデオ，DVDを見る	92.2	81.9	101.88***
9 他の人がいない部屋で，ひとりで食事をする	79.2	81.0	90.16***
24 お風呂やトイレ，ふとんの中で，ひとりでぼーっとする	92.1	80.9	99.23***
18 お風呂やトイレ，ふとんの中で，ひとりで本や漫画や雑誌を読む	81.3	79.5	76.74***
8 他の人がいない部屋で，ひとりでインターネットやゲームをする	86.1	76.5	69.92***
5 お風呂やトイレ，ふとんの中で，考え事をする	93.8	75.7	73.36***
12 他の人がいない部屋で，ひとりで勉強をする	92.2	75.6	68.77***
19 家でひとりで寝る	92.8	72.9	53.84***
15 家でひとりで洗濯，掃除，部屋の片付け，食事作りなどの家事をする	78.4	60.4	8.88**
〈②複数場所×単独行為（複×単）〉（全14項目）			
27 ひとりで喫茶店やカフェでお茶をする	53.2	88.4	76.58***
14 ひとりで散歩をする	52.5	87.8	74.69***
4 ひとりで外食をする	54.0	75.7	27.54***
17 ひとりで買い物をする	92.5	74.2	64.27***
6 図書館で，ひとりで読書や勉強をする	72.1	68.4	23.45***
30 通学などの移動中，自転車に乗りながら，ぼーっとしたり，考え事をしたりする	70.8	60.1	6.61**
10 通学などの移動中，歩きながら，ぼーっとしたり，考え事をしたりする	90.9	50.4	.04
3 通学などの移動中，電車やバスの中でひとりで音楽やラジオを聞く	74.0	47.4	1.26
20 通学などの移動中，電車やバスの中でひとりでぼーっとしたり，考え事をしたりする	88.6	46.7	1.32
25 通学などの移動中，電車やバスの中でひとりで本や雑誌や漫画を読む	71.1	46.1	1.81
28 家族や友人，ルームメイトなどがいる部屋で，ひとりでテレビやラジオ，DVDを見る	55.9	18.4	58.23***
11 家族や友人，ルームメイトなどがいる部屋で，ひとりで音楽やラジオを聞く	39.5	15.0	62.55***
7 家族や友人，ルームメイトなどがいる部屋で，ひとりで本や雑誌や漫画を読む	75.4	14.0	100.82***

23 学校で授業を受ける	96.1	7.6	182.71***
〈③単独場所×コミュニケーション行為（単×交）〉（全2項目）			
13 他の人がいない部屋で，携帯で友達とメールを交換する	94.5	42.5	5.74**
22 他の人がいない部屋で，友達と電話で話す	91.5	22.4	72.40***
〈④複数場所×コミュニケーション行為（複×交）〉（全4項目）			
26 休み時間の教室や，電車・バスの中で，携帯で友達とメールを交換する	92.8	16.5	110.22***
16 家族や友人，ルームメイトなどがいる部屋で，一緒にテレビを見る	91.9	4.7	191.81***
32 家族や友人，ルームメイトなどがいる部屋で，その人と会話をする	96.4	4.7	205.65***
29 学校で友達と会話をする	96.1	2.8	222.01***

α：「することがある」と回答した人の割合
β：「することがある」と回答した人の中で，「ひとりの時間だと感じる」と回答した人の割合
$**p<.01, \ ***p<.001$

たりする」，「通学などの移動中，電車やバスの中でひとりで音楽やラジオを聞く」，「通学などの移動中，電車やバスの中でひとりでぼーっとしたり，考え事をしたりする」，「通学などの移動中，電車やバスの中でひとりで本や雑誌や漫画を読む」の4項目では，「ひとりの時間」だと感じる人と感じない人の人数に有意差は見られなかった。

③単独場所×コミュニケーション行為および④複数場所×コミュニケーション行為では，すべての項目で人数の偏りが見られ，「ひとりの時間」だと感じない人の方が有意に多かった。

全体として，場所別に見ると，ひとりの時間だと感じる割合は，①他の人がいない部屋，②お風呂やトイレ，ふとんの中，③通学などの移動中，④家族や友人，ルームメイトなどがいる部屋，の順であった。また，行動別に見ると，ぼーっとする・だらだらする・考え事をする・お茶をする・散歩をするなどについては，ひとりの時間と感じている割合が高く，寝る・家事をする・勉強をするなどの項目は，単独場所×単独行為の項目の中ではあるが，ひとりの時間だと感じている割合が低かった。

2.3.3.3 ひとりで過ごしたいときと他者と過ごしたいときの比較

自由記述形式で尋ねたものをKJ法によって分類し，心理学を専攻する大学生・大学院生4名で妥当性を確認した。3/4以上の一致で妥当と判断し，意見が分かれたものについては討議の上決定した。4名が一致した率は，ひとりで過ごしたいときの分類が96％，他者と過ごしたいときの分類が100％であった。

分類表および回答別の度数分布を Table 2-13・Table 2-14，カテゴリー別の度数分布を Table 2-15・Table 2-16に示す。

ひとりで過ごしたいときは（Table 2-15），10範疇に分類され，出現頻度の多い順に，①疲労・不調（身体的・精神的），②ネガティブな気分・思考・出来事，③読書や趣味などの個人的活動，④考え事・自己内省，⑤勉強・集中，⑥一日の中のある特定の時間（例．風呂，学校の後），⑦リラックス，⑧時間的余裕のなさ，⑨他者の回避，⑩頻度（例．いつでも，ふとしたとき）であった。

他者（友人・恋人・家族など）と過ごしたいときについては（Table 2-16），10範疇に分類され，頻度の多い順に，①他者の希求（情緒的・道具的），②活動・気分の共有，③ネガティブな気分・思考・出来事，④時間的余裕がある，⑤一日の中のある特定の時間（例．食事，学校），⑥話・報告・相談，⑦ポジティブな気分・出来事，⑧体調・調子の良さ（身体的・精神的），⑨頻度（例．いつでも，ほぼいつも），⑩疲労・不調（身体的・精神的）であった。

ひとりで過ごしたいときと他者と過ごしたいときを比較すると，いくつかの点で異なっていた。第一に，活動内容の違いである。読書や趣味などの個人的活動や，勉強・集中，考え事・自己内省をしたいときにはひとりで過ごしたいが，活動・気分の共有や，話・報告・相談をしたいときには他者と過ごしたいという違いが見られた。

第二に，時間的余裕の有無である。時間的余裕がないとき（忙しいとき，やらなければならないことがあるときなど）にはひとりで過ごしたいが，時間的

Table 2-13 ひとりで過ごしたいときの分類表と回答別度数

カテゴリー名		回答	度数
疲労・不調（身体的・精神的）		疲れているとき	116
		精神的に疲れているとき	8
		人間関係に疲れたとき	10
		眠いとき	20
		寝不足のとき	1
		体調・調子が悪いとき	5
		だるいとき	2
		やる気が出ないとき	4
		ストレスがたまっているとき	1
リラックス		のんびりしたいとき	7
		ぼーっとしたいとき	8
		落ち着きたいとき	5
		リラックスしたいとき	1
		だらだらしたいとき	2
ネガティブな気分・思考・出来事	気分の苛立ち	イライラしているとき	32
		怒っているとき	1
	気分の落ち込み	落ちこんでいるとき	17
		悲しいとき	3
		つらいとき	1
	悩み	悩んでいるとき	11
	出来事	悲しいこと・つらいことがあったとき	7
		物事に失敗したとき	2
勉強・集中		勉強をするとき	37
		レポートを書くとき	3
		課題をやるとき	1
		テスト前	5
		集中したいとき	14
考え事・自己内省		考え事をするとき	58
		何かを真剣に考えているとき	4
		ゆっくり考えたいとき	2
		自分を見つめなおしたいとき	2
読書や趣味などの個人的活動		本を読むとき	21
		マンガ・雑誌を読むとき	2
		ゲームをするとき	3
		インターネットをするとき	4
		買い物をするとき	7

(Table 2-13の続き)

読書や趣味などの個人的活動（続き）	自分の趣味をするとき	18
	好きなことをするとき	1
	自分のためにやりたいことがあるとき	10
時間的余裕のなさ	忙しいとき	13
	やらなければならないことがあるとき	9
	ひとりになる時間があまり取れないとき	2
他者の回避	他の人に邪魔されたくないとき	3
	ほっといてほしいとき	3
	人間関係が面倒くさいとき	10
一日の中のある特定の時間	お風呂	4
	お風呂あがり	1
	寝るとき	8
	学校が終わってから	4
頻度	いつでも	3
	基本的にひとりでいたい	2
	ふとしたとき	3
	突然そう思いたったとき	4
	基本的にひとりでいるのは嫌	1
	ひとりで過ごしたいときがない	2

余裕があるとき（暇なとき，やることがないとき，休日など）には他者と過ごしたいという違いが見られた。

　第三に，他者に対する気分の違いである。邪魔されたくない・ほっといてほしい・人間関係が面倒くさいなど，他者を回避する気分のときはひとりで過ごしたいが，さみしい・孤独・人恋しい・甘えたい・何かを手伝って欲しいなど，他者を希求する気分のときは，他者と過ごしたいという違いが見られた。

　第四に，一日の中のどんな時間かという違いである（これは，第二の活動内容とも関係するが）。具体的には，お風呂や学校の後はひとりで過ごしたいが，食事のときや学校・授業のとき，テレビを見るときなどは他者と過ごしたい人が多いことが示唆された。

　第五に，体調・調子（身体的・精神的）の違いである。ひとりで過ごしたい

Table 2-14 他者と過ごしたいときの分類表と回答別度数

カテゴリー名		回答	度数
ネガティブな気分・思考・出来事	気分の落ち込み	落ち込んでいるとき	32
		悲しいとき	4
		つらいとき	7
	不安	不安なとき	6
	悩み	悩んでいるとき	12
	出来事	悲しいこと・つらいことがあったとき	9
ポジティブな気分・出来事	気分の高揚	嬉しいとき	8
		楽しいとき	16
	出来事	嬉しいこと・楽しいことがあったとき	17
活動・気分の共有		楽しみたいとき	15
		盛り上がりたいとき	10
		喜び・楽しみを共有したいとき	6
		遊ぶとき・遊びたいとき	26
		外出のとき	10
		買い物のとき	9
		イベントがあるとき	11
話・報告・相談		話をしたいとき	25
		話を聞いて欲しいとき	10
		話したいことがあるとき	11
		報告したいことがあるとき	4
		相談したいとき	1
時間的余裕がある		暇なとき	43
		やることがないとき	6
		時間に余裕があるとき	6
		休み・休日のとき	6
他者の希求（情緒的・道具的）		さみしいとき	86
		孤独なとき	4
		人恋しいとき	6
		人に甘えたいとき	2
		何かを手伝って欲しいとき	3
		一人では行動できない状況のとき	1
体調・調子の良さ（身体的・精神的）		元気なとき	11
		テンションが高いとき	5
疲労・不調（身体的・精神的）		疲れているとき	7
一日の中のある特定の時間		食事	30
		寝るとき	2
		テレビを見るとき	6
		学校・授業	10
頻度		いつでも	5
		ほぼいつも	3

Table 2-15　ひとりで過ごしたいときの結果（カテゴリー別）

	度数	有効パーセント
疲労・不調（身体的・精神的）	170	28.4
ネガティブな気分・思考・出来事	84	14.0
読書や趣味などの個人的活動	69	11.5
考え事・自己内省	66	11.0
勉強・集中	60	10.0
一日の中のある特定の時間（例．風呂，学校の後）	40	6.7
リラックス	25	4.2
時間的余裕のなさ	25	4.2
他者の回避	18	3.0
頻度（例．いつでも，ふとしたとき）	18	3.0
その他	24	4.0
合計	599	100.0

Table 2-16　他者と過ごしたいときの結果（カテゴリー別）

	度数	有効パーセント
他者の希求（情緒的・道具的）	114	20.0
活動・気分の共有	91	16.0
ネガティブな気分・思考・出来事	85	14.9
時間的余裕がある	61	10.7
一日の中のある特定の時間（例．食事，学校）	53	9.3
話・報告・相談	53	9.3
ポジティブな気分・出来事	46	8.1
体調・調子の良さ（身体的・精神的）	21	3.7
頻度（例．いつも，ほぼいつも）	12	2.1
疲労・不調（身体的・精神的）	9	1.6
その他	25	4.4
合計	570	100.0

ときの結果で，出現頻度が一番高かったのが疲労・不調であり，身体的・精神的に疲労・不調を感じているときにはひとりで過ごしたい人が多かった。なお，他者と過ごしたいときに関しては，体調・調子が良いときという回答が3.7％出現したのに対し，疲労・不調も1.6％出現しており，両方あること

が分かった。

　第六に，気分・思考・出来事がポジティブかネガティブかという違いである。この結果については，ネガティブな気分・思考・出来事という回答が，ひとりで過ごしたいとき・他者と過ごしたいときのどちらにおいても同じくらいの頻度で出現していたのが興味深かった。ただし，回答の詳細を検討してみると，ネガティブな思考（悩んでいるとき）・出来事（悲しいこと・つらいことがあったとき）は，ひとりで過ごしたいときにも他者と過ごしたいときにも共通して見られたが，ネガティブな気分についてはその内容に違いがあり，ひとりで過ごしたいときには，イライラしているとき・怒っているときといった気分の苛立ちを示す回答が多かったのに対し，他者と過ごしたいときにはそのような回答は見られなかった。また，不安なときという回答は，他者と過ごしたいときの回答にだけ見られた。なお，気分の落ち込み（落ちこんでいるとき・悲しいとき・つらいとき）は，両方に共通して出現していた。

2.3.3.4　ひとりの時間と他者と過ごす時間の関連
1）性差・生活形態による差の検討

　ひとりの時間と他者と過ごす時間の関連に関する項目について，性別と生活形態（一人暮らし・自宅）を要因とした分散分析を実施した。なお，寮の生活形態の者は女性のみであったため，分析から除外した。結果を Table 2-17 に示す。ひとりの時間の必要度および他者と過ごす時間の必要度は，有意な性差のみが認められ，多重比較の結果，男性より女性の方が高かった。ひとりの時間の希望割合および他者と過ごす時間の希望割合は，有意な生活形態差のみが認められ，多重比較の結果，ひとりの時間の希望割合は自宅より一人暮らしの方が高く，他者と過ごす時間の希望割合は一人暮らしより自宅の方が高かった。ひとりで過ごす時間が足りず不快感情を経験する頻度，および他者と過ごす時間が足りず不快感情を経験する頻度は，有意な性差・生活形態差・交互作用ともに認められなかった。

Table 2-17 ひとりの時間と他者と過ごす時間の関連に関する項目の2要因分散分析結果（性別・生活形態）

	一人暮らし (N=79-82)	自宅 (N=152-156)	全体 (N=231-238)	性差	生活形態による差	交互作用
				\multicolumn{2}{c}{F値および多重比較（Tukey法）の結果}	
ひとりの時間の必要度						
男性 (N=98)	3.33(0.77)	3.24(0.54)	3.28(0.64)	8.59**	n.s.	n.s.
女性 (N=140)	3.63(0.58)	3.41(0.52)	3.48(0.54)	女＞男		
全体 (N=238)	3.49(0.69)	3.35(0.53)	3.39(0.59)			
他者と過ごす時間の必要度						
男性 (N=98)	3.41(0.72)	3.53(0.54)	3.48(0.61)	7.65**	n.s.	n.s.
女性 (N=140)	3.74(0.44)	3.62(0.55)	3.66(0.52)	女＞男		
全体 (N=238)	3.59(0.61)	3.58(0.54)	3.58(0.57)			
ひとりの時間の希望割合[a]						
男性 (N=94)	5.11(1.84)	4.16(1.73)	4.54(1.83)	n.s.	6.02*	n.s.
女性 (N=137)	4.49(1.72)	4.28(1.53)	4.34(1.59)		一人暮らし＞自宅	
全体 (N=231)	4.78(1.80)	4.24(1.61)	4.42(1.69)			
他者と過ごす時間の希望割合[b]						
男性 (N=94)	4.89(1.84)	5.84(1.73)	5.46(1.83)	n.s.	6.02*	n.s.
女性 (N=137)	5.51(1.72)	5.72(1.53)	5.66(1.59)		自宅＞一人暮らし	
全体 (N=231)	5.22(1.80)	5.76(1.61)	5.58(1.69)			
ひとりで過ごす時間が足りず，不快感情を経験する頻度						
男性 (N=98)	2.15(1.09)	2.00(0.83)	2.06(0.94)	n.s.	n.s.	n.s.
女性 (N=140)	2.16(0.92)	2.33(0.92)	2.28(0.92)			
全体 (N=238)	2.16(1.00)	2.21(0.90)	2.19(0.93)			
他者と過ごす時間が足りず，不快感情を経験する頻度						
男性 (N=98)	2.08(1.01)	2.10(0.96)	2.09(0.97)	n.s.	n.s.	n.s.
女性 (N=139)	2.55(0.86)	2.11(0.99)	2.24(0.97)			
全体 (N=237)	2.32(0.96)	2.11(0.97)	2.18(0.97)			

[a) b)] 自由になる時間が10あるとしたときの，ひとりの時間と他者と過ごす時間それぞれの希望割合
*p<.05, **p<.01

2）個人特性（依存欲求・自己開示・情緒不安定性）との関連

　ひとりの時間と他者と過ごす時間の関連に関する項目について，依存欲求・自己開示・情緒不安定性との相関係数を算出した（Table 2-18）。その結果，ひとりの時間の必要度は，依存欲求との間に弱い負の相関（r=－.13，p<.05），他者と過ごす時間の必要度は，依存欲求および自己開示との間に

弱い正の相関が見られた（依存欲求：$r=.34, p<.001$，自己開示：$r=.29$, $p<.001$）。ひとりの時間の希望割合は，依存欲求および自己開示との間に弱い負の相関（依存欲求：$r=-.38, p<.001$，自己開示：$r=-.36, p<.001$），他者と過ごす時間の希望割合は，依存欲求および自己開示との間に弱い正の相関が見られた（依存欲求：$r=.38, p<.001$，自己開示：$r=.36, p<.001$）。ひとりで過ごす時間が足りず不快感情を経験する頻度は，情緒不安定性との間に弱い正の相関（$r=.13, p<.05$），他者と過ごす時間が足りず不快感情を経験する頻度は，3つの個人特性すべてとの間に弱い正の相関が見られた（依存欲求：$r=.27, p<.001$，自己開示：$r=.22, p<.001$，情緒不安定性：$r=.28, p<.001$）。

以上より，依存欲求が高い人は，ひとりの時間の必要度が低く，他者と過ごす時間の必要度が高く，ひとりの時間の希望率が低く，他者と過ごす時間が足りず不快感情を経験する頻度が高かった。自己開示が高い人は，他者と過ごす時間の必要度が高く，ひとりの時間の希望率が低く，他者と過ごす時間が足りず不快感情を経験する頻度が高かった。情緒不安定性が高い人は，ひとりで過ごす時間が足りず不快感情を経験する頻度および他者と過ごす時間が足りず不快感情を経験する頻度が高かった。

Table 2-18　ひとりの時間と他者と過ごす時間の関連に関する項目と個人特性（依存欲求・自己開示・情緒不安定性）との相関係数（$N=301\text{-}311$）

	依存欲求	自己開示	情緒不安定性
ひとりの時間の必要度	$-.13^{*}$	$-.08$	$-.07$
他者と過ごす時間の必要度	$.34^{***}$	$.29^{***}$	$.09$
ひとりの時間の希望割合[a]	$-.38^{***}$	$-.36^{***}$	$-.11$
他者と過ごす時間の希望割合[b]	$.38^{***}$	$.36^{***}$	$.11$
ひとりで過ごす時間が足りず，不快感情を経験する頻度	$.03$	$-.06$	$.13^{*}$
他者と過ごす時間が足りず，不快感情を経験する頻度	$.27^{***}$	$.22^{***}$	$.28^{***}$

[a) b)] 自由になる時間が10あるとしたときの，ひとりの時間と他者と過ごす時間それぞれの希望割合
$^{*}p<.05, ^{***}p<.001$

2.3.3.5 ひとりの時間の意味の認知について

ひとりの時間の意味をどう捉えるかについて，33項目を7件法で尋ねた。天井効果が考えられるため，因子分析は妥当ではないと判断し，項目をKJ法によって分類，心理学を専攻する大学生・大学院生計4名で妥当性を確認した。3/4以上の一致で妥当と判断し，意見が分かれたものについては討議の上決定した。4名で一致した率は97%であった。その結果，①精神安定・休息，②考え事・考えの整理，③自己内省，④自己解放，⑤趣味や活動への没頭・集中，⑥ストレスからの解放，⑦他者からの解放，⑧考えなくてよい，⑨積極的意味を見出さない，の9範疇に分類された。項目の分類をTable 2-19に示す。各範疇に含む項目の合計点／項目数＝合成得点とし，以下の分析に使用した。9下位尺度間の相関とα係数をTable 2-20に示す。

カテゴリー別の合成得点の平均値と標準偏差を，平均値の高い順に並べたものをTable 2-21に示す。「他者からの解放」，「趣味や個人的活動への没頭・集中」，「精神安定・休息」，「考え事・考えの整理」，「自己解放」の5カテゴリーで平均値が5以上であり，ひとりの時間の意味として，これらの内容を感じている人が多いことが示唆された。「自己内省」および「ストレスからの解放」については，平均値が4.89と4.80で中程度であった。「考えなくてよい」および「積極的意味を見出さない」については平均値が4以下で低かった。特に，「積極的意味を見出さない」については，平均値が2.77で一番低く，ひとりの時間には意味がないと感じている人は少なかった。

1）性差・生活形態による差の検討

ひとりの時間の意味尺度について，性別と生活形態（一人暮らし・自宅）を要因とした分散分析を実施した。なお，寮の生活形態の者は女性のみであったため，分析から除外した。結果をTable 2-22に示す。「考え事・考えの整理」，「自己内省」，「自己解放」，「趣味や個人的活動への没頭・集中」，「他者からの解放」については，男性よりも女性の方が，有意に得点が高かった。

Table 2-22 ひとりの時間の意味尺度の2要因分散分析結果（性別・生活形態）

	一人暮らし (N=75-79)	自宅 (N=151-156)	全体 (N=226-235)	F値および多重比較（Tukey法）の結果		
				性差	生活形態による差	交互作用
〈ひとりの時間の意味尺度〉						
①精神安定・休息						
男性(N=91)	5.60(1.26)	5.41(1.11)	5.48(1.16)	n.s.	n.s.	n.s.
女性(N=135)	5.88(0.72)	5.57(0.85)	5.66(0.82)			
全体(N=226)	5.74(1.01)	5.51(0.95)	5.59(0.98)			
②考え事・考えの整理						
男性(N=96)	5.38(1.31)	5.26(1.31)	5.30(1.30)	8.28**	n.s.	n.s.
女性(N=138)	5.88(0.98)	5.64(0.90)	5.71(0.93)	女＞男		
全体(N=234)	5.64(1.17)	5.49(1.08)	5.54(1.11)			
③自己内省						
男性(N=93)	4.85(1.29)	4.47(1.44)	4.62(1.39)	8.26**	7.82**	n.s.
女性(N=133)	5.45(1.05)	4.86(1.09)	5.03(1.11)	女＞男	一人暮らし＞自宅	
全体(N=226)	5.16(1.20)	4.71(1.24)	4.86(1.25)			
④自己解放						
男性(N=96)	4.85(1.58)	4.43(1.43)	4.59(1.50)	21.23***	8.58**	n.s.
女性(N=138)	5.82(1.01)	5.16(1.23)	5.36(1.20)	女＞男	一人暮らし＞自宅	
全体(N=234)	5.36(1.39)	4.88(1.35)	5.04(1.38)			
⑤趣味や個人的活動への没頭・集中						
男性(N=95)	5.38(1.29)	5.41(1.34)	5.40(1.31)	6.49*	n.s.	n.s.
女性(N=137)	5.88(0.78)	5.70(0.97)	5.75(0.92)	女＞男		
全体(N=232)	5.65(1.07)	5.59(1.13)	5.61(1.11)			
⑥ストレスからの解放						
男性(N=96)	4.97(1.52)	4.32(1.52)	4.57(1.55)	n.s.	5.16*	n.s.
女性(N=139)	5.00(1.27)	4.80(1.15)	4.86(1.19)		一人暮らし＞自宅	
全体(N=235)	4.99(1.38)	4.62(1.32)	4.74(1.35)			
⑦他者からの解放						
男性(N=94)	5.78(1.29)	5.63(1.38)	5.69(1.34)	8.28**	n.s.	n.s.
女性(N=134)	6.30(0.80)	6.01(0.94)	6.10(0.90)	女＞男		
全体(N=228)	6.05(1.08)	5.87(1.14)	5.93(1.12)			
⑧考えなくてよい						
男性(N=94)	3.70(1.51)	3.68(1.37)	3.69(1.42)	n.s.	n.s.	n.s.
女性(N=138)	4.24(1.52)	3.65(1.31)	3.83(1.40)			
全体(N=232)	3.99(1.53)	3.66(1.33)	3.77(1.41)			
⑨積極的意味を見出さない						
男性(N=95)	2.93(1.18)	2.86(1.38)	2.88(1.30)	n.s.	n.s.	n.s.
女性(N=139)	3.02(1.42)	2.73(0.97)	2.82(1.13)			
全体(N=234)	2.98(1.31)	2.77(1.14)	2.84(1.20)			

*p＜.05, **p＜.01, ***p＜.001

2）個人特性との関連

ひとりの時間の意味尺度について，依存欲求・自己開示・情緒不安定性との相関係数を算出した（Table 2-23）。その結果，依存欲求は，「精神安定・休息」・「ストレスからの解放」との間に弱い負の相関が見られた（精神安定・休息：$r=-.12, p<.05$，ストレスからの解放：$r=-.17, p<.01$）。自己開示は，「ストレスからの解放」との間に弱い負の相関が見られた（$r=-.18, p<.01$）。情緒不安定性は，「他者からの解放」との間に弱い正の相関が見られた（$r=.19, p<.001$）。

全体として，弱い相関ではあったものの，依存欲求が高い人ほど，「ひとりの時間」に「精神安定・休息」・「ストレスからの解放」の意味を感じていないこと，自己開示が高い人ほど，「ストレスからの解放」の意味を感じていないこと，情緒不安定性が高い人ほど，「ひとりの時間」に「他者からの解放」の意味を感じていることが示された。

Table 2-23 ひとりの時間の意味尺度と個人特性（依存欲求・自己開示・情緒不安定性）との相関係数 （$N=294-308$）

	依存欲求	自己開示	情緒不安定性
ひとりの時間の意味尺度			
①精神安定・休息	-.12*	-.06	.08
②考え事・考えの整理	.03	.02	.09
③自己内省	.07	.09	.06
④自己解放	-.07	-.10	.04
⑤趣味や個人的活動への没頭・集中	-.11	-.10	.06
⑥ストレスからの解放	-.17**	-.18**	-.02
⑦他者からの解放	.00	-.05	.19***
⑧考えなくてよい	-.06	-.08	-.02
⑨積極的意味を見出さない	.05	-.01	.00

*$p<.05$, **$p<.01$, ***$p<.001$

2.3.4 考　察
2.3.4.1 「ひとりの時間」の認知（Table 2-12）

　中里（2005）の日常生活の諸場面の分類を使用し，A：単独場所×単独行為（単×単），B：複数場所×単独行為（複×単），C：単独場所×コミュニケーション行為（単×交），D：複数場所×コミュニケーション行為（複×交）の4種類の場面別に，「ひとりの時間」の認知を検討した。なお，本節では，第2節予備研究Ⅱより「ひとりでいる場所で，単独の行為を行う（単×単），あるいは，複数の人と一緒にいる場所で，単独の行為を行う（複×単）時間（上記のAとB―ただし，ぼーっとしている時間やごろごろしている時間など，特に行為というほどのことを行っていない状況も含める）」で，「心理的に『ひとりでいる』『単独である』と感じられる時間」を「ひとりの時間」と定義し，この定義が実際に妥当かどうかを検討することにした。

　調査の結果，A（単×単）については，ひとりの時間だと感じると回答した人が多かった（60.4～89.3％）。単独場所で単独行為をしている状態は，「ひとり」を感じやすい状態であることが示唆され，「ひとりの時間」と捉えてよいと考えられる。

　B（複×単）については，項目によってかなり幅が見られた（7.6～88.4％）。B（複×単）は複数の人と一緒にいる状態であることから，Aよりも「ひとり」を感じることは難しいと考えられる。したがって，その場所や行為の内容によって，あるいは個人によって，「ひとり」の感じやすさが変わってくる可能性がある。すなわち，上記の定義の後半部分である「心理的に『ひとりでいる』『単独である』と感じられる時間」かどうかということに，場所や行為の内容の違いや個人差が影響しており，このことが項目間の差をもたらしたと推測される。

　C（単×交）については，ひとりの時間だと感じる人の割合を見ると，「他の人がいない部屋で，携帯で友達とメールを交換する」が42.5％，「他の人がいない部屋で，友達と電話で話す」が22.4％であり，どちらの項目もひと

りを感じる人はそれほど多くなかった。しかし，どちらも50％以下ではあるが，コミュニケーション行為をしている場面でもひとりの時間を感じる人が存在することが分かった。単独の場所にいる状態であるという物理的な要因が影響していると同時に，「ひとり」を感じるかどうかに個人差がある場面であると考えられる。また，電話よりメールの方が「ひとり」を感じやすいことが示唆された。

D（複×交）については，ひとりの時間だと感じる人の割合は2.8～16.5％で，ほとんどの人がひとりの時間と感じていなかった。複数の人と一緒にいる場所で，コミュニケーション行為を行う場面は，「ひとりの時間」には含まれないと言ってよいと考えられる。

以上4場面の結果について，本調査での「ひとりの時間」の定義と照らし合わせると，確かに，A（単×単）とB（複×単）では「ひとりの時間」を感じる人が比較的多く，C（単×交）とD（複×交）では「ひとりの時間」を感じる人は比較的少なかった。しかし，B（複×単）とC（単×交）では，項目によってかなり幅が見られ，場所・行為の内容による違いが影響していること，および，それぞれの項目で「ひとり」を感じるかどうかに個人差がある可能性があることが示唆された。

また，「ひとりの時間」の認知は，場所別・行動別に違いが見られた。場所別では，物理的にひとりで落ち着ける場所ではひとりの時間を感じやすいが，不特定多数の人がいる場所では中程度の感じ方であり，知っている人がいる場所では，ひとりを感じる人は少ないと分かった。

また，行動別では，ぼーっとする・だらだらする・考え事をする・お茶をする・散歩をするなどについては，ひとりの時間と感じている割合が高く，寝る・家事をする・勉強をするなどの項目は，ひとりの時間だと感じている割合が低かった。

以上から，本章の「ひとりの時間」の定義はある程度妥当であると考えられる。場所や行為によって「ひとりの時間」の感じやすさに違いはあるが，

定義の後半部分である「心理的に『ひとりでいる』『単独である』と感じられる時間」という個人の認知の側面が，最終的に「ひとりの時間」を決定づけているものと考えられる。具体的には，「物理的にひとりでいる場所で，ぼーっとする・だらだらする・考え事をするなど，精神的にリラックスする行動によって，あるいは，趣味・娯楽の活動を通して，のんびりできる時間」に，ひとりの時間を感じる人が多いことが明らかになった。

2.3.4.2　ひとりで過ごしたいときと他者と過ごしたいときの比較 (Table 2-13〜2-16)

ひとりで過ごしたいとき，および，他者と過ごしたいときは，それぞれ10範疇に分類された（Table 2-14, Table 2-15参照）。

ひとりで過ごしたいときと他者と過ごしたいときを比較すると，①活動内容の違い，②時間的余裕の有無，③他者に対する気分の違い，④一日の中のどんな時間か，⑤体調・調子（身体的・精神的）の違い，⑥気分・思考・出来事がポジティブなものかネガティブなものか，の6つの点から区別された。

この6点を具体的に見てみると，ひとりで過ごしたいときは，①読書や趣味などの個人的活動や，勉強・集中，考え事・自己内省をしたいとき，②時間的余裕がないとき，③他者を回避する気分のとき，④お風呂のときや学校の後，⑤疲労・不調のとき，⑥ネガティブな気分・思考・出来事のとき（イライラしているとき・怒っているとき等），と言える。

また，他者と過ごしたいときは，①活動・気分の共有や，話・報告・相談をしたいとき，②時間的余裕があるとき，③他者を希求する気分のとき，④食事，学校・授業，テレビを見るとき，⑤体調・調子が良いとき，あるいは，悪いとき，⑥ネガティブな気分・思考・出来事のとき（落ちこんでいるとき・悩んでいるとき等），あるいは，ポジティブな気分・出来事のとき（嬉しいとき・楽しいとき等）とまとめられる。

以上から，ひとりの時間には，①疲労・不調のときの休息の時間，②ネガ

ティブな気分・思考・出来事のとき（イライラしている・落ちこんでいる・悩んでいるとき等）に自分を見つめなおしたり自分を落ち着かせたりする時間，③勉強に集中したり読書や趣味などの個人的活動に没頭したりする時間，④考え事や自己内省をするための時間，⑤リラックスするための時間，などの意味があることが推測される。

これに対して，他者と過ごす時間には，①活動・気分を共有する時間（特に，喜び・楽しみの共有），②話や報告・相談によって，情報・気分・親密性を共有したり自分以外の視点を得たりする時間，③ネガティブな気分・思考・出来事のとき（落ちこんでいるとき・悩んでいるとき・不安なとき等）にそのことについて話や相談をしたり励ましを得たりすることで（あるいは逆に関係のない楽しい話をしたり遊んだりすることで）気分の安定や気分転換を図る時間，などの意味があることが推測される。

2.3.4.3　ひとりの時間と他者と過ごす時間の関連に関する内容 (Table 2-17, 2-18)

ひとりの時間と他者と過ごす時間の関連に関する内容では，性別・生活形態・個人特性による違いが示唆された。

1）性差 (Table 2-17)

ひとりの時間の必要度・他者と過ごす時間の必要度は，男性より女性の方が有意に高かった。ひとりの時間の必要度・他者と過ごす時間の必要度の両方で女性の方が高かったということは，女性の方が両方の時間を男性よりも大切にしていると考えられる。あるいは，女性の方が，ひとりの時間の確保についても，他者と過ごす時間の確保についても，意識しているということかもしれない。男性は女性ほど，これらの時間の確保について気にしていない可能性がある。

ひとりの時間の必要性も，他者と過ごす時間の必要性も，対人関係の中で

ひとりの時間をどう持つか，ひとりの時間を持つ中で他者と過ごす時間をどう持つかという問題であると考えられる。女性の方が対人関係を重要視する傾向が強く，対人関係に気を使うが故に，両方の時間を意識している可能性が考えられる。

2）生活形態との関連（Table 2-17）

ひとりの時間の希望割合は自宅より一人暮らしの方が高く，他者と過ごす時間の希望割合は一人暮らしより自宅の方が高かった。これは，ひとりの時間の希望割合の高い人が，好んで一人暮らしをしていて，他者と過ごす時間の希望割合が高い人は，好んで自宅で暮らしているということを示すものかもしれない。

3）個人特性（依存欲求・自己開示・情緒不安定性）との関連（Table 2-18）
①依存欲求との関連

依存欲求が高い人は，ひとりの時間の必要度が低く，他者と過ごす時間の必要度が高く，ひとりの時間の希望率が低く，他者と過ごす時間が足りず不快感情を経験する頻度が高かった。これは，依存欲求が高いほど，ひとりの時間を必要としておらず，他者と過ごす時間を必要だと感じていて，だからこそ他者と過ごす時間が足りなくて不快感情を経験することが多いということだろう。依存欲求は，他者を求める欲求であるため，このような結果になったと考えられる。また，依存欲求が高い人は，ひとりの時間をうまく活用できず，楽しめていないということなのかもしれない。依存欲求の低さを人にあまり甘えないこととして考えると，このことは，「ひとりでいることを楽しめていると報告した個人は，人に甘えるものではないという態度を持っている（松尾・小川，2000）」という知見に通じるものであると考えられる。
②自己開示との関連

自己開示が高い人は，他者と過ごす時間の必要度が高く，ひとりの時間の

希望率が低く，他者と過ごす時間が足りず不快感情を経験する頻度が高かった。これは，依存欲求との関連とほぼ同様の結果であった。自己開示という特性も，他者に対して自分をどの程度開示するかという，他者の介在を前提としている特性であるので，依存欲求と同様の結果になったと推測される。自己開示度が高いとは，他者との心理的距離を近く取ることを好む傾向にあるということだと考えられるので，その点で依存欲求と似ているのだろう。

③情緒不安定性との関連

　情緒不安定性が高い人は，ひとりで過ごす時間が足りず不快感情を経験する頻度および他者と過ごす時間が足りず不快感情を経験する頻度が高かった。情緒不安定性が高い故に，ひとりの時間と他者と過ごす時間のバランスに敏感に反応してしまうのかもしれない。情緒不安定性が高い人は，ひとりの時間と他者と過ごす時間のバランスが取りにくく，それによってストレスを抱えやすいと推測される。

　なお，ひとりの時間の必要度・他者と過ごす時間の必要度・ひとりの時間の希望率については，有意な相関は見られなかった。情緒不安定性は，依存欲求・自己開示とは違い，他者の介在を前提とした特性ではなく，個人内の心の揺れ動きやすさであることから，このような結果になったと考えられる。

2.3.4.4　ひとりの時間の意味の認知について（Table 2-19～2-23）

　ひとりの時間の意味の認知は，9範疇に分類され（Table 2-19），合成得点の平均値の高い順に挙げると，①他者からの解放，②趣味や活動への没頭・集中，③精神安定・休息，④考え事・考えの整理，⑤自己解放，⑥自己内省，⑦ストレスからの解放，⑧考えなくてよい，⑨積極的意味を見出さない，という結果となった（Table 2-21）。

　「考えなくてよい」・「積極的意味を見出さない」を除く7カテゴリーで，合成得点の平均値が多段階評定で4.8以上であり（7件法の中立点を上回っている），程度の差こそあれ，それぞれの意味を感じている人が多かった。「積極

的意味を見出さない」については平均値が低く，ひとりの時間には意味がないと感じている人は少なかった。また，考えなくてよい時間として捉えている人もどちらかといえば少ないようであった（平均値＝3.75）。

また，性別・生活形態・個人特性による違いが示唆された。

1）性差（Table 2-22）

「考え事・考えの整理」，「自己内省」，「自己解放」，「趣味や個人的活動への没頭・集中」，「他者からの解放」については，女性の方が有意に得点が高かった。つまり，女性の方が，ひとりの時間にこのような意味を感じている傾向が強いと考えられる。女性の方がひとりの時間の必要度が高かったことを考え合わせると，女性の方がひとりの時間にこのような意味を強く感じているからこそ，必要度も高いのだと言えるかもしれない。

あるいは，女性の方が日常生活の中で上記のような時間を確保しにくく，だからこそひとりの時間の意味として浮上してくるという可能性も考えられる。もしかすると，対人関係を重視し，気にするあまり，男性よりもこのような時間の確保が難しいのかもしれない。

2）生活形態との関連（Table 2-22）

「自己内省」，「自己解放」，「ストレスからの解放」については，自宅よりも一人暮らしの方が，有意に得点が高かった。一人暮らしの人は，基本的に家に他者がいない状態であるため，家で過ごす際の「ひとりの時間」に，内省や解放の意味を見出す傾向が強いのかもしれない。自宅の人は，家に他者がいるため，自分の部屋や家の外での「ひとりの時間」を想定するために，これらの意味を感じる度合いが，一人暮らしの人より低かったのかもしれない。

3) 個人特性（依存欲求・自己開示・情緒不安定性）との関連（Table 2-23）

全体として，弱い相関ではあったものの，依存欲求が高い人ほど，「ひとりの時間」に「精神安定・休息」・「ストレスからの解放」の意味を感じる度合いが低いこと，自己開示が高い人ほど，「ストレスからの解放」の意味を感じる度合いが低いこと，情緒不安定性が高い人ほど，「ひとりの時間」に「他者からの解放」の意味を感じていることが示された。

依存欲求や自己開示が高いほど，他者と過ごす時間を求める傾向が強いため，ひとりの時間をストレスから解放される時間として感じることは少ないのかもしれない。

また，情緒不安定性が高い人は，ひとりの時間を，他者から解放されることで気分の波を安定させるという意味で用いているのかもしれない。このことは，「情緒不安定性の高い者は，ネガティブな感情を体験しやすく，ネガティブな感情の整理のために，自分1人で専有できる空間を求める（泊・吉田，2001，p.156）」という知見に通じるものであると考えられる。

2.4　研究Ⅱ：ひとりで過ごすことに関する大学生の意識
　　―「能動的なひとり」と「受動的なひとり」の比較―

2.4.1　目　的

第2章第2節で，大学生が「ひとりの時間」をどう捉えるかということについて，自由記述の分析を中心とした検討を行った。その結果，ひとりで過ごすときの気分について，「時と場合による」という内容の回答が多く見られたことから，あえてひとりになるのか，ひとりになってしまうのかという違い（「ひとり」状況の選択の有無）によって，そのときの気分や「ひとりの時間」の意味合いが異なる可能性が示唆された。

そこで，本節では，ひとりで過ごす状況を①自分の意志であえてひとりで過ごす場合（「能動的なひとり」とする）と，②ひとりで過ごしたくないのに，

2）ひとりで過ごしたくないのに，ひとりで過ごすしかないときに関する内容

① ひとりで過ごしたくないのに，ひとりで過ごすしかないことがあるか（「受動的なひとり」の頻度）。「よくある」＝5，「ときどきある」＝4，「たまにある」＝3，「あまりない」＝2，「まったくない」＝1の5件法で尋ねた。

② ①で「まったくない」と答えた方以外の方に対して，(a)ひとりで過ごしたくないのに，ひとりで過ごすしかないときの気分，(b)ひとりで過ごしたくないのに，ひとりで過ごすしかない状況のとき，その時間をどんな風に使うか，を自由記述形式（複数回答可）で尋ねた。

2.4.3 結果と考察[2-3]

2.4.3.1 『能動的なひとり』の頻度と『受動的なひとり』の頻度の比較

1）全体

自分の意志であえてひとりで過ごす（『能動的なひとり』）頻度と，ひとりで過ごしたくないのにひとりで過ごすしかない（『受動的なひとり』）頻度について，5件法による回答を集計したものをTable 2-24に示す。能動的なひとりについては，「よくある」と回答した人の割合が一番多く（32.2%），「よくある」「ときどきある」「たまにある」と回答した人の割合は82.7%であり，ほとんどの人が自分の意志でひとりで過ごすことがあることが分かった。これ

Table 2-24 能動的なひとりと受動的なひとりの頻度別度数（括弧内は%）

	よくある	ときどきある	たまにある	あまりない	まったくない	無回答	合計
能動的なひとり	100(32.2)	94(30.2)	63(20.3)	31(10.0)	21(6.8)	2(0.6)	311(100)
受動的なひとり	20(6.4)	36(11.6)	103(33.1)	74(23.8)	74(23.8)	4(1.3)	311(100)

2-3 結果と考察においては，質問紙で提示した選択肢，および，筆者らが作成したカテゴリー名については鉤括弧：「　」，調査対象者が記述した内容については中括弧：｜　｜と，便宜的に使い分けることとする。また，これらと区別するために，本研究で独自に用いる用語については（『ひとり』『ひとりの時間』『能動的なひとり』『受動的なひとり』），二重括弧：『　』を使用することとする。

ひとりで過ごすしかない場合(「受動的なひとり」とする)に分け，それぞれに対する大学生の意識がどのように違うのかを検討する。

2.4.2 方法
2.4.2.1 調査対象者
第3節と同一。

2.4.2.2 調査時期
第3節と同一。

2.4.2.3 手続き
第3節と同一。

2.4.2.4 調査内容
以下に示す調査内容を含む質問紙を作成した。フェイスシートでは，対象者の属性(学年・年齢・性別など)および生活形態(一人暮らし／自宅／寮など)を尋ねた。

1) あえてひとりで過ごすときに関する内容
① 自分の意志であえてひとりで過ごすことを選択することがあるか(「能動的なひとり」の頻度)。「よくある」= 5，「ときどきある」= 4，「たまにある」= 3，「あまりない」= 2，「まったくない」= 1の5件法で尋ねた。
② ①で「まったくない」と答えた方以外の方に対して，(a)自分の意志であえてひとりで過ごす理由，(b)自分の意志であえてひとりで過ごすときの気分，を自由記述形式(複数回答可)で尋ねた。

に対して，受動的なひとりについては，「たまにある」と回答した人の割合が一番多く（33.1%），「まったくない」と回答した人が23.8%に上っていた。「能動的なひとり」と「受動的なひとり」の頻度の相関係数を算出したところ，.09（n.s.）であり，有意な相関は見られなかった。

　また，クロス集計の内訳（Table 2-25）を見ると，能動：「よくある」×受動：「たまにある」の組み合わせで回答した人が最も多く（10.7%），次いで，能動：「ときどきある」×受動：「たまにある」（10.4%），能動：「ときどきある」×受動：「あまりない」（8.8%），能動：「よくある」×受動：「まったくない」（8.5%），能動：「たまにある」×受動：「たまにある」（7.8%）の順であった。程度の差はあるが，能動的にひとりで過ごす頻度の方が，受動的にひとりで過ごす頻度よりも多い（または同じ）という組み合わせで回答した人が多いことがうかがえた。

　しかし，全体的に見るとその組み合わせは多様であり，個人によってばらつきが大きいことも分かった。能動：「よくある」×受動：「まったくない」（8.5%）という組み合わせの人がかなりの割合で存在する一方で，能動：「あまりない」×受動：「たまにある」（3.6%）という人も存在し，人数は少ないが能動：「まったくない」×受動：「ときどきある」（1.0%）という組み

Table 2-25　能動的なひとりの頻度と受動的なひとりの頻度のクロス集計
（数値は度数・括弧内は%）

		能動的なひとり					
		よくある	ときどきある	たまにある	あまりない	まったくない	合計
受動的なひとり	よくある	9(2.9)	5(1.6)	2(0.7)	4(1.3)	0(0.0)	20(6.5)
	ときどきある	12(3.9)	11(3.6)	8(2.6)	2(0.7)	3(1.0)	36(11.7)
	たまにある	33(10.7)	32(10.4)	24(7.8)	11(3.6)	3(1.0)	103(33.6)
	あまりない	19(6.2)	27(8.8)	18(5.9)	7(2.3)	3(1.0)	74(24.1)
	まったくない	26(8.5)	19(6.2)	10(3.3)	7(2.3)	12(3.9)	74(24.1)
	合計	99(32.2)	94(30.6)	62(20.2)	31(10.1)	21(6.8)	307(100.0)

注1）よくある＝5，ときどきある＝4，たまにある＝3，あまりない＝2，まったくない＝1の5件法で回答させた。
注2）無回答は4名であった。

合わせの人もいた。能動的にひとりになる頻度は高いが受動的なひとりになることはないという人は、心理的な要因として、あえてひとりで過ごしたり、ひとりで過ごしたくないときには何らかの対処をしたりして、「ひとり」状況をうまくコントロールしている可能性、あるいは、ひとりで過ごすことが苦にならないという可能性が考えられる。また、物理的な要因としては、環境等により受動的にひとりになる機会が少ないということが挙げられる。逆に、能動的にひとりで過ごす頻度が低く、受動的にひとりで過ごす頻度の方が高いという人は、心理的な要因として、『ひとり』状況のコントロールが苦手である可能性、あるいは、ひとりで過ごすことが苦手（嫌い）という可能性が考えられる。また、物理的な要因として、環境等により受動的にひとりになる機会が多いということもあるだろう。

2）性差・生活形態による差の検討

能動的なひとりと受動的なひとりの頻度について、性別と生活形態（一人暮らし・自宅）を要因とした分散分析を実施した。なお、寮の生活形態の者は女性のみであったため、分析から除外した。結果を Table 2-26に示す。能

Table 2-26　能動的なひとりと受動的なひとりの2要因分散分析結果
（性別・生活形態）

	一人暮らし ($N=82$) $M(SD)$	自宅 ($N=153$-154) $M(SD)$	全体 ($N=235$-236) $M(SD)$	F値および多重比較（Tukey法）の結果		交互作用
				性差	生活形態による差	
能動的なひとり						
男性（$N=96$）	3.77(1.27)	3.35(1.34)	3.52(1.32)	n.s.	n.s.	n.s.
女性（$N=140$）	3.88(1.10)	3.77(1.10)	3.81(1.10)			
全体（$N=236$）	3.83(1.17)	3.62(1.21)	3.69(1.20)			
受動的なひとり						
男性（$N=95$）	2.79(1.28)	2.41(1.29)	2.57(1.29)	n.s.	8.38** 一人暮らし＞自宅	n.s.
女性（$N=140$）	2.95(0.97)	2.40(1.11)	2.57(1.10)			
全体（$N=235$）	2.88(1.13)	2.41(1.18)	2.57(1.18)			

**$p<.01$

動的なひとりの頻度は，性差・生活形態差・交互作用ともに認められなかった。受動的なひとりの頻度は，有意な生活形態差のみが認められ，一人暮らしの方が自宅よりも，受動的なひとりの頻度が高いことが示された。一人暮らしの人はひとりで過ごさなければならない状況が多いと思われるので，ひとりで過ごしたくないのにひとりで過ごすしかない頻度が高いという結果は妥当なものと考えられる。

2.4.3.2 『能動的なひとり』状況における自由記述の分析

(1)自分の意志であえてひとりで過ごす理由および，(2)自分の意志であえてひとりで過ごすときの気分について，自由記述で得られた回答を KJ 法（川喜田，1967）を参考に分類した。

1）自分の意志であえてひとりで過ごす理由

分類したカテゴリーとその具体的内容，およびカテゴリー別の度数分布を Table 2-27 に示す。出現頻度の多い順に，「他者との関連（27.0％）」，「気分・疲労との関連（26.5％）」，「ひとりでする活動との関連（23.2％）」，「『ひとり』『ひとりの時間』を求める内容（13.4％）」，「自己との関連（4.6％）」，「理由なし・わからない（0.5％）」であった。

「他者との関連」については，「他者の回避｛人に会いたくない・人と話したくない等｝」という直接的な理由が大部分であったが（23.5％），「他者に迷惑をかけるのを防ぐ｛他の人に当たりそうになるから・周りに危害を加えないようにするため等｝」という回答も3.6％存在し，自分が他者に迷惑をかけないよう，あえてひとりで過ごす人もいることが分かった。

「気分・疲労との関連」の中では，「疲労・倦怠｛疲れているから・面倒くさいから｝」が10.1％で多く，疲れているときにあえてひとりで過ごす人が多いことが分かった。また，気分との関連では，「落ち着く・リラックス（6.6％）」，「楽・気楽（6.0％）」など，ポジティブな気分に言及する回答が多

Table 2-27 自分の意志であえてひとりで過ごす理由の自由記述結果
（数値は度数および％）

カテゴリー		内容
大分類	小分類	
他者との関連 99(27.0%)	他者の回避 86(23.5%)	人に会いたくないから 人と話したくないから 人と接するのが面倒・疲れるから 他の人に合わせるのが面倒・疲れるから 人に気を使いたくないから 他の人が邪魔だから 他の人がいるとしたいことができないから 人といるのが好きではないから
	他者に迷惑をかけるのを防ぐ 13(3.6%)	他の人に当たりそうになるから 周りに危害を加えないようにするため 周りに迷惑をかけてしまうから 人に腹を立ててしまうから
気分・疲労との関連 97(26.5%)	落ち着く・リラックス 24(6.6%)	落ち着くから 自分を落ち着かせるため リラックスするため 気持ちが安らぐ 休みたいから
	楽・気楽 22(6.0%)	楽だから 気楽だから
	楽しい 3(0.8%)	楽しいから
	イライラしている 7(1.9%)	イライラしているから
	抑うつ 4(1.1%)	落ち込んでいるから
	疲労・倦怠 37(10.1%)	疲れているから 面倒くさいから
ひとりでする活動との関連 85 (23.2%)	趣味などの個人的活動 29 (7.9%)	好きなことができるから ひとりでやりたいことがあるから 自分のことがしたいから 自分で自由に時間を使えるから 音楽を聞きたいから 読書をしたいから 買い物をしたいから

「ひとり」「ひとりの時間」を求める内容 49(13.4%)	考え事 35 (9.6%)		考え事をしたいから ひとりで考えたいから
	勉強・集中 21 (5.7%)		勉強するため 集中したいから
	ひとりになりたい 24 (6.6%)		ひとりになりたいから そうしたいから
	ひとりの時間・自分の時間がほしい 4(1.1%)		ひとりの時間がほしい 自分の時間がほしい
	必要・大事 8(2.2%)		必要だから 大事だから
	ひとりが好き 11(3.0%)		ひとりが好きだから ひとりの時間が好きだから
	本能 2(0.5%)		本能
自己との関連 17 (4.6%)	自己内省 9(2.5%)		自分を見つめなおしたいから ひとりになることで人のありがたさがわかるから 適度な孤独は人に対して優しくなれるから 普段気づかないことに気づく
	自己解放 4(1.1%)		ありのままの自分でいられるから 自分のペースで過ごしたいから 自分の状態を保つ 自分のペースやテンポがうまく取れないとき
	自分の原動力 2(0.5%)		ひとりになることで，また動き出す原動力になるから 自分のプラスになるから
	自分の理想 2(0.5%)		ひとりでも生きていける人間になりたいから 常にだれかと一緒でないと行動できない人間にはなりたくないから
理由なし・わからない 2 (0.5%)	理由はない・分からない 2 (0.5%)		理由はない 分からない
その他 17 (4.6%)	その他 17 (4.6%)		人といる時間が多いから 仕方ないから だらだら過ごしてしまうから お金がないから 思考を止めたいとき 次の日に備えて体調を整えるとき　　など

かったが,「イライラしている (1.9%)」および「抑うつ｛落ち込んでいる｝(1.1%)」というネガティブな気分に言及する回答も少し存在していた。あえてひとりで過ごす状況では, 落ち着く・気楽などのポジティブな気分を感じる人, あるいはポジティブな気分を求めてひとりで過ごす人が多く, ネガティブな気分（イライラしている・落ち込んでいる）の回答をした人も後者に属するのではないかと考えられる（イライラしているから落ち着きたい等）。

「ひとりでする活動との関連」では,「趣味などの個人的活動 (7.9%)」,「考え事 (9.6%)」,「勉強・集中 (5.7%)」が挙げられており, いずれも自分ひとりでしたいことがあるからひとりで過ごすという理由であった。

「『ひとり』『ひとりの時間』を求める内容」では,「ひとりになりたい (6.6%)」,「ひとりが好き (3.0%)」,「必要・大事 (2.2%)」,「ひとりの時間・自分の時間が欲しい (1.1%)」,「本能 (0.5%)」ということが挙げられ, あえてひとりで過ごす時間を好き・必要・大事などと感じて, そういう時間を求める人が存在することが分かった。

「自己との関連」では,「自己内省｛自分を見つめなおしたいから等｝(2.5%)」,「自己解放｛ありのままの自分でいられる・自分のペースで過ごしたい等｝(1.1%)」,「自分の原動力 (0.5%)」,「自分の理想｛ひとりでも生きていける人間になりたい等｝(0.5%)」という回答が挙げられ, 自分にとってプラスの影響を及ぼすことを理由としているものが多かった。全体の中での頻度は少数であるが, 自己の確立が主要なテーマとなる青年期において, 自己の成長や発達にもつながる記述であると考えられる。

2）自分の意志であえてひとりで過ごすときの気分

分類したカテゴリーとその具体的内容, およびカテゴリー別の度数分布をTable 2-28に示す。出現頻度を見ると,「ポジティブな気分」が過半数であり (56.0%), 次いで,「ネガティブな気分 (19.5%)」,「ニュートラルな気分 (10.2%)」,「アンビバレントな気分を併せ持つ (2.7%)」の順であった。ポ

Table 2-28 自分の意志であえてひとりで過ごすときの気分の自由記述結果
（数値は度数および%）

カテゴリー		内容
大分類	小分類	
ポジティブな気分 187(56.0%)	落ち着く・リラックス・安心 78(23.4%)	落ち着く リラックス 安心 ほっとする ゆったり
	気楽・楽 42(12.6%)	気楽 楽
	自由・解放感 15(4.5%)	自由 のびのびしている 解放感
	楽しい・嬉しい・爽快感 20(6.0%)	楽しい ワクワクしている 嬉しい 爽快 すっきり
	充実感 16(4.8%)	充実 満足 幸せ
	集中 7(2.1%)	集中する
	自己内省 9(2.7%)	自分を見つめられる 気持ちの整理ができる
アンビバレントな気分を併せ持つ 9(2.7%)	さみしさと他の感情との共存 9(2.7%)	少しさみしいけれど，落ち着く・リラックス 少しさみしいけれど，自由・解放感 少しさみしいけれど，気楽
ネガティブな気分 65(19.5%)	さみしい・孤独 9(2.7%)	さみしい 孤独
	抑うつ 17(5.1%)	憂鬱 悲しい
	不快・諦め 7(2.1%)	あまりいい気分ではない 仕方ない
	イライラ 6(1.8%)	イライラする

(Table 2-28の続き)

ネガティブな気分（続き）	疲労・倦怠 20 (6.0%)	疲労感 倦怠感 何もしたくない 何かをするのが面倒 だるい
	他者の回避 6 (1.8%)	人と接したくない 人と接するのが面倒 人に邪魔されたくない
ニュートラルな気分 34 (10.2%)	普通・何も感じない 34 (10.2%)	普通 特に何も感じない・何とも思わない さみしさは感じない
その他 39 (11.7%)	その他 39 (11.7%)	（断った）相手に悪い その時による だんだん人恋しくなる 遊びたい 忙しいとき・余裕がないとき 時間を気にしない よくわからない　　　　　　　　　など

ジティブな気分を感じる人が多くはあるが，どのような理由でひとりで過ごすのか，また，そのときに何をするのか等によって気分は様々であることが示唆された。

「ポジティブな気分」の中では，「落ち着く・リラックス・安心 (23.4%)」および「気楽・楽 (12.6%)」が多く，これは自分の意志であえてひとりで過ごす理由にも挙げられていた。また，「自由・解放感 (4.5%)」，「楽しい・嬉しい・爽快感 (6.0%)」，「充実感 (4.8%)」などの回答もあり，自分の意志であえてひとりで過ごす場合には，気分良く過ごしている人が多いことが分かった。例えば，自分の意志であえてひとりで過ごす理由において「趣味などの個人的活動」を挙げた人は，ポジティブな気分で過ごすのではないかと推測される。

しかし，「ネガティブな気分」の回答も全体の20%近くを占めており，その内容は，「疲労・倦怠 (6.0%)」，「抑うつ (5.1%)」，「さみしい・孤独

(2.7%)」,「不快・諦め (2.1%)」などであった。自分の意志であえてひとりで過ごす場合であっても，ネガティブな気分を感じている人がある程度存在することが分かった。この中で，「疲労・倦怠」は自分の意志であえてひとりで過ごす理由にも出てきており，疲れているからひとりで過ごす場合に感じる気分としては，疲労感・倦怠感があって当然と考えられる。また，例えば自分の意志であえてひとりで過ごす理由として，｜ひとりになりたいから｜と回答した場合，そのようなときに感じる気分はあまりいいものではないと推測される。

「ニュートラルな気分｜普通・特に何も感じない・何とも思わない・さみしさは感じない等｜」という回答も10%ほど見られ，これは自分の意志でひとりで過ごす理由において，例えば｜勉強するため｜のような場合，特に何も感じないのではないかと推測される。また，ニュートラルな気分の中で，｜さみしさは感じない｜という回答が挙げられていたのが特徴的であった。これは「(普通ひとりで過ごすというとさみしいイメージがあるが,) さみしさは感じない」ということを暗に意味しているのではないかと考えられる。

さらに，「アンビバレントな気分を併せ持つ｜少しさみしいけれど落ち着く・少しさみしいけれど自由・少しさみしいけれど気楽等｜」という回答も頻度は少ないが存在しており，あえてひとりで過ごす状況の気分の特徴として，重要な意味を持つのではないかと思われた。少しさみしいと思いながらもひとりを味わうような過ごし方であると推測される。

2.4.3.3 「受動的なひとり」状況における自由記述の分析

(1)ひとりで過ごしたくないのに，ひとりで過ごすしかないときの気分，および，(2)ひとりで過ごしたくないのにひとりで過ごすしかない状況のとき，その時間をどんな風に使うかについて，自由記述で得られた回答を KJ法 (川喜田, 1967) を参考に分類した。

1）ひとりで過ごしたくないのに，ひとりで過ごすしかないときの気分

　分類したカテゴリーとその具体的内容，およびカテゴリー別の度数分布をTable 2-29に示す。出現頻度を見ると，「ネガティブな気分」の回答が全体の大部分を占めており（84.9%），「ニュートラルな気分（2.1%）」，「その他（13.0%）」の順であった。

　「ネガティブな気分」の中では，「さみしい・孤独」が多かったが（48.6%），それ以外に，「抑うつ・不安」，「退屈・倦怠」，「不快・諦め」，「イライラ・怒り」といった内容が挙げられていた。

　「ニュートラルな気分」としては，|特に何とも思わない| |苦痛を感じない| という表現で回答がなされており，特に後者の |苦痛を感じない| という表現は，「（普通苦痛を感じるような場面であるけれども），苦痛を感じない」ということを暗に意味しているのではないかと推測される。

　その他としては，「気分ではなく状況に言及したもの |周りの人や友人が皆忙しい・友達が少ない・真夜中等|」や，「他者の希求 |だれかと話したい，だれかと一緒にいたい等|」が挙げられていた。

　全体として，ひとりで過ごしたくないのに，ひとりで過ごすしかないという『受動的なひとり』の状況では，ネガティブな気分を感じる人が大部分であることが示された。

2）ひとりで過ごしたくないのにひとりで過ごすしかない状況のとき，その時間をどんな風に使うか

　分類したカテゴリーとその具体的内容，およびカテゴリー別の度数分布をTable 2-30に示す。出現頻度の多い順に，「娯楽・趣味（47.3%）」，「寝る（11.4%）」，「外出（8.6%）」，「何かをする・やることを探す（7.6%）」，「メール・電話（6.0%）」，「ボーっとする・だらだらする（5.6%）」，「勉強（3.5%）」，「家事（2.8%）」，「考え事（2.2%）」，「気分を高揚させる努力（1.5%）」，「その他（3.5%）」であった。

Table 2-29 ひとりで過ごしたくないのにひとりで過ごすしかないときの気分の自由記述結果（数値は度数および%）

カテゴリー		内容
大分類	小分類	
ネガティブな気分 241(84.9%)	さみしい・孤独 138(48.6%)	さみしい 孤独
	抑うつ・不安 46(16.2%)	悲しい つらい 憂鬱 落ちこんでいる 死にそう 涙が出る むなしい みじめ 切ない 不安
	退屈・倦怠 27(9.5%)	つまらない 退屈 暇
	不快・諦め 24(8.5%)	嫌な気分 仕方ない 諦めている
	イライラ・怒り 6(2.1%)	イライラする 頭にくる
ニュートラルな気分 6(2.1%)	特になし 6(2.1%)	特に何とも思わない 苦痛を感じない
その他 37(13.0%)	気分ではなく状況に言及したもの 12(4.2%)	周りの人や友人が皆忙しいとき 周りの人や友人がかまってくれないとき 周りの人や友人と予定が合わないとき 友達が少ない 真夜中 帰りの電車
	他者の希求 9(3.2%)	だれかと話したい だれかの声を聞きたい だれかと一緒にいたい だれかにそばにいてほしい
	その他 16(5.6%)	うずうずする・もどかしい 事情による　　　　　　　　　　など

Table 2-30 ひとりで過ごしたくないのにひとりで過ごすしかないときの行動の自由記述結果（数値は度数および%）

カテゴリー	内容
外出 40(8.6%)	出かける 買い物 散歩 運動 喫茶店やカフェへ行く 人のいる場所へ行く
娯楽・趣味 219(47.3%)	テレビを見る ビデオ・DVDを見る 音楽を聴く 本・マンガ・雑誌を読む ゲーム パソコン 趣味 好きなことをする 酒を飲む
何かをする・やることを探す 35(7.6%)	何かする やるべきことをする やらなければならないことを片づける やることを探す ひとりのときにしかできないことを探す
家事（掃除・片づけ） 13(2.8%)	家事 掃除 部屋の片づけ
勉強 16(3.5%)	勉強 レポート
考え事 10(2.2%)	考え事
ボーっとする・だらだらする 26(5.6%)	ボーっとする だらだらする ゴロゴロする ぐだぐだする
寝る 53(11.4%)	寝る

気分を高揚させる努力 7(1.5%)	テンションを上げる 楽しいことを考える
メール・電話 28(6.0%)	だれかにメールする だれかに電話する
その他 16(3.5%)	いつも通り過ごす 何も考えないようにする 悲しい音楽を聴いて泣く 無駄に時間をつぶす　　　　　　　　　　など

　全体として，ひとりでできる「娯楽・趣味」に時間を使うという記述が多く，それ以外には，「何かをする・やることを探す」，「勉強」，「家事」など，ひとりでいるときにできることやしなければならないことを片づけてしまうという記述がある一方で，「寝る」・「ボーっとする・だらだらする」などの記述も見られた。また，このような単独でする行動ではなく，「メール・電話」というコミュニケーション行動を挙げた人もいた。2つ以上の回答を挙げた人も多く（146名／この分析の対象とした人のうち62.7%），『受動的なひとり』状況の場合に，自分なりの対処法を複数持っている人が多いことが示唆された。

　また，今回の分析ではどんな行動を取るかということに重点を置いて分類したため，結果の表には反映されなかったが，|むりやり〜する|，|気を紛らわせるために〜|，|〜に没頭する| など，ひとりで過ごすしかないさみしさや嫌な気持ちを紛らわせるような行動を意味する言葉を加えている記述が多かったこと，|結局ボーっとしてしまう| |結局だらだらしてしまう| というように，その時間をうまく使えない，気持ちを切り替えられないというようなニュアンスを含む表現も見られたことが特徴的であった。何か行動を起こしてその時間を楽しもうとする人や気を紛らわそうとする人が存在する一方で，なんとなく過ごしてしまう，うまく気持ちを切り替えられずに時間が過ぎていってしまうというような人も存在することが推測される。

2.4.4 「能動的なひとり」と「受動的なひとり」についての考察

これまで述べた「能動的なひとり」および「受動的なひとり」に関する結果について，ここで改めて比較検討することにする。

まず，特に，自由記述結果の気分について比較して考えてみると（Table 2-28, 2-29），「受動的なひとり」の場合には，ネガティブな気分の記述が約85％と大部分を占めていたのに対して，「能動的なひとり」の場合には，ポジティブな気分が過半数に上るものの，ネガティブな気分，アンビバレントな気分，ニュートラルな気分など様々な記述が見られ，「受動的なひとり」のように一筋縄ではいかず，複雑な気分を含む状況であることが示唆された。「能動的なひとり」状況における気分は，先述のように，なぜひとりで過ごすかという理由によっても違ってくるものであるが，それだけではなく，アンビバレントな気分という記述に象徴されるように，「能動的にひとりで過ごす」ということがそれ自体，自立と依存，自由と孤独というような青年期に特有の葛藤を含んでいるために，複雑な気分の記述が見られたとも考えられる。

また，「能動的にひとり」で過ごす理由として（Table 2-27），人と話したくない・人と接するのが面倒だからひとりで過ごすという理由の記述ももちろん存在したけれども，それだけではなく，自分のしたいことができる，落ち着く・リラックス，楽・気楽などの気分を感じられる，そういう時間を好き・必要・大事と感じている，自分にとってプラスとなると捉えている等，能動的にひとりで過ごすことを肯定的に捉えている記述が多かった。「能動的なひとり」の頻度について（Table 2-24），「よくある」と回答した人の割合が一番多く，「よくある」「ときどきある」「たまにある」と回答した人を合わせると80％以上に上っていたことからも，大学生にとって自分の意志でひとりで過ごす時間が身近なものであり，そういう時間を好んだり大切にしたりしている様子が示唆された。

一方，「受動的なひとり」の場合にその時間をどんな風に使うかというこ

とに関しては（Table 2-30），2つ以上の内容を記述する人が多く，何か行動を起こしてその時間を楽しもうとする人や気を紛らわそうとする人がいる一方で，なんとなく過ごしてしまう，うまく気持ちを切り替えられずに時間が過ぎていってしまうというような人が存在することも推測された。「受動的なひとり」の頻度は（Table 2-24），「たまにある」と回答した人が一番多く，「能動的なひとり」状況ほど頻繁ではない人が多かったが，たまにあるその状況に対して「むりやり」「気を紛らわせるために」なんとか対処しようとしている，あるいは「結局」対処できないでいる大学生の心理があるように考えられる。このような特徴と，「能動的にひとり」で過ごすことを肯定的に捉えその時間を好み大切にしている様子とを考え合わせると，一方で自由・気楽でありながら，それに伴う孤独を抱え，自分で決めることが多くなる責任や自立という課題を背負っている大学生（青年期）特有の不安定さや困難が，ひとりで過ごすことに密接に関係していると言えるかもしれない。

ただ，「受動的なひとり」になる頻度は「まったくない」と回答した人も2割以上存在し，その頻度は個人差が大きい可能性も示唆された。

2.5　本章のまとめ

第2節（2.2）では，大学生が「ひとりの時間」をどう捉えるかについて，自由記述の分析を中心とした検討を行い，大学生は，「1人」という言葉に対して否定的イメージだけではなく，さまざまな肯定的イメージを抱いていること，そして「ひとりの時間」を好きで「ひとりの時間」には意味があると感じている人が大多数であることが明らかとなった。また，「ひとりの時間」の意味として複数の要素が見出された（リラックス・落ち着く・休息，物事を考える・考えを整理できる，自分を見つめなおす・自分自身と向き合う，ありのままの自分でいられる，やりたいことができる，ストレスを解消できる，自分だけのために時間を費やすことができる，人に気を使わなくて済む，ストレスを感じなくて

済む，など)。

　第3節 (2.3) では，多肢選択方式による調査から，大学生における「ひとりの時間」の持つ意味の探索を行った。「ひとりの時間」の認知は，場所や行動による差および個人差があり，「物理的にひとりでいる場所で，ぼーっとする・だらだらする・考え事をするなど，精神的にリラックスする行動によって，あるいは，趣味・娯楽の活動を通して，のんびりできる時間」に，「ひとりの時間」を感じる人が多かった。また，ひとりで過ごしたいときと他者（友人・恋人・家族など）と一緒に過ごしたいときの比較では，①活動内容の違い，②時間的余裕の有無，③他者に対する気分の違い，④一日の中のどんな時間か，⑤体調・調子（身体的・精神的）の違い，⑥気分・思考・出来事がポジティブかネガティブか，という点から区別されることが示唆された。さらに，ひとりの時間と他者と過ごす時間のバランスの取りやすさや，ひとりの時間の意味の認知には，性別・生活形態・個人特性による違いが示唆された。

　第4節 (2.4) では，ひとりで過ごす状況を①自分の意志であえてひとりで過ごす場合（「能動的なひとり」）と，②ひとりで過ごしたくないのに，ひとりで過ごすしかない場合（「受動的なひとり」）に分け，それぞれに対する大学生の意識がどのように違うのかを検討した。「受動的なひとり」の場合には，ネガティブな気分の記述が約85％と大部分を占めていたのに対して，「能動的なひとり」の場合には，ポジティブな気分が過半数に上るものの，ネガティブな気分，アンビバレントな気分，ニュートラルな気分など様々な記述が見られ，複雑な気分を含む状況であることが示唆された。また，大学生にとって自分の意志でひとりで過ごす時間（「能動的なひとり」）が身近なものであり，そういう時間を好んだり大切にしたりしている様子が示唆された。

　上記に加え，第2・3節で「ひとりの時間」の定義の確認を行い，本章の「ひとりの時間」の定義が妥当であることが確認された。定義の後半部分である「心理的に『ひとりでいる』『単独である』と感じられる時間」という

個人の認知の側面が，最終的に「ひとりの時間」を決定づけていることが示唆された。

第3章 大学生における「ひとりの時間」の分析[3-1]

3.1 本章の問題と目的

　大学生の「ひとりの時間」について探索的研究を行った前章に引き続き，本章では，大学生の「ひとりの時間」の構造と，その個人差を説明すると思われる個人特性との関連を明らかにすることを目的とする。

　第2節（3.2）では，青年の「ひとりの時間」について調べるための尺度を作成する。具体的には，「ひとりの時間」について，①ひとりで過ごすことに関する感情・評価と，②「ひとりの時間」の過ごし方という2側面から捉え，この2つの尺度を作成する。

　第3節（3.3）では，上記の2つの尺度を用いて，大学生の「ひとりの時間」の性差・学年差を検討するとともに，「ひとりの時間」と友人に対する感情，自我同一性，孤独感，対人恐怖心性との関連を検討する。また，その中でも特に，自我同一性との関連に着目し，ひとりで過ごすことに関する感情・評価および「ひとりの時間」の過ごし方と自我同一性との関連について仮説的モデルを立て，それを検証する。

　第4節（3.4）では，ひとりで過ごすことに関する感情・評価尺度を基に，クラスター分析により対象者を群分けし，それぞれの群の特徴と，友人に対

[3-1] 本章は，2012年3月に昭和女子大学より学位を授与された博士論文「現代青年における『ひとりの時間』の持つ意味―自我同一性形成との関連に焦点を当てて―」を基にしたものであるが，本章の一部は，学位論文提出後に再分析し，「大学生における『ひとりの時間』の検討および自我同一性との関連」（増淵（海野），2014，pp.105-123）として，青年心理学研究第25号に掲載された。青年心理学研究投稿時の審査の過程で，審査員の先生方から重要なご指摘を多数頂戴し，再分析，再検討を重ねたため，本章とは内容が大きく変更となり，本章の分析が修正され，さらに発展させたものとなっている。修正結果については，本書の補章に掲載した。

する感情・自我同一性・対人恐怖心性・「ひとりの時間」の過ごし方との関連を検討する。

1)「ひとりの時間」と友人に対する感情

「ひとりの時間」の持ち方は，対人関係の持ち方と関係しあっていると考えられるため，その関連を検討することが必要であると第1章で述べた。

日本においては，対人関係の発達と「個」の発達との関連，または対人関係と自己のあり方との関連は，さまざまな研究で指摘されている（宗田・岡本，2006；杉村，2005；岡田，1995，1999；吉岡，2002；久米，2001など）。しかし，ひとりで過ごすことに関する感情・評価や「ひとりの時間」の過ごし方が，友人関係とどのように関連しているかを直接検討した研究は見られないため，本章で検討する。

2)「ひとりの時間」と自我同一性

第1章では，現代日本には「個」を重視する風潮とその一方で自我同一性の形成の難しさがあること，「ひとりの時間」は，自分を見つめなおし，他者との関係性について考える場として，すなわち自我同一性を形成する場として重要であると考えられることを述べた。そこで，本章では，「ひとりの時間」と自我同一性との関連を検討する。

「ひとりの時間」の過ごし方は，自我同一性に影響することが推測される。杉本（2009）は，大学生において「自分ひとりの居場所」があることが自我同一性の安定に関連していることを明らかにしている。杉本は，居場所があるかないかという点から，自我同一性の高さを比較しているが，「自分ひとりの居場所」があり，そこでの「ひとりの時間」を安心して過ごすことができ，その時間を自分のための時間として有効に使えているからこそ，自我同一性が高まると考えられる。特に，第1章で述べたように，「ひとりの時間」に自分を見つめなおし，他者との関係性について考えることが，自我同一性

形成を促すと推測される。

　また,「ひとりの時間」の過ごし方だけでなく, ひとりで過ごすことをどう捉えるかということも, 自我同一性に影響すると考えられる。「ひとりの時間」を安心して過ごせたり, 自分を内省する時間として使えたりすることによって, ひとりで過ごすことに肯定的な意味や充実感を感じることができると, 自分自身の一貫性・連続性や他者・社会と自分との適応的な結びつきの感覚につながり, 自我同一性が高まると推測される。また, 第2章で明らかにされたように, 青年はひとりで過ごすことに関してさまざまな感情・評価を抱いているが, どのような感情・評価を持つかは発達的に変化すると考えられる。

3)「ひとりの時間」と孤独感

　第2章では, 大学生は「1人」という言葉について, 孤独・さびしいといった否定的イメージだけではなく, さまざまな肯定的イメージを抱いており, 否定的イメージと肯定的イメージを両方持っている人が多いことが明らかになった。また, 自分の意志であえてひとりで過ごすときの気分として,「少しさみしいけれど気楽」,「少しさみしいけれど落ち着く」など, 肯定的・否定的感情を合わせ持つ人が少なからず存在した。したがって,「ひとりの時間」あるいは「ひとりでいる」状態において, 確かに孤独・孤独感という要素は含まれるけれども, それだけではないことが推測される。

　一般的に, 孤独・孤独感という用語は,「さびしい」というような感情レベルで理解されやすいが, これまでの孤独あるいは孤独感に関しての研究（落合, 1999；田所, 2003など）を見ると, 孤独（孤独感）を感情レベルで捉えたものや, 状況・状態レベルで捉えたもの, 評価レベルで捉えたものなど, 捉え方がさまざまである。その中で, 落合 (1999) は, 孤独感を「自分はひとりだと感じること」と仮に定義した上で研究を進め, 最終的に青年期の孤独感を「人と親密な関係を持とうとする志向性を持っているのに, それをう

まく実現できず，人との理解・共感が難しいと思う状態で生じる感情」と定義している。したがって，落合は孤独感を感情レベルで捉えていると考えられる。本章では，「ひとりの時間」と孤独感との関連を検討するため，状況・状態レベルの「孤独」ではなく「孤独感」に焦点を当て，「ひとりの時間」と落合の言う「孤独感」との関連を検討することとする。

4）「ひとりの時間」と対人恐怖心性

青年の「ひとりの時間」について検討する際に，パーソナリティ特性による違いも考慮する必要があることを第1章で述べた。そこで，本章では，パーソナリティ特性として，対人恐怖心性を取り上げる。ひとりで過ごすことに関する感情・評価および「ひとりの時間」の過ごし方に関しては，発達的に変化する可能性が推測され，これらを規定しているのは，単にパーソナリティ特性だけではないと考えられる。しかし，パーソナリティ特性によって，ひとりで過ごすことに関する感情・評価や「ひとりの時間」の過ごし方に違いがある可能性はあるため，本章で検討する。さらに，「ひとりでいること」は，現代の青年の発達において意味を持つと考えられるが，場合によっては不適応あるいは不健康な状態である可能性もあり，健康・不健康の両側面を持つものと考えられる。したがって，このような「ひとりでいること」の質を見るためにも，対人恐怖心性との関連を検討する。

3.2 「ひとりの時間」に関する尺度の作成と検討

3.2.1 目　的

本節では，青年の「ひとりの時間」について調べるための尺度の作成と検討を行う。具体的には，①青年がひとりで過ごすことに関してどのような感情・評価を持つかについて測定するための尺度（以下，ひとりで過ごすことに関する感情・評価尺度），②青年が「ひとりの時間」の過ごし方について測定

するための尺度（以下,「ひとりの時間」の過ごし方尺度）の2つを作成する。

3.2.2 研究Ⅰ：尺度の作成
3.2.2.1 目 的
　ひとりで過ごすことに関する感情・評価尺度，および,「ひとりの時間」の過ごし方尺度を作成する。

3.2.2.2 方 法
調査対象者
　首都圏の3大学に通う大学生347名を調査対象とし，年齢が30歳以上の者，回答に不備があった者を除く342名（男性153名・女性180名・性別不明9名，1年生197名・2年生77名・3年生53名・4年生12名・学年不明3名，平均19.7歳）を分析対象とした。

調査時期および実施方法
　2008年1月。授業時間の一部を利用して集団実施された。質問紙には，プライバシーを保護すること，および，質問への回答は自由意志によるものであることを明記し，調査の際にもその旨を説明した。

調査内容
①ひとりで過ごすことに関する感情・評価
　第2章第4節の研究で得られた，ひとりで過ごすときの気分の自由記述結果，自分の意志であえてひとりで過ごす理由の自由記述結果，第2章第2節の研究で得られた「1人」についてのイメージの自由記述結果の内容を参考に項目を作成し，発達心理学を専門とする大学教員1名と大学院生2名で各項目の検討を行い，ひとりで過ごすことに関する感情・評価を示すと考えられる36項目を作成した。「ひとりで過ごすことについてあなたがどう考えているかについて，質問します。」と教示し，「とてもそう思う(6)」～「まったく思わない(1)」の6件法で回答を求めた。

② 「ひとりの時間」の過ごし方

　第2章第2節の調査で,「『ひとりの時間』にはどのような意味があると思うか」を自由記述形式で尋ね, その内容を KJ 法によって分類し, ①精神安定・休息, ②考え事・考えの整理, ③自己内省, ④自己解放, ⑤趣味や活動への没頭・集中, ⑥ストレスからの解放, ⑦他者からの解放, ⑧考えなくてよい, の8つが見出された。分類され得られた項目を基に, 上記と同様の方法で各項目の検討を行い,「ひとりの時間」の過ごし方（意味づけ）を表すと考えられる26項目を作成した。なお, この尺度は, 第2章第3節で「ひとりの時間の意味尺度」として作成したものを,「ひとりの時間」の過ごし方の行動面を捉えるために項目と教示を見直し, 作成し直したものである。実施に際しては,「あなたは『ひとりの時間』を次のような時間として使ったと感じることはどのくらいありますか。その頻度について最もあてはまると思うところの数字に○をつけてください。」と教示し,「とてもよくある(6)」～「まったくない(1)」の6件法で回答を求めた。

3.2.2.3　結果と考察

1) ひとりで過ごすことに関する感情・評価尺度の因子分析

　天井効果・フロア効果が見られた項目, 尖度・歪度の絶対値が1以上であった項目, 計7項目（「『ひとりの時間』は自分を保つために大切である」,「『ひとりの時間』は落ち着く」,「ひとりで過ごすのは格好悪い」,「『ひとりの時間』は気楽だ」,「できることなら, だれもいないところに住みたい」,「本当はひとりでいるのは嫌だが, そういう自分が情けないと思う」,「ひとりで過ごしたいと感じたときでも, 友達に誘われると断れない」）を除外した29項目を対象として, 因子分析（主因子法, プロマックス回転）を行い, 固有値の推移と解釈可能性から3因子解が妥当と判断した。因子負荷量が.40未満であった項目・当該因子以外にも.35以上の負荷量を示した項目（計7項目：「ひとりで行動したいが, 友達に合わせてしまう」,「できることなら, いつもひとりでいたい」,「『ひとりの時間』は自分の原

動力になっている」,「人と一緒にいることが苦痛だ」,「意識的に『ひとりの時間』を作るようにしている」,「『ひとりの時間』にはさみしい気持ちと落ち着く気持ちと両方ある」,「『ひとりの時間』は楽しい」)を除外し,因子数を3に指定して再度因子分析を行い,最終的な因子パターンを得た。結果を Table 3-1に示す。回転前の3因子で22項目の全分散を説明する割合は51.42％であった。

　第1因子は,「『ひとりの時間』はさみしい」「ひとりで過ごしていると不安になる」など,ひとりで過ごすことをネガティブに捉え,ひとりで過ごすことに安心感がなく,孤独・不安・苦手意識等の感情や孤独なイメージを抱いていることを示す10項目からなり,ひとりで過ごすことへの孤独・不安感を表していると考えられることから,「孤独・不安」因子と命名した。第2因子は,「友達と一緒でなくても行動できるようになりたい」「ひとりでも過ごせる人は素敵だと思う」など,ひとりで過ごすことをポジティブに受け止めようとし,ひとりでも過ごせるようになりたいという理想的な感情や,自立的なイメージを抱いていることを示す8項目からなり,ひとりで過ごすことに関して自立願望や理想的感情を表していると考えられることから,「自立願望」因子と命名した。第3因子は,「『ひとりの時間』を有効に使えるようになった」「『ひとりの時間』の過ごし方に満足している」など,ひとりで過ごすことをポジティブに受け止めた上で,ひとりで過ごすことに充実・満足感を抱いていることを示す4項目からなり,ひとりで過ごすことへの充実・満足感を表していると考えられることから,「充実・満足」因子と命名した。

　Cronbach の α 係数を算出した結果,第1因子は.88,第2因子は.80,第3因子は.84であり,十分な内的一貫性が確認された。

　上記の結果から,ひとりで過ごすことに関する感情・評価として,①「孤独・不安」：ひとりで過ごすことに孤独・不安感や苦手意識,孤独なイメージを持つというネガティブな感情・評価,②「自立願望」：ひとりで過ごすことに関して自立のイメージや理想像を見出したり,「ひとりで過ごすこと

Table 3-1 ひとりで過ごすことに関する感情・評価尺度の因子分析結果
（プロマックス回転後・＊は逆転項目）

質問項目	I	II	III	共通性	平均値	(SD)
第1因子 孤独・不安 （α＝.88）						
18 「ひとりの時間」はさみしい	.77	.01	－.02	.62	2.83	(1.32)
13 ひとりで過ごしていると不安になる	.76	.12	－.02	.55	2.91	(1.33)
27 「ひとりの時間」は孤独だ	.71	.04	.07	.44	2.76	(1.33)
29 「ひとりの時間」が苦手だ	.71	.04	－.09	.57	2.26	(1.23)
35 できることなら，ひとりでいたくない	.70	.02	－.04	.51	3.19	(1.34)
31 ひとりで過ごすことに苦痛を感じるようになった	.67	.00	－.06	.51	2.14	(1.06)
10 ひとりでいる人を見ると，さびしい人だと思う	.65	－.02	.10	.37	2.47	(1.26)
11 本当は友達と一緒にいたいが，仕方なくひとりで過ごしている	.48	.08	.00	.22	2.35	(1.23)
4 ひとりでいても安心して過ごすことができる＊	.47	－.26	－.05	.41	2.56	(1.21)
19 ひとりでいると人の目が気になる	.47	.05	.08	.18	3.13	(1.54)
第2因子 自立願望 （α＝.80）						
33 友達と一緒でなくても行動できるようになりたい	.20	.66	－.09	.38	4.12	(1.40)
25 ひとりでも過ごせる人は素敵だと思う	.00	.66	.08	.48	4.39	(1.32)
14 「ひとりの時間」を楽しめるようになりたい	.16	.64	－.03	.37	4.43	(1.37)
36 ひとりで過ごすことには自立のイメージがある	.24	.58	.08	.33	3.76	(1.41)
6 ひとりでも生きていける人間になりたい	－.16	.57	－.18	.33	4.25	(1.51)
8 ひとりで過ごすのも悪くないと思えるようになった	－.32	.50	.00	.45	4.45	(1.39)
26 ひとりで過ごすことへの抵抗が減った	－.16	.48	.20	.45	4.37	(1.21)
23 「ひとりの時間」を自分の成長のために使いたい	－.08	.47	.00	.25	4.47	(1.29)
第3因子 充実・満足 （α＝.84）						
17 「ひとりの時間」を有効に使えるようになった	.03	.01	.86	.72	3.89	(1.40)
30 「ひとりの時間」の過ごし方に満足している	.00	－.04	.82	.65	4.02	(1.33)
16 充実した「ひとりの時間」を持っていると思う	.00	－.05	.82	.64	4.13	(1.40)
24 バランス良く「ひとりの時間」が作れている	.03	.00	.62	.37	3.76	(1.29)

残余項目		
1 「ひとりの時間」は自分を保つために大切である	5.32	(0.91)
2 「ひとりの時間」は落ち着く	5.06	(1.02)
3 ひとりで過ごすのは格好悪い	1.95	(0.99)
5 ひとりで行動したいが，友達に合わせてしまう	3.28	(1.26)
7 できることなら，いつもひとりでいたい	2.39	(1.26)
9 「ひとりの時間」は気楽だ	4.98	(1.18)
12 「ひとりの時間」は自分の原動力になっている	3.96	(1.40)
15 人と一緒にいることが苦痛だ	2.17	(1.17)
20 できることなら，だれもいないところに住みたい	2.22	(1.39)
21 意識的に「ひとりの時間」を作るようにしている	3.27	(1.52)
22 本当はひとりでいるのは嫌だが，そういう自分が情けないと思う	2.33	(1.34)
28 ひとりで過ごしたいと感じたときでも，友達に誘われると断れない	3.57	(1.47)
32 「ひとりの時間」にはさみしい気持ちと落ち着く気持ちと両方ある	4.46	(1.39)
34 「ひとりの時間」は楽しい	4.39	(1.16)

因子間相関	I	II	III
I	—	-.30	-.57
II		—	.38

も悪くない」といったポジティブな見方への変化を見出したりする感情・評価，③「充実・満足」：ひとりで過ごすことに充実・満足感を持つというポジティブな感情・評価，の3種類があると考えられる。

　第2章第4節での調査では，能動的にひとりで過ごす場合の気分として，ポジティブな気分，ネガティブな気分，アンビバレントな気分，ニュートラルな気分など様々な記述が見られているが，「孤独・不安」はネガティブな気分，「自立願望」はアンビバレントな気分（理想としては，ひとりで過ごすことをポジティブに意味づけようとしているが，現実の自分はまだそうではない，あるいはそうなる途上の状態），「充実・満足」はポジティブな気分に相当すると考

えられる。

　落合（1999）は，青年の孤独感を類型化し，人と理解・共感できると考えていて，まだ自己の個別性に気づいていないタイプをA型，人と理解・共感できると考えていて，個別性にも気づいているタイプをD型としている。そして，A型は年齢とともに減っていく傾向があるのに対し，D型は年齢が増すと多くなること，A型の孤独感を感じている人は，孤独感はむなしく嫌な暗いものであるというイメージを持っているのに対し，D型の孤独感を感じている人は，孤独感を，明るく充実したもので，成熟した人が感じる好ましいものだというイメージを持っていることを明らかにしている。本研究で見出された「孤独・不安」という次元は，落合のA型の孤独感のイメージに相当し，「充実・満足」は落合のD型の孤独感のイメージに相当すると考えられる。

2）「ひとりの時間」の過ごし方尺度の因子分析

　天井効果・フロア効果が見られた項目，尖度・歪度の絶対値が1以上であった項目，計10項目（「落ち着く時間」，「やりたいことをする時間」，「人に気をつかわなくて済む時間」，「体を休める時間」，「趣味に没頭する時間」，「嫌なことを忘れる時間」，「だれにも邪魔されない時間」，「何も考えない時間」，「好きなことを自由気ままにする時間」，「リラックスする時間」）を除外し，16項目で因子分析（主因子法，プロマックス回転）を行い，固有値の推移と解釈可能性から2因子解が妥当と判断した。その上で，最大因子負荷量が.40未満であった1項目（「集中して作業する時間」）を除外し，因子数を2に指定して再度因子分析を行い，最終的な因子パターンを得た。結果をTable 3-2に示す。回転前の2因子で15項目の全分散を説明する割合は58.50％であった。また，因子間相関は.51であった。

　第1因子は9項目で構成されており，自分を解放したり，ストレスから解放されたり，休息をしたりする時間を表していると考えられることから，

Table 3-2 「ひとりの時間」の過ごし方(意味づけ)尺度の因子分析結果
(プロマックス回転後)

質問項目	I	II	共通性	平均値	(SD)
第1因子　休息・解放　($\alpha=.90$)					
6　ストレスを感じなくて済む時間	.82	-.10	.59	4.42	(1.39)
7　ありのままの自分でいる時間	.80	-.06	.60	4.67	(1.27)
13　ストレスを解消する時間	.72	-.06	.48	4.49	(1.35)
17　自分を解放する時間	.70	.14	.61	4.57	(1.29)
16　心を休める時間	.70	.12	.60	4.71	(1.26)
11　人間関係での精神的疲れをいやす時間	.70	.01	.50	4.20	(1.47)
22　本当の自分を出す時間	.65	.03	.45	4.31	(1.44)
14　何もつくろわないでいる時間	.65	.01	.43	4.70	(1.28)
26　自分だけのために費やす時間	.55	-.04	.29	4.56	(1.32)
第2因子　自己内省　($\alpha=.88$)					
12　人生や生き方を考える時間	-.10	.89	.71	4.32	(1.43)
23　過去や将来について考える時間	-.13	.83	.60	4.40	(1.32)
4　自分を見つめなおす時間	.02	.77	.61	4.44	(1.33)
15　落ち着いてじっくり考える時間	.14	.73	.65	4.72	(1.19)
8　気持ちや考えを整理する時間	.13	.67	.55	4.86	(1.09)
25　周りの人の大切さを再確認する時間	-.01	.49	.24	3.86	(1.53)
残余項目					
1　落ち着く時間				5.04	(1.00)
2　やりたいことをする時間				5.35	(0.84)
3　人に気をつかわなくて済む時間				5.08	(1.11)
5　体を休める時間				5.04	(1.08)
9　趣味に没頭する時間				4.99	(1.16)
10　嫌なことを忘れる時間				3.58	(1.58)
18　だれにも邪魔されない時間				4.87	(1.28)
19　集中して作業する時間				4.79	(1.20)
20　何も考えない時間				4.00	(1.65)
21　好きなことを自由気ままにする時間				5.19	(1.03)
24　リラックスする時間				5.00	(1.01)

因子間相関	I	II
I	—	0.51

「休息・解放」因子と命名した。第2因子は6項目で構成されており，自己を内省したり，考えを整理したりする時間を表していると考えられることから，「自己内省」因子と命名した。

　Cronbachのα係数を算出した結果，第1因子は.90，第2因子は.88であ

り，十分な内的一貫性が確認された。

　このことから，「ひとりの時間」の過ごし方は，①「休息・解放」：ひとりになって精神面での疲れからの休息をしたり，ストレスから解放されたり，自分を解放したりする時間としての過ごし方，②「自己内省」：人生や生き方について考えたり，気持ちや考えを整理するなど，自分を見つめなおし内省する時間としての過ごし方，の２種類に分けられると考えられる。

　尺度作成における項目の選定の段階では，①精神安定・休息，②考え事・考えの整理，③自己内省，④自己解放，⑤趣味や活動への没頭・集中，⑥ストレスからの解放，⑦他者からの解放，⑧考えなくてよい，という８つを想定していたが，最終的に，「休息・解放」は，①④⑤⑥（精神安定・休息，自己解放，趣味や活動への没頭・集中，ストレスからの解放）を合わせ持つような形となり，「自己内省」は，②③（考え事・考えの整理，自己内省）を含む形となった。本研究での結果から，「ひとりの時間」の過ごし方は，自分を内省する時間としての過ごし方と，休息し自分を解放する時間としての過ごし方に大きく分けられた。

　杉本・庄司（2006）は，「居場所」を３分類し，「自分ひとりの居場所」では，他の居場所よりも「思考・内省」「行動の自由」「他者からの自由」の３つの心理的機能が高いことを見出している。本研究で見出された「自己内省」という次元は，杉本・庄司での「思考・内省」に相当する。また，「休息・解放」は，杉本・庄司の「精神的安定」「行動の自由」「他者からの自由」の３機能と共通している。しかし，杉本・庄司での「思考・内省」は，その項目内容を見ると，自分のことを内省する項目は，「自分のことについてよく考える」「１日のことを振り返る」の２項目であり，他に，「物思いにふける」「ボーっと考えこむことがある」という，ぼんやりと考える状態の２項目が入っているのみである。これに対して，本節の研究で得られた「自己内省」は，「人生や生き方を考える時間」「過去や将来について考える時間」「気持ちや考えを整理する時間」など，自分と向き合う度合いが強い。

同様に，「休息・解放」も，杉本・庄司と共通してはいるものの，本研究の「休息・解放」の方が，精神的ストレスからの休息・解放され，自分自身でいる時間という意味合いが強いと考えられる。この違いは，杉本らが思春期（中学生前後）に焦点を当てているのに対し，本研究が青年期（大学生前後）に焦点を当てている差を反映していると考えられる。

また，泊・吉田（1998b）のプライベート空間の心理的機能と比較すると，本研究で見出された「自己内省」の次元は，泊・吉田の「専有できる空間」での「自己内省」「課題への集中」の一部の機能に相当し，本研究の「休息・解放」の次元は，「専有できる空間」での「緊張解消」，および「自己解放できる空間」での「気分転換」「情緒的解放」に相当すると考えられる。泊・吉田のプライベート空間には，他者とのコミュニケーション行為をしている場面も含まれるが，本節での研究結果は，単独行為をしている場面での機能を抜き出したものに近いと言える。ただし，プライベート空間機能における「自己変身」「課題への集中」「気分転換」は「ひとりの時間」の過ごし方と重なる部分が少ない。したがって，成人一般を想定していると考えられるプライベート空間の機能に対して，青年にとっての「ひとりの時間」は，休息や自分の解放を通して，ありのままの自分を取り戻したり，自分の過去・将来や他者との関係性について見つめなおすことで，自分自身のあり方を再確認したりといった，「自分」というものの確認作業としての意味合いが強いと考えられ，このことは，「ひとりの時間」が自我同一性の形成の場となっている証拠ではないかと推測される。

3.2.3 研究Ⅱ：尺度の検討
3.2.3.1 目 的

研究Ⅰで作成した，ひとりで過ごすことに関する感情・評価尺度について，信頼性を確認すると同時に，既存の尺度との相関から妥当性を検討することを目的とする。妥当性を検討する尺度として，親和動機尺度（杉浦，2000）

およびプライバシー志向性尺度（吉田・溝上，1996）を用いることとする。

　親和動機尺度（杉浦，2000）は，相手から拒否されてひとりぼっちになることを避けようとする「拒否不安」と，人と親密な関係を維持したいと考える「親和傾向」の2つの下位尺度からなる尺度である。この2つのうち，「拒否不安」は，相手に拒否されてひとりで過ごすことを避けようとする不安であり，ひとりで過ごすことに関する感情・評価と関連があることが予測される。特に，ひとりで過ごすことに関してのネガティブな感情・評価である「孤独・不安」と「拒否不安」との間に正の関連があると推測される。

　また，プライバシー志向性尺度（吉田・溝上，1996）は，個人がプライバシーを体験する状況をどの程度志向するかについて測定する尺度であり，「独居」「自由意志」「友人との親密性」「遠慮期待」「家族との親密性」「閑居」「隔離」の7つの下位尺度からなる。ひとりで過ごすことはプライバシー状態であると考えられるため，ひとりで過ごすことに関する感情・評価とプライバシー志向性は関連があることが予測される。特に，ひとりでも過ごせるようになりたいという理想や，ひとりで過ごすことに自立的なイメージを抱いていることを示す「自立願望」は，プライバシーを志向する状態と類似していると考えられ，関連が推測される。また，「充実・満足」も，ひとりで過ごすことに関してポジティブに捉える感情・評価であるため，ある程度の関連があると考えられる。

3.2.3.2　方　法

調査対象者

　首都圏の大学に通う大学生101名に質問紙を配布し，95名から回答を得た（回収率94％）。そのうち，調査への協力が得られなかった者（1名），調査への協力回答に不備があった者（2名）を除く92名（男性35名・女性55名・性別不明2名，平均19.12歳，範囲18～20歳）を分析対象とした。

調査時期および実施方法

2010年11月。授業時間の一部を利用して集団実施，あるいは，授業時間内に質問紙を配布し後日回収した。質問紙には，プライバシーを保護すること，および，質問への回答は自由意志によるものであることを明記した。また，調査自体に協力したくない場合，印を記入する欄を設けた。

調査内容

①ひとりで過ごすことに関する感情・評価

研究Ⅰで作成した，「ひとりで過ごすことに関する感情・評価尺度」(22項目) を使用した。

②親和動機

杉浦 (2000) が作成した「親和動機尺度」(18項目) を使用した。この尺度は，相手から拒否されてひとりぼっちになることを避けようとする「拒否不安」と，人と親密な関係を維持したいと考える「親和傾向」の2つの下位尺度からなり，内的一貫性は「拒否不安」が $\alpha = .88$，「親和傾向」が $\alpha = .86$ と高い信頼性が確認されている。項目内容を Appendix 1 に示す。

③プライバシー志向性

吉田・溝上 (1996) が作成した，「プライバシー志向性尺度」(21項目) を使用した。この尺度は，Westin (1967) のプライバシー理論に基づき，Marshall (1972) や Pedersen (1979)，岩田 (1987) の既存尺度を参考に，日本人のプライバシー志向性を包括的に測定することを目的に作成されたものであり，「独居」「自由意志」「友人との親密性」「遠慮期待」「家族との親密性」「閑居」「隔離」の7つの下位尺度からなる。吉田・溝上 (1996) は，尺度作成後，別のサンプル集団でも因子構造の安定性を確認しており，同様の因子構造が見られたことから，その安定性が十分に確認されている。項目内容を Appendix 2 に示す。

3.2.3.3 結果と考察

1）信頼性の検討

　ひとりで過ごすことに関する感情・評価尺度について，主因子法・プロマックス回転による因子分析を実施した。因子負荷量が.45未満であった項目（計4項目：「ひとりでいても安心して過ごすことができる」，「ひとりでも生きていける人間になりたい」，「ひとりで過ごすのも悪くないと思えるようになった」，「ひとりで過ごすことへの抵抗が減った」）を除外し，最終的な因子パターンを得た。結果を Table 3-3に示す。回転前の3因子で18項目の全分散を説明する割合は56.06％であった。また，Cronbachのα係数を算出した結果，第1因子は.88，第2因子は.84，第3因子は.69であった。

　前節の研究では，第1因子が「孤独・不安」，第2因子が「自立願望」，第3因子が「充実・満足」であったが，本分析では，第2因子と第3因子が逆となり，第1因子が「孤独・不安」，第2因子が「充実・満足」，第3因子が「自立願望」となった。（なお，中・高・大学生を対象とした研究でも，今回と同様の結果―第1因子が「孤独・不安」，第2因子が「充実・満足」，第3因子が「自立願望」―が見られている。第4章を参照）また，前節の研究結果（Table 3-1, p.100-101）に比べ，「自立願望」因子の項目が3項目減る結果となった。これは，「ひとりで過ごすのも悪くないと思えるようになった」および「ひとりで過ごすことへの抵抗が減った」という項目が，「自立願望」因子におけるひとりで過ごすことへの理想像や願望を表す項目と少し内容的に質が違い，ひとりで過ごすことへの感情・評価の肯定的変化を表す内容であったために，因子負荷量の低さや当該因子以外への寄与を招いたと考えられる。

　以上より，前節での研究および中・高・大学生を対象とした研究（第4章）と同様の3因子構造が確認された。「自立願望」についてはα係数が少し低めの値であったが，ほぼ十分な内的整合性が確認された。

Table 3-3　ひとりで過ごすことに関する感情・評価尺度の因子分析結果
（プロマックス回転後・＊は逆転項目）

質問項目	I	II	III	共通性	平均値	(SD)
第1因子　孤独・不安　（α=.88）						
19　ひとりで過ごすことに苦痛を感じるようになった	.80	.03	－.11	.62	2.18	(.99)
10　「ひとりの時間」はさみしい	.77	－.17	.02	.75	3.12	(1.35)
6　ひとりで過ごしていると不安になる	.76	－.01	.01	.58	2.78	(1.27)
16　「ひとりの時間」は孤独だ	.75	－.15	.00	.69	2.67	(1.25)
21　できることなら，ひとりでいたくない	.74	.22	.03	.44	3.27	(1.36)
17　「ひとりの時間」が苦手だ	.60	－.16	－.21	.52	2.62	(1.32)
4　ひとりでいる人を見ると，さびしい人だと思う	.60	.12	－.01	.30	2.74	(1.27)
11　ひとりでいると人の目が気になる	.58	.04	.18	.36	3.15	(1.60)
5　本当は友達と一緒にいたいが，仕方なくひとりで過ごしている	.46	.04	.18	.24	2.03	(1.16)
第2因子　充実・満足　（α=.84）						
8　充実した「ひとりの時間」を持っていると思う	－.03	.85	－.05	.74	4.05	(1.24)
9　「ひとりの時間」を有効に使えるようになった	.05	.81	－.03	.61	3.74	(1.38)
13　バランス良く「ひとりの時間」が作れている	.17	.79	－.02	.51	3.75	(1.16)
18　「ひとりの時間」の過ごし方に満足している	－.06	.70	.04	.54	3.73	(1.28)
第3因子　自立願望　（α=.69）						
12　「ひとりの時間」を自分の成長のために使いたい	.07	.14	.66	.47	4.29	(1.25)
20　友達と一緒でなくても行動できるようになりたい	－.02	－.11	.59	.35	4.21	(1.24)
22　ひとりで過ごすことには自立のイメージがある	.04	.00	.57	.33	3.82	(1.33)
7　「ひとりの時間」を楽しめるようになりたい	.06	－.13	.54	.31	4.60	(1.16)
14　ひとりでも過ごせる人は素敵だと思う	－.06	.02	.47	.22	4.30	(1.14)
残余項目						
1　ひとりでいても安心して過ごすことができる＊					4.39	(1.41)
2　ひとりでも生きていける人間になりたい					4.40	(1.34)
3　ひとりで過ごすのも悪くないと思えるようになった					4.41	(1.04)
15　ひとりで過ごすことへの抵抗が減った					4.34	(1.15)

因子間相関	I	II	III
I	—	－.51	.07
II		—	.12

2）妥当性の検討

　ひとりで過ごすことに関する感情・評価尺度の構成概念妥当性を検討するため，第2節での因子分析結果に従い，ひとりで過ごすことに関する感情・評価尺度の下位尺度得点を算出し，親和動機尺度およびプライバシー志向性尺度の各下位尺度との間の相関係数を求めた（Table 3-4参照）。また，親和動機尺度およびプライバシー志向性尺度の各下位尺度について，Cronbachのα係数を算出した結果，内的一貫性が確認された（Table 3-4参照）。

　親和動機尺度との関連　親和動機尺度との関連では，「孤独・不安」と「拒否不安」・「親和傾向」との間に中程度の正の相関（拒否不安：$r = .51, p < .001$，親和傾向：$r = .46, p < .001$），「自立願望」と「拒否不安」との間に弱い正の相関（$r = .21, p < .05$）が見られた。「充実・満足」に関しては，親和動機の各下位尺度との間に有意な相関は見られなかった。

　予測した通り，「孤独・不安」と「拒否不安」との間に有意な相関が見られた。また，「自立願望」は，ひとりでも過ごせるようになりたい，友達と

Table 3-4　ひとりで過ごすことに関する感情・評価尺度の妥当性の検討
（数値は相関係数）

	ひとりで過ごすことに関する感情・評価尺度			α
	孤独・不安	自立願望	充実・満足	
親和動機尺度				
拒否不安	.51***	.21*	－.19	.84
親和傾向	.46***	.07	－.11	.89
プライバシー志向性尺度				
独居	－.15	.30**	.38***	.80
自由意志	.07	.34***	.28**	.58
友人との親密性	.23*	.28**	.08	.65
遠慮期待	.06	.37***	.17	.65
家族との親密性	.17	.05	.01	.55
閑居	.17	.27**	.04	.65
隔離	.05	.33**	－.01	.70

*$p < .05$, **$p < .01$, ***$p < .001$

一緒でなくても行動できるようになりたい，という理想を持ちながらも，実際にはまだそうすることができていない状態も含まれ，その裏には"仲間から浮いているように見られたくない""一人でいることで変わった人と思われたくない"（杉浦，2000，親和動機尺度の項目より）などの拒否不安の感情が存在すると考えられる。そのため「自立願望」と「拒否不安」との間に関連が見られたものと推測される。さらに，「孤独・不安」は「親和傾向」とも関連が見られた。ひとりで過ごすことに関する孤独・不安感が強いと，人と親密な関係を維持したいと考える親和傾向がより強まると考えられるため，関連が見られたものと推測される。「充実・満足」は，親和動機のどちらの下位尺度とも有意な相関は見られず，ひとりで過ごすことに関して充実・満足感を持つかどうかは，拒否不安や親和傾向の高さとは別のものであることが示された。

プライバシー志向性尺度との関連　プライバシー志向性尺度との関連では，「孤独・不安」と「友人との親密性」との間に弱い正の相関（$r=.23, p<.05$）が見られた。また，「自立願望」と「独居」・「自由意志」・「友人との親密性」・「遠慮期待」・「閑居」・「隔離」との間に弱い正の相関が見られた（独居：$r=.30, p<.01$，自由意志：$r=.34, p<.001$，友人との親密性：$r=.28, p<.01$，遠慮期待：$r=.37, p<.001$，閑居：$r=.27, p<.01$，隔離：$r=.33, p<.01$）。「充実・満足」と「独居」・「自由意志」との間に，弱い正の相関が見られた（独居：$r=.38, p<.001$，自由意志：$r=.28, p<.01$）。

以上より，「自立願望」は，プライバシー志向性の下位尺度7つのうち6つとの間に有意な相関が見られ，関連が強いことが確認された。これは，予測と一致する結果であった。「自立願望」は，ひとりで過ごすことに自立的なイメージや理想像を抱く感情・評価であり，ひとりで過ごすことを求める状態であるため，プライバシーを志向する状態と類似していると考えられ，このように関連が見られたと考えられる。関連が見られたものの中で，「独居」・「自由意志」・「閑居」・「隔離」は，どれも他者から離れて（他者に邪魔

されずに）自分ひとりのプライバシーを求めるものであり，関連が見られたことが納得できる。また，関連が見られたものの中で，「友人との親密性」・「遠慮期待」は，他者との関係に関わる志向性である。「自立願望」は，ひとりでも過ごせるようになりたい，友達と一緒でなくても行動できるようになりたい，という理想を持ちながらも，実際にはまだそうすることができていない状態であり，他者との関係が安定しておらず，他者との関係に敏感である状態とも考えられる。そのため，親密な他者とのプライバシーを求める「友人との親密性」や，他者からの干渉を回避する「遠慮期待」との間にも関連が見られたものと推測される。

「充実・満足」は，「独居」・「自由意志」との間に関連が見られた。「独居」は，"私は，自分の部屋で一人になると心の安らぎを得られるので好きである" "ひとりでいることのできる時間や空間は，私にとって貴重である"（吉田・溝上，1996，プライバシー志向性尺度の項目より）などの項目からなり，ひとりで過ごすことを好み，そのような時間や空間を大事に思う下位尺度である。また「自由意志」は，"私は他人に邪魔されずに自分の意志で自由に行動したい" "自分のやりたいことを他人に気がねなくやりたい"（吉田・溝上，1996）などの項目からなり，他人に邪魔されたり気がねすることなしに，やりたいことをひとりで自由にやりたいという意志を示す下位尺度である。「独居」・「自由意志」ともに，ひとりで過ごすことを好み，そのような時間を大事に思い，自分の自由に過ごしたいと希望する下位尺度であるため，ひとりで過ごすことに充実感や満足感といったポジティブな感情を見出す「充実・満足」と関連が見られたと考えられる。

「孤独・不安」は「友人との親密性」との間に相関が見られ，これは，親和動機との関連において，「孤独・不安」と「親和傾向」との関連が見られたのと同様に，ひとりで過ごすことに関する孤独・不安感が強いと，人と親密な関係を維持したいと考える親和傾向がより強まると考えられるためだと推測される。

なお，プライバシー志向性の下位尺度の中で「家族との親密性」については，ひとりで過ごすことに関する感情評価のどの下位尺度との間にも有意な相関は見られなかった。大学生期は，重要な他者として，家族よりも友人の存在が大きい時期であるため，「家族との親密性」との関連が見られなかったと考えられる。また，「独居」・「自由意志」は「自立願望」とも「充実・満足」とも関連が見られ，関連が大きかった。プライバシー志向性の下位尺度の中で，「独居」・「自由意志」は，自分ひとり（単独）のプライバシー状況を希望する態度であるが，「友人との親密性」・「家族との親密性」は親密な他者を含めたプライバシー状況である。また，「独居」・「自由意志」が日常的な空間でのプライバシー志向性であるのに比べ，「閑居」・「隔離」は，他者からかなり離れた空間（人目につかない家など），あるいは非日常的な空間（森の中など）を求める志向性であると考えられる。「遠慮期待」は，他者からの干渉を回避するという方向でプライバシーを求める態度であり，「独居」・「自由意志」とは質が少し異なる。ひとりで過ごすことに関する感情・評価尺度は，日常場面において自分単独で行為している場面を想定しているため，同様の状況である「独居」・「自由意志」が，ひとりで過ごすことに関する感情・評価尺度と特に関連が強い結果となったと推測される。

　以上の結果から，ひとりで過ごすことに関する感情・評価尺度の構成概念妥当性が確認された。

　以上より，ひとりで過ごすことに関する感情・評価尺度の信頼性と妥当性が確認された。本分析により，信頼性と妥当性を有する尺度であることが示されたが，今後はさらに，基準関連妥当性の検討をすることも必要であると考える。

3.3 大学生における「ひとりの時間」に関連する要因の検討

3.3.1 目　的

　本節では，まず，大学生の「ひとりの時間」の構造を明らかにするために，前節で作成した2つの尺度を用いて，大学生の「ひとりの時間」の性差・学年差を検討する。

　また，ひとりで過ごすことに関する感情・評価や「ひとりの時間」の過ごし方は，発達的要因やパーソナリティ要因によって違いがある可能性が推測される。本節では，この点を明らかにするために，大学生を対象に，ひとりで過ごすことに関する感情・評価および「ひとりの時間」の過ごし方が，友人に対する感情，自我同一性，孤独感，対人恐怖心性とどのように関連しているかを検討する。

　第一に，友人に対する感情を取り上げる。これは，ひとりで過ごすことをどう捉えるかおよび「ひとりの時間」の持ち方は，対人関係をどう捉えるかおよび対人関係の持ち方と関連していると考えられるためである。

　第二に，自我同一性を取り上げる。これは，ひとりで過ごすことに関する感情・評価や「ひとりの時間」の過ごし方は，青年期の発達課題である自我同一性の高さに影響していると推測されるためである。自我同一性との関連については，本研究で特に着目している点であるため，ひとりで過ごすことに関する感情・評価および「ひとりの時間」の過ごし方と自我同一性との関連の仮説的モデルを立て，それを検証する。

　第三に，孤独感を取り上げる。これは，孤独感は「ひとりの時間」と表現形としては類似している概念であり，「ひとりの時間」あるいは「ひとりでいる」状態において，孤独感という要素は含まれるけれども，それだけではないことを確認するためである。

　第四に，対人恐怖心性を取り上げる。これは，ひとりで過ごすことに関す

る感情・評価や「ひとりの時間」の過ごし方は，パーソナリティ要因によっても違いがあるかどうかを検討するためである。その中で，対人恐怖心性を選択したのは，対人恐怖心性の高さによって，ひとりでいることを好んだり，ひとりで過ごすことをポジティブに捉えたりする可能性が推測されるためである。

以下に，各要因との関連についての仮説を述べる。

1）友人に対する感情との関連

日本においては，対人関係の発達と「個」の発達との関連，または対人関係と自己のあり方との関連は，さまざまな研究で指摘されている（宗田・岡本，2006；杉村，2005；岡田，1995，1999；吉岡，2002；久米，2001など）。その中で，吉岡（2002）は，自己受容している者ほど友人関係の満足感が高くなることを明らかにしている。また，久米（2001）は，自己の安定性が，単独自己（一人でいるとき）よりも関係自己（友人といるとき）の方が高かったことから，友人を象徴的な依存対象として内在化することが自己の安定化につながる要因の1つであると考えている。したがって，ひとりで過ごすことに関する感情・評価および「ひとりの時間」の過ごし方に関しても，友人に対する感情と関連していることが予測される。

なお，本研究で，友人に対する感情という，対人関係の行動面ではなく感情面に着目したのは，前節で作成した，ひとりで過ごすことに関する感情・評価（「孤独・不安」・「自立願望」・「充実・満足」）が，青年の発達や自我同一性との関連を考える上でより重要と考えたため，ひとりで過ごすことに関する感情・評価に対応する形で対人関係を測定したいと考えたためである。

2）自我同一性との関連

まず，「ひとりの時間」の過ごし方と自我同一性の関連について述べる。杉本（2009）は，大学生において「自分ひとりの居場所」があることが自我

同一性の安定に関連していることを明らかにしているが,「自分ひとりの居場所」があり,そこでの「ひとりの時間」を安心して過ごすことができ,その時間を自分のための時間として有効に使えているからこそ,自我同一性が高まると考えられる。したがって,「ひとりの時間」を自分にとって意味のある時間として過ごせている人ほど,自我同一性が高いと推測される。

　また,田中・渡邉(2006)の指摘や山田(2004)の研究から,第1章で述べたように,「ひとりの時間」に,自分について,および他者との関係性について考え,内省することで,自我同一性の形成が促されると考えられる。したがって,前段落の記述と考え合わせると,「ひとりの時間」を自分にとって意味のある時間として過ごせているほど自我同一性が高く,その中でも特に,「ひとりの時間」に自分について,および,自分と他者との関係について内省しているほど,自我同一性が高いと考えられる。前節において,「ひとりの時間」の過ごし方は,「休息・解放」・「自己内省」の2下位尺度から構成されることが明らかになっていることから,「休息・解放」・「自己内省」が高いほど自我同一性が高く,特に「自己内省」の高さが自我同一性に影響していると予測される。

　次に,ひとりで過ごすことに関する感情・評価と自我同一性の関連について述べる。ひとりで過ごすことに関する感情・評価の発達に関しては,第1章で述べたように,松尾・小川(2000)の研究から,「ひとりでいられなさ」から「ひとりで過ごす時間を心から楽しむことがある」という方向性が考えられる。また,落合(1999)は,青年の孤独感を類型化し,人と理解・共感できると考えていて,まだ自己の個別性に気づいていないタイプをA型,人と理解・共感できると考えていて,個別性にも気づいているタイプをD型としている。そして,孤独感はむなしく嫌な暗いものであるというイメージを持っているA型が年齢とともに減っていく傾向があるのに対し,孤独感は明るく充実したものであり成熟した人が感じる好ましいものだというイメージを持っているD型は年齢が増すと多くなることを見出している。以上から,

ひとりで過ごすことに関して,「ひとりでいられなさ」から「ひとりでいることを楽しむことができる」という方向へ,むなしく嫌な暗いものとネガティブに捉える見方から,明るく充実した好ましいものとポジティブに捉える見方へ,というように,ひとりで過ごすことに感情・評価が発達的に変化すると推測される。そして,このようなひとりで過ごすことに関する感情・評価の違いは,自我同一性の形成に影響していると考えられる。具体的には,「ひとりでいられなさ」やひとりで過ごすことはむなしく嫌な暗いものであるといった,ひとりで過ごすことに関してネガティブな感情・評価を持っている人は,安心してひとりでいられず,「ひとりの時間」をうまく活用できない状態であり,他者の目を気にしていると考えられる。そのため,自分自身の不安定さにつながり,自我同一性の感覚が低いと予測される。逆に,ひとりで過ごすことに関して,ポジティブな感情・評価を持っている人は,ひとりでいても孤独や不安にとらわれすぎずに,安心して充実した時間を過ごすことができるため,自分自身に対しても,自分と他者・社会との関係についても,確信があり安定した感覚を持つことができ,自我同一性が高いと予測される。

　前節での研究から,ひとりで過ごすことに関する感情・評価は,「孤独・不安」・「自立願望」・「充実・満足」の3下位尺度から構成されることが明らかにされている。また,自我同一性に関して,谷(2001)は,Erikson理論に基づき,自我同一性を「自己斉一性・連続性」「対他的同一性」「対自的同一性」「心理社会的同一性」の4つの下位概念からなるとし,「自己斉一性・連続性」とは「自分が自分であるという一貫性を持っており,時間的連続性を持っているという感覚」,「対自的同一性」とは「自分自身が目指すべきもの,望んでいるものなどが明確に意識されている感覚」,「対他的同一性」とは「他者からみられているであろう自分自身が,本来の自分自身と一致しているという感覚」,「心理社会的同一性」とは「現実の社会の中で自分自身を意味づけられるという,自分と社会との適応的な結びつきの感覚」のことで

あるとしている。

　以上から，ひとりで過ごすことに関する感情・評価と自我同一性との関連について，谷の4つの下位概念との関連で考えると，ひとりで過ごすことに関して「孤独・不安」というネガティブな感情・評価が高いほど，自我同一性が全般的に低く，ひとりで過ごすことに関して「充実・満足」というポジティブな感情・評価が高いほど，自我同一性の感覚が全般的に高いと予測される。

　最後に，「ひとりの時間」の過ごし方，ひとりで過ごすことに関する感情・評価，自我同一性の3つの関連性について述べる。上述のように，ひとりで過ごすことに関する感情・評価および「ひとりの時間」の過ごし方は，どちらも自我同一性に影響すると考えられる。さらに，「ひとりの時間」の過ごし方が，ひとりで過ごすことに関する感情・評価に影響し，それが自我同一性に影響すると推測される。具体的には，第1章で述べたように，「ひとりの時間」を安心して過ごせたり，自分を内省する時間として使えたりすることによって，ひとりで過ごすことに肯定的な意味や充実感を感じることができると，自分自身の一貫性・連続性や他者・社会と自分との適応的な結びつきの感覚につながり，自我同一性が高まると推測される。したがって，「ひとりの時間」の過ごし方は，自我同一性に直接影響するだけでなく，ひとりで過ごすことに関する感情・評価を媒介しても，自我同一性に影響すると考えられる。以上から，①「ひとりの時間」の過ごし方，②ひとりで過ごすことに関する感情・評価，③自我同一性，という3つの間に，次のような仮説的モデルが推測される（Figure 3-1参照）。本節では，このモデルについても検証することとする。

　以上から，仮説としては，以下の5つを考える。
① 「休息・解放」が高いほど，自我同一性が高いだろう。
② 「自己内省」が高いほど，自我同一性が高いだろう。
③ ひとりで過ごすことに関して「孤独・不安」というネガティブな感情・

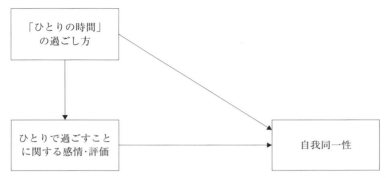

Figure 3-1　「ひとりの時間」の過ごし方，ひとりで過ごすことに関する感情・評価，自我同一性の関連に関する仮説的モデル

評価が高いほど，自我同一性が低いだろう。
④　ひとりで過ごすことに関して「充実・満足」というポジティブな感情・評価が高いほど，自我同一性が高いだろう。
⑤　「ひとりの時間」の過ごし方がひとりで過ごすことに関する感情・評価に影響し，それが自我同一性に影響するだろう。

3）孤独感との関連

　落合（1999）の孤独感の概念を用いて，「ひとりの時間」と孤独感との関連を検討する。

　落合（1983）は，青年の孤独感を，「人間同士の理解・共感についての感じ方」と「自己（人間）の個別性の自覚」という2次元からなるとし，「人間同士の理解・共感」および「個別性の自覚」の各下位尺度の合成得点がプラスかマイナスかによって，それぞれH群・L群に分類し，その組み合わせによって孤独感を4類型に分類している。A型（H・L群）は，「人間同士は理解・共感できると思っており，かつ人間の個別性に気づいていない」型，B型（L・L群）は，「人間同士は理解・共感できないと思っており，かつ個別性に気づいていない」型，C型（L・H群）は，「人間同士は理解・共感で

きないと思っており，かつ人間の個別性に気づいている」型，D型（H・H群）は，「人間同士は理解・共感できると思っており，かつ人間の個別性に気づいている」型である。本研究においても，「人間同士の理解・共感についての感じ方」と「自己（人間）の個別性の自覚」の2次元，およびA～D型の4類型を用いて検討する。

　ひとりで過ごすことに関する感情・評価と孤独感の2次元との関係については，前述のように，ひとりで過ごすことに関する感情・評価に，孤独感という要素は含まれるが，それだけではないことが推測される。落合（1999）は，青年期の孤独感を，「人との理解・共感が難しいと思う状態で生じる感情」としているため，孤独感の2次元（「人間同士の理解・共感」「人間の個別性の自覚」）の中でも，特に「人間同士の理解・共感」の低さが，孤独感が高い状態を示すものと考えられる。したがって「人間同士の理解・共感」ができないと考えている人ほど（＝孤独感が高いほど），ひとりで過ごすことに関しても「孤独・不安」感が高いと推測される。しかし，ひとりで過ごすことに関して「自立願望」および「充実・満足」の感情・評価を持つことは，「人間同士の理解・共感」ができると思っているかどうかとは別物であると考えられる。したがって，「人間同士の理解・共感」は，ひとりで過ごすことに関する感情・評価における「自立願望」「充実・満足」とは関連が低いと推測される。また，孤独感における「人間の個別性の自覚」については，人間の個別性（人と代替不可能な自分）に気づくことではじめて，ひとりで過ごすことをポジティブに捉える，あるいは捉えようとするようになり，ひとりで過ごすことに抵抗感が減ったり，ひとりで過ごすことに意味を見出したりするようになるのではないかと考えられる。したがって，人間の個別性に気づいているほど，「自立願望」「充実・満足」が高いと推測される。

　また，「ひとりの時間」の過ごし方と孤独感との関係については，「ひとりの時間」の過ごし方が，孤独感によって変わってくる可能性が推測される。落合（1999）は，人間同士は理解・共感できると思っており，かつ人間の個

別性に気づいていないA型の孤独感を感じている人は，孤独感はむなしく嫌な暗いものであるというイメージを持っているのに対し，人間同士は理解・共感できると思っており，かつ人間の個別性に気づいているD型の孤独感を感じている人は，孤独感を，明るく充実したもので，成熟した人が感じる好ましいものだというイメージを持っていることを明らかにしている。人間の個別性に気づくことで，D型のように孤独感をポジティブに捉えることができ，「ひとりの時間」を意味のある時間として過ごせるのではないかと予想される。

以上から，仮説としては，以下の4つを考える。

⑥ 孤独感における「人間同士の理解・共感」ができないと考えている人ほど，ひとりで過ごすことに関する感情・評価における「孤独・不安」が高いだろう。

⑦ 孤独感における「人間同士の理解・共感」は，ひとりで過ごすことに関する感情・評価における「自立願望」「充実・満足」とは関連が低いだろう。

⑧ 孤独感における「人間の個別性」に気づいている人ほど，ひとりで過ごすことに関する感情・評価における「自立願望」「充実・満足」が高いだろう。

⑨ 孤独感における「人間の個別性」に気づいている人ほど，「ひとりの時間」を意味のある時間として過ごしているだろう。

4） 対人恐怖心性との関連

ひとりで過ごすことに関する感情・評価および「ひとりの時間」の過ごし方と対人恐怖心性の関係については，対人恐怖心性が高いために，人と接することを避けようとして，ひとりで過ごすことを好んだり，ひとりで過ごすことをポジティブに捉えたりする可能性が考えられる。この場合には，確かにひとりで過ごすことにポジティブな意味を見出し，その時間を意味のある

時間として使えているとしても,「ひとりでいること」の質としては高くなく,不健康な「ひとりの時間」になる危険性もある。また,ひとりで過ごすことに意味を見出せたとしても,その時間に充実・満足感を感じるところまでは到達しないだろうと考えられる。

　以上から,仮説としては,以下の2つを考える。

⑩　対人恐怖心性が高い人は,ひとりで過ごすことにポジティブな意味を見出すが,「充実・満足」感までは感じられないであろう。

⑪　対人恐怖心性が高い人は,「ひとりの時間」を意味のある時間として過ごしているだろう。

3.3.2　方　法

3.3.2.1　調査対象者

第2節の研究Ⅰと同一。

3.3.2.2　調査時期および実施方法

第2節の研究Ⅰと同一。

3.3.2.3　調査内容

①ひとりで過ごすことに関する感情・評価

　第2節で作成した,ひとりで過ごすことに関する感情・評価尺度(22項目)を使用した。「ひとりで過ごすことについてあなたがどう考えているかについて,質問します。」と教示し,「とてもそう思う(6)」～「まったく思わない(1)」の6件法で回答を求めた。

②ひとりの時間の過ごし方

　第2節で作成した,「ひとりの時間」の過ごし方尺度(15項目)を使用した。「あなたは『ひとりの時間』を次のような時間として使ったと感じることはどのくらいありますか。その頻度について最もあてはまると思うところの数

字に○をつけてください。」と教示し,「とてもよくある(6)」～「まったくない(1)」の 6 件法で回答を求めた。

③友人に対する感情

榎本（1999, 2003）が作成した「友人に対する感情の質問紙」（25項目）を用い，発達心理学を専門とする大学教員 1 名と討議の上，大学生により適切となるよう一部表現を修正して使用した。この尺度は，青年期における友人に対する感情を測定するために作成された尺度であり，「信頼・安定」「不安・懸念」「独立」「ライバル意識」「葛藤」の 5 つの下位尺度からなるものである。表現を修正した箇所については，「友達が自分の知らない友達と話しているのを見てさびしさを感じる」を「友達に自分の知らない世界があるのを知るとさびしさを感じる」に，「友達よりいい学校に行きたい（いい仕事につきたい）」を「友達よりいい人生を歩みたい」に，「友達の方がテストの点がいいと不安になる」を「友達の方が成績がいいと不安になる」に変更した。実施に際しては，項目をランダムにし，「あなたの同性の親しい友達との付き合い方について質問します。以下の事柄に関し，その親しい友達との関係について，当てはまる数字に○をつけてください。」と教示し，「とてもそう思う(6)」～「まったく思わない(1)」の 6 件法で回答を求めた。

榎本（1999）に従い，主因子法・バリマックス回転による因子分析を実施したところ，因子負荷量こそ違え，榎本（1999）と同様の 5 因子構造が確認された。項目番号と因子分析結果を Table 3-5 に示す。

④自我同一性

谷（2001）が作成した「多次元自我同一性尺度」を使用した。この尺度は，Erikson 理論に基づき作成された尺度で，高い信頼性・妥当性が確認されている，精度の高い尺度である。「自己斉一性・連続性」「対自的同一性」「対他的同一性」「心理社会的同一性」の 4 つの下位尺度（各 5 項目，計20項目）から構成されている。「自己斉一性・連続性」とは「自分が自分であるという一貫性を持っており，時間的連続性を持っているという感覚」，「対自的同

Table 3-5　友人に対する感情尺度の因子分析結果（バリマックス回転後）

	I	II	III	IV	V	共通性	平均値	(SD)	榎本(2003)での当該因子に対する因子負荷量
第1因子　信頼・安定									
5　友達とは気持ちが通い合っている	.79	-.02	.10	-.11	-.08	.65	3.92	(0.97)	.79
6　心から友達を親友だと言える	.72	.00	.07	-.05	-.11	.54	4.11	(1.37)	.77
9　友達を信頼している	.72	-.02	.07	-.12	-.25	.64	4.64	(1.11)	.69
1　友達は私のことをだいたい知っている	.71	.03	.02	-.01	-.16	.53	3.61	(1.27)	.67
19　自分は友達に充分受け入れられていると思う	.64	-.14	.23	-.15	-.04	.50	4.23	(1.04)	.67
2　友達とはだいたい意見が合う	.61	-.05	-.03	-.11	-.07	.39	3.80	(1.10)	.63
15　友達は私を絶対裏切らないと思う	.60	-.25	-.02	-.05	-.07	.43	3.53	(1.43)	.52
25　友達の考えていることはだいたいわかる	.46	-.13	.31	.10	.09	.34	3.41	(1.15)	.51
第2因子　不安・懸念									
4　自分が本当に友達と思われているか気になる	-.07	.74	-.21	.05	-.01	.60	3.51	(1.50)	.76
13　自分が友達にどう思われているか気になる	-.11	.73	-.17	.10	.03	.58	4.11	(1.42)	.75
14　友達の考えていることが分からなくなって不安になる	-.10	.67	-.16	.12	.22	.55	3.07	(1.34)	.65
11　友達に裏切られるのではないかと思う	-.33	.58	-.04	.11	.24	.52	2.80	(1.41)	.64
22　友達に自分の知らない世界があると知るとさびしさを感じる	.08	.49	-.10	.15	.04	.28	3.34	(1.49)	(.43)
17　友達に「仲間はずれ」にされていると感じることがある	-.24	.49	-.05	.30	.04	.39	3.12	(1.39)	.57
3　友達と意見が違うと不安になるか	.07	.42	-.41	.09	.17	.39	2.82	(1.28)	.50
第3因子　独立									
21　友達と違う意見でも自分の意見はきちんと言う	.11	-.11	.79	-.02	-.12	.66	4.33	(1.18)	.73
12　友達と意見が対立しても自分をなくさないでいられる	.07	-.22	.59	.06	-.06	.41	4.05	(1.28)	.61
24　友達と一緒にいても自分の意志で行動している	.14	-.13	.55	.00	-.04	.34	4.11	(1.14)	.52
第4因子　ライバル意識									
16　友達よりかっこいい人生を歩みたい	-.09	.12	.02	.71	.16	.55	3.27	(1.29)	(.69)
7　友達には様々な点で負けたくない	-.13	.15	.13	.60	.18	.45	3.67	(1.39)	.62
18　友達のほうが成績がいいと不安になる	-.01	.32	-.17	.60	.03	.49	3.23	(1.46)	(.61)
第5因子　葛藤									
10　友達がやっていることに引きずられて困る	-.11	.09	-.11	.10	.64	.45	2.53	(1.14)	.52
8　友達といると自分のやりたいことができない	-.29	.08	.00	.22	.55	.45	2.73	(1.20)	.55
23　友達の誘いを断れず困る	-.02	.33	-.26	.09	.44	.38	2.71	(1.16)	.48
20　自分の思っていることを友達に言えない	-.28	.26	-.33	.12	.34	.38	2.79	(1.31)	.45
固有値	6.47	3.19	2.07	1.50	1.19				
寄与率	25.88	12.76	8.28	5.99	4.74				
累積寄与率	25.88	38.65	46.93	52.91	57.65				
Cronbachのα係数	.86	.82	.71	.70	.66				

注）項目の表現を修正した箇所に関しては，榎本(2003)における当該因子に対する因子負荷量を括弧つきで示した。

一性」とは「自分自身が目指すべきもの，望んでいるものなどが明確に意識されている感覚」，「対他的同一性」とは「他者からみられているであろう自分自身が，本来の自分自身と一致しているという感覚」，「心理社会的同一性」とは「現実の社会の中で自分自身を意味づけられるという，自分と社会との適応的な結びつきの感覚」を言う（谷，2001）。実施に際しては，「次の文章について，それぞれ現在の自分にあてはまると思う数字に〇印をつけてください。」と教示し，「非常にあてはまる(7)」～「全くあてはまらない(1)」の7件法で回答を求めた。項目内容を Appendix 3に示す。

⑤孤独感

落合（1983）が作成した「孤独感の類型判別尺度（LSO）」を使用した。この尺度は，青年期の孤独感を，①人間同士は理解・共感できると思っているか否か（LSO-U，9項目），②人間の個別性に気づいているか否か（LSO-E，7項目），という2つの下位尺度（2次元）からなる。また，この2次元のクロスによって，孤独感を4類型で判別することが可能である。なお，落合（1983）では，「はい」～「いいえ」の5件法であるが，本研究では「よくある」～「まったくない」の5件法で回答を求めた。項目内容を Appendix 4に示す。

⑥対人恐怖心性

堀井・小川（1996，1997）が作成した，「対人恐怖心性尺度」の6つの下位尺度のうち，4つの下位尺度（①自分や他人が気になる悩み，②集団に溶け込めない悩み，③社会的場面で当惑する悩み，④目が気になる悩み）から2項目ずつ抜粋し，計8項目を使用した。実施に際しては，「非常にあてはまる」～「全然あてはまらない」の7件法で回答を求めた。使用した項目の内容および項目番号を Table 3-6に示す。

主因子法・プロマックス回転による因子分析を実施したところ，4因子構造（上記の4つの下位尺度が，それぞれの因子に対応）が確認され，本研究で使用した4つの下位尺度に関して，堀井・小川（1996，1997）と同様の因子構

Table 3-6 対人恐怖心性尺度（堀井・小川，1996，1997）より抜粋して使用した項目

項目番号	使用した項目

「〈自分や他人が気になる〉悩み」
　　1　他人が自分をどのように思っているのかとても不安になる
　　2　自分が人にどう見られているのかクヨクヨ考えてしまう
「〈集団に溶け込めない〉悩み」
　　3　グループでのつき合いが苦手である
　　4　仲間のなかに溶け込めない
「〈社会的場面で当惑する〉悩み」
　　5　会議などの発言が困難である
　　6　人がたくさんいるところでは気恥ずかしくて話せない
「〈目が気になる〉悩み」
　　7　人と目を合わせていられない
　　8　人と話をするとき，目をどこにもっていっていいかわからない

造であることが確認された。

3.3.3　結果と考察
3.3.3.1　ひとりで過ごすことに関する感情・評価と「ひとりの時間」の過ごし方の性差・学年差の検討
１）ひとりで過ごすことに関する感情・評価の性差・学年差の検討

　ひとりで過ごすことに関する感情・評価の各下位尺度について，性別と学年（1～3年）を要因とした分散分析を実施した（Table 3-7）。「孤独・不安」尺度では，性差・学年差・交互作用とも認められなかった。「自立願望」尺度では，有意な性差・学年差が認められ，女性（平均4.38）が男性（4.19）よりも高く，2年生（4.54）が1年生（4.16）よりも高かった。「充実・満足」尺度では，有意な学年差のみが認められ，2年生（4.27）が1年生（3.80），3年生（3.80）よりも高かった。

　「孤独・不安」尺度では，性差・学年差とも認められず，ひとりで過ごすことに関して「孤独・不安」の感情・評価を感じるというのは，性別や学年

Table 3-7　ひとりで過ごすことに関する感情・評価下位尺度得点の2要因分散分析結果（性・学年）

	1年生 (n=184-189) $M(SD)$	2年生 (n=74-75) $M(SD)$	3年生 (n=50-51) $M(SD)$	全体 (n=308-315) $M(SD)$	F値および多重比較（Tukey法）の結果	
					性差	学年差
孤独・不安						
男性(n=142)	2.73(0.93)	2.71(0.69)	2.56(0.88)	2.70(0.88)	n.s.	n.s.
女性(n=171)	2.71(0.88)	2.40(0.84)	2.77(0.79)	2.63(0.86)		
全体(n=313)	2.72(0.90)	2.51(0.80)	2.68(0.83)	2.66(0.87)		
自立願望						
男性(n=139)	4.15(0.78)	4.29(0.95)	4.24(0.92)	4.19(0.83)	4.30*	4.34*
女性(n=169)	4.17(0.97)	4.68(0.82)	4.56(0.64)	4.38(0.90)	男＜女	1年生＜2年生
全体(n=308)	4.16(0.87)	4.54(0.88)	4.43(0.78)	4.29(0.87)		
充実・満足						
男性(n=143)	3.85(1.15)	4.21(1.09)	3.58(1.17)	3.87(1.15)	n.s.	4.62*
女性(n=172)	3.76(1.02)	4.31(1.16)	3.97(1.09)	3.95(1.09)		1，3年生＜2年生
全体(n=315)	3.80(1.09)	4.27(1.13)	3.80(1.13)	3.92(1.12)		

*p<.05

に限らず共通していることが示唆された。ひとりで過ごすことに関して，さみしい・孤独・不安・苦手等の気持ちを感じるというのは，少なくとも大学生期に関しては性別や学年に関わらず，基本として一定に持っている感情・評価なのではないかと推測される。

「自立願望」尺度では，女性が男性よりも高かった。「自立願望」尺度は，「ひとりで過ごすことには自立のイメージがある」「ひとりで過ごすのも悪くないと思えるようになった」等の自立を表す項目，および，「ひとりでも過ごせる人は素敵だと思う」「友達と一緒でなくても行動できるようになりたい」「『ひとりの時間』を楽しめるようになりたい」等の，ひとりで過ごすことや自立することへの理想を表す項目からなる下位尺度である。したがって，この下位尺度で女性の方が男性よりも高かったことは，女性の方が男性よりも，ひとりで過ごすことに対して，自立のイメージや理想像（ひとりでも過ごせる人は素敵だと思う，「ひとりの時間」を楽しめるようになりたい等）を抱いていることを表している，あるいは現実とは異なる理想を述べている可能性もあると考えられる。第2章第4節の研究では，女性の方が男性よりも自分の

意志であえてひとりで過ごす頻度が高いという結果が出ており，女性の方が男性よりも意識的にひとりで過ごす時間を作っている可能性が示唆されている。このことからも，女性の方が男性よりも，ひとりで過ごすことをポジティブに受け止めようとしたり，自立した理想像を思い描いたりといった，ひとりで過ごすことへの意識が高いことが推測される。

また，「自立願望」尺度では2年生が1年生より高く，「充実・満足」尺度では2年生が1・3年生より高いという学年差が見られた。4年生も含めた分析ができなかったため推測ではあるが，「自立願望」の感情・評価は1年生から2年生に上がるにつれて，発達的に高まる可能性がある。「充実・満足」も1年生から2年生に上がるにつれ高まるが，3年生になると就職活動や進路選択が本格的に始まる時期となり，生活にも変化が生じることから，ひとりで過ごすことに「充実・満足」感を感じることが難しくなることも考えられる。

2)「ひとりの時間」の過ごし方の性差・学年差の検討

「ひとりの時間」の過ごし方の各下位尺度について，性別と学年（1～3年）を要因とした分散分析を実施した（Table 3-8）。「休息・解放」尺度では，

Table 3-8 「ひとりの時間」の過ごし方下位尺度得点の2要因分散分析結果（性・学年）

	1年生 ($n=188$-189) $M\ (SD)$	2年生 ($n=76$) $M\ (SD)$	3年生 ($n=50$) $M\ (SD)$	全体 ($n=314$-315) $M\ (SD)$	F値および多重比較 (Tukey法) の結果	
					性差	学年差
休息・解放						
男性 ($n=142$)	4.45(1.06)	4.35(0.99)	4.38(1.13)	4.39(1.05)	n.s.	n.s.
女性 ($n=172$)	4.43(0.94)	4.80(0.91)	4.67(0.92)	4.64(0.94)		
全体 ($n=314$)	4.44(1.00)	4.64(0.96)	4.55(1.01)	4.51(0.99)		
自己内省						
男性 ($n=142$)	4.36(1.06)	4.40(1.01)	4.69(0.76)	4.41(1.01)	n.s.	3.82*
女性 ($n=173$)	4.19(1.09)	4.70(0.96)	4.63(0.74)	4.41(1.03)		1年生＜3年生
全体 ($n=315$)	4.28(1.07)	4.59(0.98)	4.65(0.74)	4.41(1.02)		

*$p<.05$

全体平均（SD）が4.51（0.99）で，性差・学年差・交互作用とも認められず，「自己内省」尺度では，全体が4.41（1.02），1年生が4.28（1.07），2年生が4.59（0.98），3年生が4.65（0.74）で，有意な学年差のみが認められ，3年生が1年生よりも高かった。

　このことから，「ひとりの時間」を休息・解放をする時間として過ごす頻度は学年によって共通であるが，内省をする時間として過ごす頻度は1年生よりも3年生で高まることが示唆された。3年生は就職活動や進路選択が本格的に始まる時期であることから，「人生や生き方を考える時間」「過去や将来について考える時間」「自分を見つめなおす時間」など，自分を振り返って見つめなおしたり，自分の将来について考えたりする時間として過ごす頻度が高くなると考えられる。本分析では，4年生も含めた比較ができなかったが，「自己内省」については発達的に変化する可能性が推測される。また，性差については，「休息・解放」「自己内省」尺度ともに認められなかったため，このような「ひとりの時間」の過ごし方は男女ともに共通していると考えられる。

3.3.3.2　ひとりで過ごすことに関する感情・評価および「ひとりの時間」の過ごし方と，友人に対する感情との関連

1）友人に対する感情の性差・学年差の検討

　友人に対する感情の各下位尺度について，性別と学年（1〜3年）を要因とした分散分析を実施した（Table 3-9）。「信頼・安定」「ライバル意識」「葛藤」尺度では有意な性差のみが認められた。友人を信頼し，かつ友人との間で安定感を保った肯定的な感情を中心として抱いている（榎本，1999）ことを意味する「信頼・安定」尺度では女性（平均4.07）が男性（3.74）よりも高く，友人に対してライバル意識を感じている（榎本，1999）ことを意味する「ライバル意識」尺度では男性（3.59）が女性（3.29）より高く，友人に自分のやりたいことや思っていることを伝えられず，友人との間で自分が確立し

Table 3-9 友人に対する感情下位尺度得点の2要因分散分析結果（性・学年）

	1年生 ($n=187$-190) M (SD)	2年生 ($n=74$-76) M (SD)	3年生 ($n=50$) M (SD)	全体 ($n=312$-316) M (SD)	F値および多重比較 (Tukey法) の結果 性差	学年差
信頼・安定						
男性($n=143$)	3.75(0.84)	3.83(0.92)	3.58(0.75)	3.74(0.84)	15.38***	n.s.
女性($n=170$)	3.93(0.78)	4.16(0.89)	4.37(0.75)	4.07(0.82)	男＜女	
全体($n=313$)	3.84(0.81)	4.04(0.91)	4.04(0.84)	3.92(0.84)		
不安・懸念						
男性($n=142$)	3.21(0.94)	3.13(1.01)	3.15(0.95)	3.19(0.95)	n.s.	n.s.
女性($n=170$)	3.53(0.98)	3.30(0.96)	3.00(0.92)	3.37(0.98)		
全体($n=312$)	3.37(0.97)	3.24(0.97)	3.06(0.93)	3.29(0.97)		
独立						
男性($n=143$)	4.14(1.00)	4.40(0.90)	4.14(0.85)	4.19(0.96)	n.s.	n.s.
女性($n=171$)	4.00(0.94)	4.22(0.91)	4.28(0.89)	4.11(0.93)		
全体($n=314$)	4.07(0.97)	4.29(0.90)	4.22(0.87)	4.14(0.94)		
ライバル意識						
男性($n=143$)	3.62(1.14)	3.47(1.03)	3.57(1.13)	3.59(1.11)	4.89*	n.s.
女性($n=172$)	3.39(0.97)	3.17(1.01)	3.18(0.96)	3.29(0.98)	女＜男	
全体($n=315$)	3.51(1.06)	3.28(1.02)	3.35(1.04)	3.43(1.05)		
葛藤						
男性($n=143$)	2.82(0.81)	2.67(0.89)	3.06(1.09)	2.82(0.87)	6.24*	n.s.
女性($n=173$)	2.59(0.79)	2.68(0.78)	2.45(0.76)	2.59(0.78)	女＜男	
全体($n=316$)	2.70(0.81)	2.67(0.82)	2.71(0.96)	2.70(0.83)		

*$p<.05$, ***$p<.001$

ていない（榎本，1999）ことを意味する「葛藤」尺度では男性（2.82）が女性（2.59）より高かった。友人との関係を意識するがゆえに友人に対して不安を感じていること（榎本，1999）を意味する「不安・懸念」尺度，および，友人に自分の言いたいことはきちんと伝え，友人と一緒にいるときも自分を確立している（榎本，1999）ことを意味する「独立」尺度では，性差・学年差・交互作用とも有意ではなかった。どの下位尺度においても，有意な学年差は認められなかった。

以上から，友人に対する感情の性差・学年差に関しては，性差のみ認められ，学年差は見られなかった。性差は，「信頼・安定」尺度で女性が男性より高く，「ライバル意識」「葛藤」尺度で男性が女性より高かった。榎本（1999）では，中学生・高校生・大学生を対象にした調査において，「ライバ

ル意識」「葛藤」は男子が強く感じていて，「信頼・安定」「不安・懸念」では女子の方が強く感じているという結果が報告されており，本研究では，「不安・懸念」は性差が見られなかったものの，ほぼ榎本（1999）と同様の結果となった。

　また，学年差については，本分析ではどの下位尺度でも学年差は見られなかった。榎本（1999）では学年差は分析しておらず，中学生・高校生・大学生での比較をしているが，「ライバル意識」は中学生で強く，「不安・懸念」は中学生・高校生で強く，「独立」は大学生で強いという結果が示されている。また，学校段階別の因子間の多重比較（5つの因子の平均値を比較）を行い，各学校段階によって抱く感情の順位は，相対的に中学・高校・大学を通してあまり変わらなかったことから，「友人に対する感情の発達的変化はあまり示されなかった」と結論づけている。この点に関して本分析では，大学生のみの中で学年差を検討したため，差は見られなかったものと考えられる。友人に対する感情は，大学生の中では発達的に変化しないか，したとしてもゆるやかな変化であるのかもしれない。しかし，発達的には変化するが，学年にはよらないという可能性もあるだろう。

2）ひとりで過ごすことに関する感情・評価と友人に対する感情との関連

　ひとりで過ごすことに関する感情・評価尺度と友人に対する感情尺度の下位尺度間相関を求めた（Table 3-10）。「孤独・不安」は，「不安・懸念」「ライバル意識」「葛藤」と弱い正の相関，「信頼・安定」「独立」と弱い負の相関が見られた。「自立願望」は，「信頼・安定」「独立」と弱い正の相関が見られた。「充実・満足」は，「信頼・安定」「独立」と弱い正の相関，「不安・懸念」「ライバル意識」「葛藤」と弱い負の相関が見られた。

　以上から，ひとりで過ごすことに関する感情・評価は，友人に対する感情と関連していることが示唆された。具体的には，ひとりで過ごすことへの「孤独・不安」の感情が高いほど，友人に対する「不安・懸念」「ライバル意

Table 3-10 ひとりで過ごすことに関する感情・評価および「ひとりの時間」の過ごし方と友人に対する感情の下位尺度間の相関係数

		友人に対する感情				
		信頼・安定	不安・懸念	独立	ライバル意識	葛藤
ひとりで過ごすことに関する感情・評価	孤独・不安	－.12*	.38***	－.22***	.29***	.26***
	自立願望	.19***	－.03	.22***	.10	.01
	充実・満足	.15**	－.19***	.25***	－.16**	－.12*
「ひとりの時間」の過ごし方	休息・解放	.07	－.03	.12*	.03	－.02
	自己内省	.11*	－.03	.15**	.02	－.13*

*$p<.05$, **$p<.01$, ***$p<.001$

識」「葛藤」が高く，ひとりで過ごすことに関して「孤独・不安」というネガティブな感情を持つ人は，友人に対しても安定した感情を持ちにくい傾向にあることが考えられる。また，ひとりで過ごすことへの「自立願望」「充実・満足」の感情が高いほど，友人に対して「信頼・安定」「独立」の感情が高く，ひとりで過ごすことに関して「自立願望」「充実・満足」というポジティブ（あるいはポジティブに受け止めようとする）感情を持つ人は，友人に対しての感情も安定している傾向にあることが考えられる。特に，「充実・満足」は「不安・懸念」「ライバル意識」「葛藤」と負の相関が見られたことから（「自立願望」はこの3つとは無相関），「充実・満足」感が高いほど「不安・懸念」「ライバル意識」「葛藤」は低くなることが示唆された。

第1章の問題部分において，「ひとりの時間」に関する意識やその過ごし方の発達として，ネガティブな「孤独」からポジティブな「孤独」へ，「ひとりでいられなさ」から「ひとりで過ごす時間を心から楽しむことがある」という方向性があるのではないかと述べたが，これを本研究のひとりで過ごすことに関する感情・評価の3つの下位尺度と照らし合わせると，「孤独・不安」から「自立願望」へ，そして「充実・満足」へと発達的に変化することが推測される。したがって，本研究の結果から，ひとりで過ごすことに関する感情・評価が，「孤独・不安」から「自立願望」へ，そして「充実・満足」へと変化するにつれて，友人に対する感情も，「不安・懸念」「ライバル

意識」「葛藤」という不安定な感情から「信頼・安定」「独立」という安定したポジティブな感情へと変化する可能性が考えられる。ネガティブ（あるいはアンビバレント）で不安定な感情から，ポジティブで安定した感情へという方向性は，ひとりで過ごすことに関する感情・評価についても，友人に対する感情についても共通のものと考えられ，この2つは相互に関連しながら発達していくのではないかと推測される。

しかし，前述のように，学年差の検討において，「孤独・不安」の学年差は見られなかったことから，ひとりで過ごすことへの感情・評価は，「孤独・不安」を基本として持ちながらも，「自立願望」「充実・満足」が相対的に高まっていくという発達的変化なのかもしれない。

3)「ひとりの時間」の過ごし方と友人に対する感情の関連

「ひとりの時間」の過ごし方尺度と友人に対する感情尺度の下位尺度間相関を求めた（Table 3-10）。「休息・解放」は，「独立」と弱い正の相関が見られた。「自己内省」は，「信頼・安定」「独立」と正の相関，「葛藤」と弱い負の相関が見られた。全体的に，ひとりで過ごすことに関する感情・評価尺度に比べ，友人に対する感情尺度との相関はあまり見られなかった。

以上から，「ひとりの時間」の過ごし方と友人に対する感情の関連については，ひとりで過ごすことに関する感情・評価と友人に対する感情との関連ほど明確には見られなかったが，多少関連していること示された。具体的には，「ひとりの時間」の過ごし方として「休息・解放」が高いほど，友人に対する感情として「独立」が高く，「自己内省」が高いほど「信頼・安定」「独立」が高く「葛藤」が低いということが示唆された。「休息・解放」が高いほど「独立」が高いという結果から，友人に対して「独立」の感情（友達と意見が対立しても自分をなくさないでいられる等）を抱いている人は「ひとりの時間」を「休息・解放」の時間として使えている，あるいは，「ひとりの時間」に「休息・解放」できることで友人に対して「独立」の感情でいられ

るという可能性が考えられる。また,「自己内省」が高いほど「信頼・安定」「独立」が高いという結果から,友人に対して「信頼・安定」「独立」の感情を抱いている人は「ひとりの時間」に安心して内省できる,あるいは,「ひとりの時間」を内省の時間として利用しているほど「信頼・安定」「独立」が高くなるという可能性が考えられる。逆に,「自己内省」が高いほど「葛藤」が低いという結果からは,自分について内省している人は,友人に対して「葛藤」の感情（友達がやっていることに引きずりこまれて困る等）をあまり持たずに自分を保っていられる,あるいは,「葛藤」の感情を抱いている人はあまり内省をしていないという可能性が考えられる。

　いずれにしても,「休息・解放」「自己内省」とも,友人に対する感情として「信頼・安定」「独立」というポジティブな感情との相関が見られており（「休息・解放」は「独立」との相関のみ）,特に「自己内省」に関しては,「信頼・安定」「独立」と正の相関,「葛藤」と負の相関という結果であった。友人に対する感情尺度の下位尺度の中では,「不安・懸念」「ライバル意識」「葛藤」よりも「信頼・安定」「独立」の方が,友人に対してより安定した感情であると思われ,「信頼・安定」「独立」の方が発達的に高次のレベルであると推測される。したがって,「ひとりの時間」に「自己内省」をする頻度が高いということは,友人に対するポジティブで安定した感情の高さと関連していると言えるだろう。そして,「ひとりの時間」に安心して内省できるということと,友人に対してポジティブで安定した感情を持てるということは,相互に関連しながら発達していくのではないかと推測される。

3.3.3.3　ひとりで過ごすことに関する感情・評価および「ひとりの時間」の過ごし方と,自我同一性との関連

　谷（2001）に従い,自我同一性の各下位尺度について合成得点を算出し,分析に使用した。下位尺度間相関を Table 3-11に示す。また,各下位尺度について Cronbach の α 係数を算出した結果,「自己斉一性・連続性」が.84,

Table 3-11 自我同一性の下位尺度間相関

	自己斉一性・連続性	対自的同一性	対他的同一性	心理社会的同一性
自己斉一性・連続性				
対自的同一性	.47***			
対他的同一性	.55***	.36***		
心理社会的同一性	.51***	.53***	.51***	

***$p<.001$

「対自的同一性」が.84,「対他的同一性」が.81,「心理社会的同一性」が.77であった。

1) 自我同一性の性差・学年差の検討

　自我同一性の各下位尺度について,性別と学年(1〜3年)を要因とした分散分析を実施した(Table 3-12)。その結果,「対他的同一性」で有意な性

Table 3-12 自我同一性下位尺度得点の2要因分散分析結果(性・学年)

	1年生 ($n=185$-188) M (SD)	2年生 ($n=74$-76) M (SD)	3年生 ($n=50$) M (SD)	全体 ($n=311$-314) M (SD)	F値および多重比較(Tukey法)の結果 性差	学年差
自己斉一性・連続性						
男性($n=143$)	4.27(1.37)	4.61(1.59)	4.02(1.37)	4.30(1.42)	n.s.	n.s.
女性($n=171$)	4.57(1.29)	4.49(1.43)	4.82(1.29)	4.59(1.33)		
全体($n=314$)	4.42(1.34)	4.54(1.48)	4.48(1.37)	4.46(1.38)		
対自的同一性						
男性($n=142$)	4.13(1.32)	4.36(1.50)	3.86(1.41)	4.13(1.37)	n.s.	n.s.
女性($n=170$)	4.01(1.17)	3.66(0.96)	4.03(1.11)	3.92(1.11)		
全体($n=312$)	4.07(1.25)	3.92(1.22)	3.96(1.24)	4.02(1.24)		
対他的同一性						
男性($n=140$)	3.59(1.05)	3.85(1.27)	3.62(0.98)	3.64(1.08)	5.59*	n.s.
女性($n=173$)	3.93(1.21)	3.98(1.15)	4.21(0.90)	3.99(1.14)	女>男	
全体($n=313$)	3.76(1.14)	3.93(1.19)	3.96(0.97)	3.83(1.13)		
心理社会的同一性						
男性($n=138$)	4.03(0.95)	4.44(1.17)	3.98(1.14)	4.10(1.03)	n.s.	3.46*
女性($n=173$)	3.94(1.09)	4.27(1.08)	4.41(0.75)	4.11(1.05)		2年生>1年生
全体($n=311$)	3.98(1.03)	4.33(1.11)	4.23(0.95)	4.10(1.04)		

*$p<.05$

差のみが見られ，男性よりも女性の方が高かった。また，「心理社会的同一性」で有意な学年差のみが見られ，2年生が1年生よりも高かった。「自己斉一性・連続性」・「対自的同一性」に関しては，性差・学年差・交互作用ともに有意ではなかった。

以上から，他者からみられているであろう自分自身が，本来の自分自身と一致しているという感覚（谷，2001）を意味する「対他的同一性」に関しては，男性より女性の方が高いことが示された。女性の自我同一性は，関係性や対人関係領域が重要だと言われることから，他者との関係における同一性を意味する「対他的同一性」において女性の方が高くなったのかもしれない。

また，現実の社会の中で自分自身を意味づけられるという，自分と社会との適応的な結びつきの感覚（谷，2001）を意味する「心理社会的同一性」は，1年生より2年生のが高く，発達的に変化することが示唆された。しかし，それ以外の下位尺度では学年差は見られなかった。谷（2008）においては，自我同一性全体得点が年齢とともに徐々に高くなることが示されているが，本分析ではそれほど差は見られなかった。本分析では，1～3年のみのデータであったことも影響しているかもしれない。

2）ひとりで過ごすことに関する感情・評価と自我同一性との関連

ひとりで過ごすことに関する感情・評価尺度と多次元自我同一性尺度との下位尺度間相関を求めた（Table 3-13）。その結果，まず，「孤独・不安」と多次元自我同一性の各下位尺度との間に$r=-.13～-.20$の弱い負の相関が見られた。「自立願望」に関しては，「自己斉一性・連続性」（$r=-.18$）および「対他的同一性」（$r=-.19$）との間に弱い負の相関が見られたが，「対自的同一性」「心理社会的同一性」との関連は見られなかった。「充実・満足」に関しては，「心理社会的同一性」「自己斉一性・連続性」「対他的同一性」との間に弱い正の相関が見られた（$r=.14～27$）。

以上から，全体として，「孤独・不安」と自我同一性との間に負の相関，

Table 3-13 ひとりで過ごすことに関する感情・評価尺度と多次元自我同一性尺度の下位尺度間の相関係数 (N=314-333)

	多次元自我同一性尺度				
	自己斉一性・連続性	対自的同一性	対他的同一性	心理社会的同一性	自我同一性全体
ひとりで過ごすことに関する感情・評価尺度					
孤独・不安	−.18***	−.13*	−.13*	−.20***	−.20***
自立願望	−.18***	−.02	−.19***	.02	−.11*
充実・満足	.14**	.14**	.03	.27***	.18***

*p<.05, **p<.01, ***p<.001

「充実・満足」と自我同一性との間に正の相関が見られ，仮説③および仮説④が支持された。「孤独・不安」が高い人は，安心してひとりでいられず，「ひとりの時間」をうまく活用できない状態であり，他者の目を気にしていると考えられる。そのため，自分自身の不安定さにつながり，自我同一性の感覚が低いと考えられる。逆に，「充実・満足」が高い人は，ひとりでいても孤独や不安にとらわれすぎず，安心して充実した時間を過ごすことができるため，自分自身に対しても，自分と他者・社会との関係についても，確信があり安定した感覚を持つことができ，自我同一性が高いと考えられる。また，「自立願望」は「自己斉一性・連続性」・「対他的同一性」・「自我同一性全体」との間に，有意な負の相関が見られた。「自立願望」は，ひとりで過ごすことに関して自立のイメージや理想像を見出すが，実際にはまだそうなっていない状態を示す感情・評価と言えるため，負の関連が見られたと考えられる。

次に，自我同一性の4つの下位尺度とひとりで過ごすことに関する感情・評価との関連を具体的に見てみると，「自己斉一性・連続性」は，「孤独・不安」「自立願望」「充実・満足」のどの尺度とも有意な相関が得られており，自我同一性の下位尺度の中でも特に関連があった。「自己斉一性・連続性」は，谷（2001）も，自我同一性の感覚においてまず重要であると述べており，

自我同一性の中でも基本となる側面であると言える。ひとりで過ごすことに関する感情・評価は，自我同一性の基本となる側面と関連していると言える。また，「心理社会的同一性」も，「孤独・不安」「充実・満足」の2つと有意な相関が得られており，特に「充実・満足」とは.27の相関が得られていることから，「ひとりの時間」の持ち方に関して充実・満足感が持てることで，現実の社会の中で自分自身を意味づけることができ，自分と社会との関係の中で安定した感覚が持てると考えられる。

3)「ひとりの時間」の過ごし方と自我同一性との関連

「ひとりの時間」の過ごし方尺度と多次元自我同一性尺度との下位尺度間相関を求めた（Table 3-14）。その結果，「自己内省」と「自己斉一性・連続性」との間に有意な負の相関が一箇所見られただけで，自我同一性との関連はほとんど見られなかった。したがって，「ひとりの時間」を「休息・解放」や「自己内省」をする時間として過ごす頻度が高いほど，自我同一性が高いというわけではないことが示され，仮説①および仮説②は支持されなかった。

「ひとりの時間」を「休息・解放」・「自己内省」の時間として過ごす頻度という量的側面は自我同一性とは直接的な関連はあまりなかった。「ひとりの時間」の過ごし方は，ひとりで過ごすことに関する感情・評価を介して自我同一性に影響している可能性が考えられるため，後述のパス解析において

Table 3-14 「ひとりの時間」の過ごし方尺度と多次元自我同一性尺度の下位尺度間の相関係数 ($N=323$-334)

	多次元自我同一性尺度				
	自己斉一性・連続性	対自的同一性	対他的同一性	心理社会的同一性	自我同一性全体
「ひとりの時間」の過ごし方尺度					
休息・解放	−.08	−.07	−.10	.03	−.05
自己内省	−.13*	.01	−.04	.09	−.02

*$p<.05$

検討する。また、「自己内省」に関しては、むしろ、どのような内省をしているかという中身＝質的側面が、自我同一性の形成に関連している可能性が考えられる。

4）「ひとりの時間」の過ごし方とひとりで過ごすことに関する感情・評価との関連

「ひとりの時間」の過ごし方尺度とひとりで過ごすことに関する感情・評価尺度との下位尺度間相関を求めた（Table 3-15）。その結果、「休息・解放」に関しては、「孤独・不安」との間に弱い負の相関（$r=-.33$）、「自立願望」および「充実・満足」との間に中程度の正の相関が見られた（「自立願望」：$r=.48$、「充実・満足」：$r=.43$）。「自己内省」に関しては、「孤独・不安」との間に弱い負の相関（$r=-.24$）、「自立願望」および「充実・満足」との間に弱い正の相関が見られた（「自立願望」：$r=.36$、「充実・満足」：$r=.25$）。

以上から、「ひとりの時間」を「休息・解放」・「自己内省」の時間として過ごせているほど、ひとりで過ごすことに「孤独・不安」が低く「自立願望」・「充実・満足」が高い、すなわち、孤独や不安に支配されずにひとりでいることができ、ひとりでも過ごせようになることを求め、ひとりで過ごすことに充実感や満足感を味わうことができると考えられる。

Table 3-15 「ひとりの時間」の過ごし方尺度とひとりで過ごすことに関する感情・評価尺度の下位尺度間の相関係数（$N=325$-333）

	ひとりで過ごすことに関する感情・評価尺度		
	孤独・不安	自立願望	充実・満足
「ひとりの時間」の過ごし方尺度			
休息・解放	$-.33$***	$.48$***	$.43$***
自己内省	$-.24$***	$.36$***	$.25$***

***$p<.001$

5) ひとりで過ごすことに関する感情・評価および「ひとりの時間」の過ごし方が自我同一性に及ぼす影響

「ひとりの時間」の過ごし方が，ひとりで過ごすことに関する感情・評価に影響し，「ひとりの時間」の過ごし方は自我同一性に対し直接的に関わる，あるいはひとりで過ごすことに関する感情・評価を媒介として間接的に関わるという仮説的モデル（Figure 3-1, p. 119参照）を基に，Figure 3-2のようにすべてのパスを引いたモデルを仮定し，パス解析を行った。その際，ひとりで過ごすことに関する感情・評価に関しては，「孤独・不安」と「充実・満足」の相関が高かったため（$r= -.48$），自我同一性に対して正の相関があり促進要因であると考えられる「充実・満足」のみを使用し，「孤独・不安」は分析から除外した。また，自我同一性に関しても，下位尺度間相関が高かったため，4つの下位尺度を因子分析したところ1因子として捉えることが可能であったことから（Table 3-16），各下位尺度ではなく，自我同一性全体

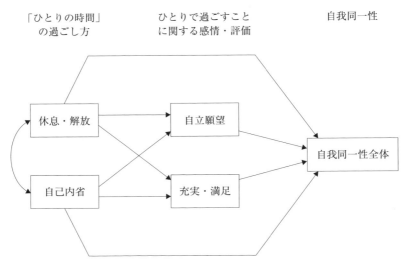

Figure 3-2 「ひとりの時間」の過ごし方，ひとりで過ごすことに関する感情・評価，自我同一性のパスモデル（仮定したモデル）

Table 3-16　自我同一性の因子分析結果（主因子法）

	I	共通性	平均値	(SD)
第 1 因子（α = .79）				
心理社会的同一性	.75	.56	4.13	(1.06)
自己斉一性・連続性	.74	.55	4.46	(1.36)
対他的同一性	.67	.45	3.85	(1.14)
対自的同一性	.63	.40	4.05	(1.24)

得点を分析に使用した。なお，「ひとりの時間」の過ごし方の下位尺度間には相関が見られたため，共変関係を設けた。解析には，Amos19.0を用いた。

解析においては，まず，Figure 3-2のようにすべてのパスを引いたモデルを作成してパス解析を行い，その後，有意でないパスを削除して，再度パス解析を行った。最終的なパス解析の結果を，Figure 3-3に示す。まず，「ひとりの時間」の過ごし方からひとりで過ごすことに関する感情・評価に対して，「休息・解放」から「自立願望」・「充実・満足」への有意な正のパス，および「自己内省」から「自立願望」への有意な正のパスが見られた。次に，ひとりで過ごすことに関する感情・評価から「自我同一性全体」に対しては，「自立願望」から「自我同一性全体」への有意な負のパス，「充実・満足」から「自我同一性全体」への有意な正のパスが見られた。モデルの適合度指標は，$\chi^2 = 10.783$（$p<.05$），$df = 4$，GFI = .986，AGFI = .947，RMSEA = .075であった。RMSEAは，当てはまりが良い基準である.05よりは高め

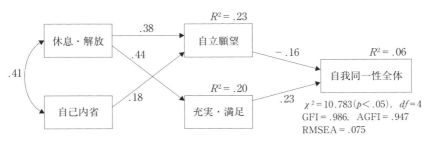

Figure 3-3　自我同一性への影響のパス解析結果
（有意なパスのみ記述，誤差変数は省略）

であったものの，.10を下回る値が得られた。

　以上から，第一に「休息・解放」と「自己内省」の過ごし方が「自立願望」に正の影響をし，「自立願望」は「自我同一性全体」に負の影響を及ぼすこと，第二に，「休息・解放」の過ごし方が「充実・満足」に正の影響をし，「充実・満足」は「自我同一性全体」に正の影響を及ぼすことが示された。以下に，それぞれについて詳しく述べる。

　第一に関しては，「ひとりの時間」に「休息・解放」・「自己内省」をする頻度が高いと，「自立願望」が高まるが，「自立願望」の高さは「自我同一性全体」に負の影響を及ぼすということである。これは，「ひとりの時間」に「休息・解放」や「自己内省」をすることによって，ひとりでも過ごせるようになりたいという「自立願望」が高まるが，「自立願望」の高まりは，自分とは何かの模索や自己と他者のバランスの模索など，自我同一性の揺らぎにつながると考えられるため，自我同一性へ負の影響が見られたと考えられる。ただし，一時的には自我同一性の揺らぎにつながるとしても，そのことによって自我同一性の模索が始まると考えられるため，長期的に見ると，自我同一性に対してプラスに働くと推測される。

　第二に関しては，「ひとりの時間」に「休息・解放」する頻度が高いと，ひとりで過ごすことに関して「充実・満足」が高まり，それが「自我同一性全体」に正の影響を及ぼすというものである。これは，「ひとりの時間」にありのままの自分を解放したりストレスを解消したりするなど「休息・解放」できることで，ひとりで過ごすことの「充実・満足」感が高まり，ひとりで過ごすことに「充実・満足」感が持てることで自我同一性形成が促進されると考えられる。なお，「自己内省」から「充実・満足」への有意なパスは見られず，ひとりで過ごすことに「充実・満足」感を感じられるかどうかには，「休息・解放」のみが影響していた。これは，「自己内省」をする頻度だけでは「充実・満足」感には結びつかず，どのような内省をするかという内省の中身が関係しているためではないかと推測される。

本分析から，仮説⑤（「ひとりの時間」の過ごし方がひとりで過ごすことに関する感情・評価に影響し，それが自我同一性に影響するだろう）が支持され，「ひとりの時間」の過ごし方およびひとりで過ごすことに関する感情・評価が自我同一性に及ぼす影響のモデルが作成された。ただし，モデルの適合度は，当てはまりが良いと言えるのに十分な値までは達していなかったため，次章の分析において，さらにモデルの確認を行うこととする。

3.3.3.4 ひとりで過ごすことに関する感情・評価および「ひとりの時間」の過ごし方と，孤独感との関連

ひとりで過ごすことに関する感情・評価尺度および「ひとりの時間」の過ごし方尺度と，孤独感尺度との下位尺度間相関を求めた。結果を Table 3-17 に示す。

1）ひとりで過ごすことに関する感情・評価と孤独感との関連

ひとりで過ごすことに関する感情・評価尺度における「孤独・不安」と，孤独感尺度における「人間同士の理解・共感」との間に弱い負の相関が見られた（$r=-.13, p<.05$）。「自立願望」「充実・満足」は，「人間同士の理解・共感」との間に有意な相関は見られなかった。また，「自立願望」と「個別

Table 3-17 ひとりで過ごすことに関する感情・評価および「ひとりの時間」の過ごし方と孤独感の下位尺度間の相関係数

		孤独感	
		人間同士の理解・共感	個別性への気づき
ひとりで過ごすことに関する感情・評価	孤独・不安	-.13*	-.07
	自立願望	.02	.25***
	充実・満足	.04	.08
「ひとりの時間」の過ごし方	休息・解放	-.02	.21***
	自己内省	.10	.13*

*$p<.05$, ***$p<.001$

性への気づき」との間に弱い正の相関が見られた（$r=.25, p<.001$）。「孤独・不安」「充実・満足」は，「個別性への気づき」との間に有意な相関は見られなかった。

　上記の結果から，人間同士は理解・共感できないと考えている人ほど，ひとりで過ごすことに「孤独・不安」の感情・評価が高いことが示された。したがって，仮説⑥（孤独感における「人間同士の理解・共感」ができないと考えている人ほど，ひとりで過ごすことに関する感情・評価における「孤独・不安」が高いだろう）は支持された。落合（1999）は，青年期の孤独感を，「人との理解・共感が難しいと思う状態で生じる感情」と定義している。人間同士は理解・共感ができないと考えている人は，孤独感が高いため，ひとりで過ごすことに関しても「孤独・不安」感が強いと考えられる。

　「自立願望」「充実・満足」と「人間同士の理解・共感」との間には有意な相関は見られず，ひとりで過ごすことに「自立願望」「充実・満足」の感情・評価を持つことは，人間同士が理解・共感できると思っているか否かという孤独感の次元とは関連が低いことが示された。したがって，仮説⑦（孤独感における「人間同士の理解・共感」は，ひとりで過ごすことに関する感情・評価における「自立願望」「充実・満足」とは関連が低いだろう）は支持された。このことは，ひとりで過ごすことに関する感情・評価において，孤独感という要素は含まれるが，それだけではないことを示唆するものと考えられる。

　また，個別性への気づきを感じているほど，「自立願望」の感情・評価が高いことが示されたが，「個別性への気づき」と「充実・満足」との間の関連は低いことが明らかになった。したがって，仮説⑧（孤独感における「人間の個別性」に気づいている人ほど，ひとりで過ごすことに関する感情・評価における「自立願望」「充実・満足」が高いだろう）は，「自立願望」に関しては支持されたが，「充実・満足」に関しては支持されなかった。落合（1999）は，人間の個別性に気づくことが孤独感の発達の上で重要と考えており，人間の個別性に気づいている人ほど，人間は一人ひとり別個のものと考え，ひとりで過

ごすことについても,「自立願望」(項目例:友達と一緒でなくても行動できるようになりたい,ひとりでも過ごせる人は素敵だと思う等)というポジティブに捉えようとする態度を抱きやすいのではないかと考えられる。しかし,個別性に気づいているからといって,ひとりで過ごすことに「充実・満足」感を感じることに直結するわけではなく,ひとりで過ごすことに「充実・満足」感を感じられるかどうかには,別の要因が関係していると推測される。そのために,「個別性への気づき」と「充実・満足」との関連は低いという結果となったと考えられる。

　孤独感の各下位尺度のどちらも,「充実・満足」の感情・評価との間に有意な相関は見られず,ひとりで過ごすことに「充実・満足」感を感じることは,落合の言う孤独感とは関連が低いことが示された。ひとりで過ごすことへの「充実・満足」感は,人間同士が理解・共感できると感じているかどうか,人間の個別性に気づいているかどうかという孤独感には規定されるものではないと考えられる。

2)「ひとりの時間」の過ごし方と孤独感との関連

　「ひとりの時間」の過ごし方尺度における「休息・解放」は,孤独感尺度における「個別性への気づき」と弱い正の相関が見られた。また,「自己内省」も,「個別性への気づき」との間に弱い正の相関が見られた。「ひとりの時間」の過ごし方尺度におけるどちらの下位尺度も,「人間同士の理解・共感」との間に有意な相関はなかった。

　上記の結果から,人間の個別性に気づいている人ほど,「ひとりの時間」を「休息・解放」および「自己内省」の時間として過ごす頻度が高いことが示された。人間の個別性に気づいている人ほど,人間は一人ひとり別個のものと考え,「ひとりの時間」を休息・解放したり,自分を内省したりする時間として,有意義に過ごせている,あるいは,有意義な時間として意味づけているのではないかと考えられる。したがって,仮説⑨(孤独感における「人

間の個別性」に気づいている人ほど、「ひとりの時間」を意味のある時間として過ごしているだろう）は支持された。

3）ひとりで過ごすことに関する感情・評価および「ひとりの時間」の過ごし方と、孤独感類型との関連

　落合（1983）の類型の分類に従い、「人間同士の理解・共感」「個別性への気づき」の2つの下位尺度得点がプラスになるかマイナスになるかにより、それぞれH群・L群に分類し、その組み合わせによって対象者を4タイプ（詳細は問題と目的部分に前述）に分類した。具体的には、落合（1983）に従い、「人間同士の理解・共感」については、1〜18点をH群、−18〜−1点をL群、「個別性への気づき」については、1〜14点をH群、−14〜−1点をL群とした。H・L群からなるA型が132名（38.6％）、L・L群からなるB型が4名（1.2％）、L・H群からなるC型が38名（11.1％）、H・H群からなるD型が125名（36.5％）、分類不能者（どちらかの次元で0点である、あるいは欠損値）が43名（12.6％）であった。

　孤独感の類型によるひとりで過ごすことに関する感情・評価および「ひとりの時間」の過ごし方の差異を検討するために、孤独感の類型（A・C・D型）を独立変数、ひとりで過ごすことに関する感情・評価および「ひとりの時間」の過ごし方の各下位尺度得点を従属変数とする、分散分析を実施した（Table 3-18）。なお、B型の人数が少なかったため、B型のデータは除外し、A・C・D型のみで分析を実施した。

　まず、ひとりで過ごすことに関する感情・評価については、「自立願望」尺度において有意差が見られ（$F(3,326)=5.84, p<.001$）、Tukey法による多重比較の結果、D型の方がA型よりも「自立願望」の感情・評価が高かった。「孤独・不安」・「充実・満足」の感情・評価については、A・C・D型で有意差は見られなかった。

　落合（1999）は、孤独感を発達的に変化するものとし、A型は年齢ととも

Table 3-18 孤独感の類型別に見た，ひとりで過ごすことに関する感情・評価および「ひとりの時間」の過ごし方の平均値と標準偏差

		孤独感の類型				
		A 型 (N=129-132) M (SD)	C 型 (N=37-38) M (SD)	D 型 (N=121-124) M (SD)	F 値	多重比較
ひとりで過ごすことに関する感情・評価	孤独・不安	2.71(0.91)	2.68(1.06)	2.54(0.81)	1.37	
	自立願望	4.06(0.84)	4.43(1.00)	4.50(0.82)	5.84***	D 型＞A 型
	充実・満足	3.87(1.13)	4.24(1.29)	3.95(1.12)	1.02	
「ひとりの時間」の過ごし方	休息・解放	4.33(1.02)	4.79(1.01)	4.67(0.93)	3.61*	D 型＞A 型
	自己内省	4.30(1.06)	4.49(1.13)	4.54(0.95)	1.22	

*$p<.05$, ***$p<.001$

に減っていく傾向があるのに対し，D型は年齢が増すと多くなることを見出している。A型とD型は，人間同士は理解・共感できると考えている点では同じであるが，個別性に気づいているかの点で異なっており，A型は人間の個別性に気づいていないのに対し，D型は個別性に気づいているタイプである。そして，A型は他者との融合状態で感じられる孤独感，D型は，自分と同じ人はいないと自覚しつつもその上で他者と理解し合おうとしている状態で感じられる孤独感とされ，A型よりもD型の方がより発達していると考えられている。また，A型の孤独感を感じている人は，孤独感はむなしく嫌な暗いものであるというイメージを持っているのに対し，D型の孤独感を感じている人は，孤独感を，明るく充実したもので，成熟した人が感じる好ましいものだというイメージを持っているとされる。「自立願望」の感情・評価は，「友達と一緒でなくても行動できるようになりたい」，「ひとりでも過ごせる人は素敵だと思う」などの項目からなり，ひとりで過ごすことに自立的感情・理想的感情を持ち，ひとりで過ごすことをポジティブに捉えようとする，変化の態度を示すものと考えられる。そのため，他者との融合状態で孤独感を感じ，孤独感はむなしく暗いものであるというイメージを持っているA型の人は，D型の人に比べ，ひとりで過ごすことをポジティブに捉えよう

とすることは少ないのではないかと考えられる。逆に，人間の個別性に気づくことで初めて，ひとりで過ごすことに関してポジティブに捉えようとする態度が出てくるのではないかと考えられる。したがって，類型による比較においても，仮説⑧（孤独感における「人間の個別性」に気づいている人ほど，ひとりで過ごすことに関する感情・評価における「自立願望」「充実・満足」が高いだろう）は「自立願望」に関してのみ支持された。

　また，「ひとりの時間」の過ごし方については，「休息・解放」尺度において有意差が見られ（$F(3,332)=3.61, p<.05$），Tukey 法による多重比較の結果，D型の方がA型よりも「ひとりの時間」を「休息・解放」の時間として過ごしている頻度が高かった。「自己内省」については，A・C・D型で有意差は見られなかった。

　人間の個別性に気づいているD型の孤独感を感じている人の方が，個別性に気づいていないA型の人よりも，「ひとりの時間」自体に意味を見出していると考えられ，「休息・解放」の時間としての意味を見出す頻度が高かったものと考えられる。また，人間の個別性，すなわち他者とは代わることのできない自分という存在に気づくことで，自分を他者とは別の独立した存在として捉え，1人の人間として，「ひとりの時間」にありのままの自分に戻って休息したり自分を解放したりする頻度が高まるのではないかと推測される。したがって，類型による比較においても，仮説⑨（孤独感における「人間の個別性」に気づいている人ほど，「ひとりの時間」を意味のある時間として過ごしているだろう）は支持された。

3.3.3.5　ひとりで過ごすことに関する感情・評価および「ひとりの時間」の過ごし方と，対人恐怖心性との関連

　ひとりで過ごすことに関する感情・評価尺度および「ひとりの時間」の過ごし方尺度と，対人恐怖心性との下位尺度間相関を求めた。また，対人恐怖心性の合計得点（全体）との相関も求めた。結果を Table 3-19に示す。

第 3 章　大学生における「ひとりの時間」の分析

Table 3-19　ひとりで過ごすことに関する感情・評価および「ひとりの時間」の過ごし方と対人恐怖心性の下位尺度間の相関係数

		対人恐怖心性				
		〈自分や他人が気になる〉悩み	〈集団に溶け込めない〉悩み	〈社会的場面で当惑する〉悩み	〈目が気になる〉悩み	全体
ひとりで過ごすことに関する感情・評価	孤独・不安	.27***	.04	.12*	.15**	.20***
	自立願望	.04	.14**	.05	−.03	.06
	充実・満足	−.18***	−.00	−.09	−.06	−.11*
「ひとりの時間」の過ごし方	休息・解放	.07	.20***	.20***	.12*	.20***
	自己内省	−.01	.12*	−.01	−.04	.02

*$p<.05$, **$p<.01$, ***$p<.001$

1）ひとりで過ごすことに関する感情・評価と対人恐怖心性との関連

　ひとりで過ごすことに関する感情・評価尺度における「孤独・不安」は，対人恐怖心性尺度における「自分や他人が気になる悩み」「社会的場面で当惑する悩み」「目が気になる悩み」との間に弱い正の相関が見られた（$r=.12$〜.27）。また，「自立願望」は「集団に溶け込めない悩み」との間に弱い正の相関が見られた（$r=.14$）。「充実・満足」は「自分や他人が気になる悩み」との間に弱い負の相関が見られた（$r=-.18$）。また，対人恐怖合計得点との関連で見ると，「孤独・不安」は対人恐怖心性全体と正の相関，「充実・満足」は負の相関が見られた。

　「孤独・不安」は，対人恐怖心性のうち3つの下位尺度と正の相関が見られ，対人恐怖心性全体とも相関を示しており，特に対人恐怖心性との関連が見られた。対人恐怖心性が高いほど，ひとりで過ごすことにポジティブな意味を見出すのではないかという仮説⑩の前半は支持されず，逆に対人恐怖心性が高い人の方が，ひとりで過ごすことを「孤独・不安」とネガティブに捉える傾向があった。これは，対人恐怖心性が，単に人と接するのが怖いというわけではなく，人と接したいけれども人と接するのが怖いという心性であると考えられるため，本当は人ともっと関わりたいという気持ちが，ひとり

で過ごすことをネガティブに捉える感情・評価として反映されたものではないかと推測される。また，関連が見られた「自分や他人が気になる悩み」「社会的場面で当惑する悩み」「目が気になる悩み」というのはどれも，人にどう見られるかを気にする悩みでもあると言え，ひとりで過ごすことが他者にどう見られるかという不安から，「孤独・不安」が高くなった可能性もあるかもしれない。

「自立願望」は「集団に溶け込めない悩み」と正の相関があったが，対人恐怖心性全体との関連は見られなかった。ひとりで過ごすことに「自立願望」の気持ちを持つことは，対人恐怖心性というパーソナリティの影響はあまり受けていないと考えられるが，集団に溶け込めないあまり，ひとりで過ごすことに「自立願望」というポジティブな意味を見出そうとするのかもしれない。

「充実・満足」は「自分や他人が気になる悩み」と負の相関，対人恐怖心性全体と負の相関が見られた。対人恐怖心性，その中でも「自分や他人が気になる悩み」を持つ人は，ひとりで過ごす場合にも，自分や周囲が気になってしまい，そこでのびのびといられるような「充実・満足」感は抱きにくいと考えられる。したがって，対人恐怖心性が高い人は，ひとりで過ごすことに「充実・満足」感までは感じられないであろうという，仮説⑩の後半は支持された。

2）「ひとりの時間」の過ごし方と対人恐怖心性との関連

「ひとりの時間」の過ごし方尺度における「休息・解放」は，対人恐怖心性尺度における「集団に溶け込めない悩み」「社会的場面で当惑する悩み」「目が気になる悩み」と弱い正の相関が見られた（$r = .12 \sim .20$）。また，「自己内省」は「集団に溶け込めない悩み」との間に弱い正の相関が見られた（$r = .12$）。

対人恐怖合計得点との関連で見ると，「休息・解放」は対人恐怖心性全体

と正の相関があったが,「自己内省」と対人恐怖心性全体との間には相関は見られなかった。

「休息・解放」は,対人恐怖心性のうち3つの下位尺度と正の相関が見られ,対人恐怖心性全体とも相関を示しており,対人恐怖心性との関連が見られた。対人恐怖心性が高い人は,他者がいる場面や他者と接する場面で特に恐怖を感じやすく疲弊しやすいと考えられるので,人と接しない「ひとりの時間」を「休息・解放」の時間として過ごす頻度が高いと推測される。したがって,対人恐怖心性が高い人は,「ひとりの時間」を意味のある時間として過ごしているだろうという仮説⑪は支持された。

「自己内省」は「集団に溶け込めない悩み」との間に正の相関が見られたものの,対人恐怖心性全体との相関は見られず,対人恐怖心性との関連は強くないものと考えられる。「集団に溶け込めない悩み」が高い人は,そのことについて「ひとりの時間」に内省するために「自己内省」の頻度が高くなるのかもしれない。ただし,対人恐怖心性というパーソナリティが,「ひとりの時間」に「自己内省」をするという過ごし方を規定しているわけではないと考えられる。

3.3.3.6 大学生における「ひとりの時間」と関連する要因に関する考察
1) 大学生における「ひとりの時間」の性差・学年差についての考察

ひとりで過ごすことに関する感情・評価については(Table 3-7),「自立願望」・「充実・満足」に学年差,「自立願望」に性差が認められた。一方,「孤独・不安」には有意な性差・学年差は見られなかった。ひとりで過ごすことに関して,「孤独・不安」の感情・評価は大学生の中では学年によらず基本として一定に存在するが,「自立願望」「充実・満足」の感情・評価は,発達的に変化する可能性が示唆された。ただし,「自立願望」「充実・満足」がどのように発達的に変化するか(どの年齢段階でその感情・評価が強まるのか,強まったり弱まったりと波があるのか)については,さらに検討が必要である。

また、「自立願望」は女性の方が男性より高いという性差が見られ、「ひとりの時間」を求めたり、ひとりでも過ごせるようになりたいという願望は女性の方が高いことが明らかになった。

「ひとりの時間」の過ごし方については（Table 3-8）、「自己内省」に学年差が見られ、「休息・解放」は大学生期の中では学年によらず一定であるが、「自己内省」は発達的に変化する可能性がある。

これらの発達的変化の詳細については、第4章で検討する。

2）大学生における「ひとりの時間」と関連する要因についての考察

①友人に対する感情との関連 （Table 3-9, 3-10）

ひとりで過ごすことに関する感情・評価と「ひとりの時間」の過ごし方は、友人に対する感情と関連していることが示唆された。ひとりで過ごすことに関して「孤独・不安」というネガティブな感情・評価を持つ人は、友人に対しても安定した感情を持ちにくく、ひとりで過ごすことに関して「自立願望」・「充実・満足」というポジティブな、あるいはポジティブに受け止めようとする感情・評価を持つ人は、友人に対しても安定している傾向にあった。相関の分析によるものなので、推測の域は出ないが、ひとりで過ごすことに関する感情・評価が、「孤独・不安」から「自立願望」へ、そして「充実・満足」へと変化するにつれて、友人に対する感情も、「不安・懸念」「ライバル意識」「葛藤」という不安定な感情から「信頼・安定」「独立」という安定したポジティブな感情へと変化する可能性が考えられる。ネガティブで不安定な感情から、ポジティブで安定した感情へという方向性は、ひとりで過ごすことに関する感情・評価についても、友人に対する感情についても共通のものと考えられ、この2つは相互に関連しながら発達していくのではないかと推測される。

②自我同一性との関連

「ひとりの時間」の過ごし方が、ひとりで過ごすことに関する感情・評価

に影響し，それが自我同一性に影響するというモデルを仮定し，分析を行ったところ（Figure 3-3），適合度指標である，AGFI, GFIが.90以上の高いモデルが得られ，RMSEAは十分な値までは達していなかったものの，仮定したモデルが支持された。具体的には，第一に「休息・解放」と「自己内省」の過ごし方が「自立願望」に正の影響をし，「自立願望」は「自我同一性全体」に負の影響を及ぼすこと，第二に，「休息・解放」の過ごし方が「充実・満足」に正の影響をし，「充実・満足」は「自我同一性全体」に正の影響を及ぼすことが示された。

第一に関しては，「ひとりの時間」に「休息・解放」や「自己内省」をすることによって，ひとりでも過ごせるようになりたいという「自立願望」が高まるが，「自立願望」の高まりは，自分とは何かの模索や自己と他者のバランスの模索など，自我同一性の揺らぎにつながると考えられるため，自我同一性へ負の影響が見られたと考えられる。ただし，一時的には自我同一性の揺らぎにつながるとしても，そのことによって自我同一性の模索が始まると考えられるため，長期的に見ると，自我同一性に対してプラスに働くと推測される。したがって，「自立願望」は自我同一性形成のきっかけとなると考えられる。

第二に関しては，「ひとりの時間」にありのままの自分を解放したりストレスを解消したりするなど「休息・解放」できることで，ひとりで過ごすことの「充実・満足」感が高まり，ひとりで過ごすことに「充実・満足」感が持てることで自我同一性形成が促進されると考えられる。なお，「自己内省」から「充実・満足」への有意なパスは見られず，ひとりで過ごすことに「充実・満足」感を感じられるかどうかには，「休息・解放」のみが影響していた。これは，「自己内省」をする頻度だけでは「充実・満足」感には結びつかず，どのような内省をするかという内省の中身が関係しているためではないかと推測される。

本分析から，「ひとりの時間」の過ごし方およびひとりで過ごすことに関

する感情・評価が自我同一性に及ぼす影響のモデルが作成された。ただし，モデルの適合度は，当てはまりが良いと言えるのに十分な値までは達していなかったため，第4章の分析において，さらにモデルの確認を行うこととする。

③孤独感との関連

孤独感との関連については，⑥孤独感における「人間同士の理解・共感」ができないと考えている人ほど，ひとりで過ごすことに関する感情・評価における「孤独・不安」が高いだろう，⑦孤独感における「人間同士の理解・共感」は，ひとりで過ごすことに関する感情・評価における「自立願望」「充実・満足」とは関連が低いだろう，⑧孤独感における「人間の個別性」に気づいている人ほど，ひとりで過ごすことに関する感情・評価における「自立願望」「充実・満足」が高いだろう，⑨孤独感における「人間の個別性」に気づいている人ほど，「ひとりの時間」を意味のある時間として過ごしているだろうという4つの仮説を設定した。

ひとりで過ごすことに関する感情・評価と孤独感との関連では（Table 3-17），人間同士は理解・共感できないという孤独感を持っている人ほどひとりで過ごすことに「孤独・不安」が高かったが，「人間同士の理解・共感」と「自立願望」「充実・満足」との関連は見られず，仮説⑥と仮説⑦は支持された。また，個別性への気づきを感じている人ほど「自立願望」が高かったが，「個別性への気づき」と「充実・満足」との関連は見られず，仮説⑧は「自立願望」に関してのみ支持された。「充実・満足」に関しては，孤独感のどちらの下位尺度とも関連は見られなかった。これらのことから，ひとりで過ごすことに関する感情・評価には，孤独感と関連する部分もあるが，それだけではなく，関連しない部分（孤独感とは別個の部分）もあることが示唆された。また，孤独感類型との関連から（Table 3-18），D型（人間同士は理解・共感できると思っており，かつ人間の個別性に気づいている）の方がA型（人間同士は理解・共感できると思っており，かつ人間の個別性に気づい

ていない）よりも「自立願望」の感情・評価が高いことが分かった。D型とA型の違いである，人間の個別性に気づくことではじめて，ひとりで過ごすことに関して「自立願望」というようにポジティブに捉えようとする態度が出てくるのではないかと考えられる。ただし，ひとりで過ごすことに「充実・満足」感を感じるかどうかについては，「個別性への気づき」によって規定されるわけではなく，別の要因が関連している可能性が推測される。

　「ひとりの時間」の過ごし方と孤独感との関連については（Table 3-17），人間の個別性に気づいている人ほど，「ひとりの時間」を「休息・解放」・「自己内省」の時間として過ごす頻度が高く，「ひとりの時間」を有意義に過ごせていることが示され，孤独感における「人間の個別性」に気づいている人ほど，「ひとりの時間」を意味のある時間として過ごしているという仮説⑨は支持された。また，孤独感類型との関連では，人間の個別性に気づいているD型は，個別性に気づいていないA型よりも「休息・解放」の時間として過ごす頻度が高く，孤独感類型との関連からも仮説⑨は支持された。人間の個別性，すなわち他者とは代わることのできない存在としての自分に気づくことではじめて，他者との融合状態から脱却し，自分だけの時間というものを大事にするようになるのではないかと考えられる。

　上記の孤独感との関連から，落合（1983）の言う青年期の孤独感の2次元のうち，「人間の個別性に気づいているか否か」という次元は，ひとりで過ごすことに関する感情・評価や「ひとりの時間」の過ごし方と関連していたが，「人間同士は理解・共感できると思っているか否か」という次元はほとんど関連がないことが示された。落合（1999）は，「人間同士は理解・共感できると思っているか否か」は，他人との関係に関する対他的次元，「人間の個別性に気づいているか否か」は，自分の内面に関する対自的次元であると説明している。ひとりで過ごすということや「ひとりの時間」は，自分（人間）がひとりでいるということをどう考え，どう過ごすかという，自分の内面との関わりが大きいといえ，対自的次元である「人間の個別性に気づ

いているか否か」という次元との関連が見られたものと考えられる。

④対人恐怖心性との関連

対人恐怖心性との関連については，①対人恐怖心性が高い人は，ひとりで過ごすことにポジティブな意味を見出すが，「充実・満足」感までは感じられないであろう，②対人恐怖心性が高い人は，「ひとりの時間」を意味のある時間として過ごしているだろう，という2つの仮説を設定した。

ひとりで過ごすことに関する感情・評価と対人恐怖心性との関連では（Table 3-19），対人恐怖心性が高いほど「孤独・不安」が高く，対人恐怖心性が高いほど「充実・満足」が低かった。したがって，仮説①については，「対人恐怖心性が高い人は，ひとりで過ごすことにポジティブな意味を見出す」という仮説①の前半部分は支持されなかったが，「対人恐怖心性が高い人は，ひとりで過ごすことに『充実・満足』感までは感じられない」という仮説①の後半部分は支持された。

「ひとりの時間」の過ごし方と対人恐怖心性との関連では（Table 3-19），対人恐怖心性が高いほど「休息・解放」が高かった。したがって，対人恐怖心性が高い人は，「ひとりの時間」を意味のある時間として過ごしているのではないかという仮説②は支持された。

上記の対人恐怖心性との関連から，対人恐怖心性が高い人は，ひとりで過ごすことに「充実・満足」感は低いが，「ひとりの時間」を「休息・解放」の時間として過ごす頻度は高いことが示された。対人恐怖心性が高い人は，他者がいる場面や他者と接する場面で特に恐怖を感じやすく疲弊しやすいと考えられ，ひとりになることで人と接している際の緊張感や不安感から解放され落ち着くため，「休息・解放」の頻度が高いのではないかと推測される。ただし，「孤独・不安」感は高く，周囲にどう見られるかが気になるため，「ひとりの時間」に落ち着くと言っても一時的にある程度落ち着くというレベルであり，安心してのびのびと寛げるような「充実・満足」感を感じるには至らないと考えられる。

3.4 ひとりで過ごすことに関する感情・評価から見た群別特徴

3.4.1 目　的
　本節では，ひとりで過ごすことに関する感情・評価の3下位尺度を基にクラスター分析を行い，大学生には，ひとりで過ごすことに関する感情・評価にどのような特徴を持つ群が存在するのかを明らかにする。また，それらの群が，友人に対する感情・自我同一性・対人恐怖心性・「ひとりの時間」の過ごし方に関してどのような特徴を持つかについても検討する。

3.4.2 方　法
3.4.2.1　調査対象者
　第2節の研究Ⅰと同一。

3.4.2.2　調査時期および実施方法
　第2節の研究Ⅰと同一。

3.4.2.3　調査内容
　第3節と同一である。
①ひとりで過ごすことに関する感情・評価
②ひとりの時間の過ごし方
③友人に対する感情
④自我同一性
⑤対人恐怖心性

3.4.3 結果と考察
3.4.3.1 ひとりで過ごすことに関する感情・評価を基にした対象者の分類

大学生には,ひとりで過ごすことに関する感情・評価にどのような特徴を持つ群が存在するのかを明らかにするために,ひとりで過ごすことに関する感情・評価尺度の3つの下位尺度得点を標準化したものを用いて,Ward法による階層的クラスター分析を実施したところ,3クラスターで解釈が可能であった。クラスター分析のデンドログラムを Figure 3-4 に示す。

次に,その3クラスターを独立変数とし,ひとりで過ごすことに関する感

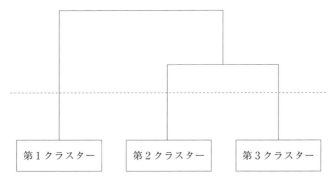

Figure 3-4 ひとりで過ごすことに関する感情・評価を基にしたクラスター分析のデンドログラム

Table 3-20 各クラスターでのひとりで過ごすことに関する感情・評価の平均値と分散分析結果

	第1クラスター ひとり不安群 (N=135) M (SD)	第2クラスター 高自立願望群 (N=83) M (SD)	第3クラスター 適応群 (N=105) M (SD)	F 値	多重比較(Tukey法)
ひとりで過ごすことに関する感情・評価					
孤独・不安	3.28(0.70)	2.02(0.63)	2.27(0.62)	116.47***	クラスター1>3>2
自立願望	3.94(0.85)	5.28(0.44)	4.00(0.49)	124.99***	クラスター2>1・3
充実・満足	3.02(0.83)	4.93(0.88)	4.47(0.51)	196.33***	クラスター2>3>1

***p<.001

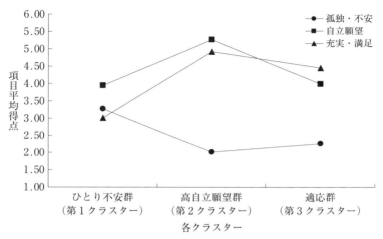

Figure 3-5 ひとりで過ごすことに関する感情・評価のクラスター別平均値

情・評価の3下位尺度について分散分析を実施した。結果をTable 3-20・Figure 3-5に示す。Tukey法による多重比較の結果,「孤独・不安」は,クラスター1＞3＞2,「自立願望」は,クラスター2＞1・3,「充実・満足」：クラスター2＞3＞1という有意差が見られた。

　クラスター1（N=135）は,「孤独・不安」が高く,「自立願望」・「充実・満足」が低い群であり,「ひとり不安群」と命名した。クラスター2（N=83）は,「孤独・不安」が低く,「自立願望」・「充実・満足」が高い群であり,「高自立願望群」と命名した。クラスター3（N=105）は,「孤独・不安」が低めで,「自立願望」が低く,「充実・満足」が高めの群であり,「適応群」と命名した。

3.4.3.2　各群における,「ひとりの時間」の過ごし方の比較

　ひとりで過ごすことに関する感情・評価の違いで分けられた各群において,「ひとりの時間」の過ごし方の特徴を明らかにするために, 3つのクラスターを独立変数,「ひとりの時間」の過ごし方の2下位尺度を従属変数とした

Table 3-21 各クラスターでの「ひとりの時間」の過ごし方の平均値と分散分析結果

	第1クラスター ひとり不安群 (N=134) M (SD)	第2クラスター 高自立願望群 (N=83) M (SD)	第3クラスター 適応群 (N=101) M (SD)	F値	多重比較（Tukey法）
休息・解放	4.09(0.94)	5.22(0.78)	4.60(0.90)	41.29***	クラスター2＞3＞1
自己内省	4.24(0.93)	5.04(0.86)	4.31(1.04)	20.23***	クラスター2＞1・3

***$p<.001$

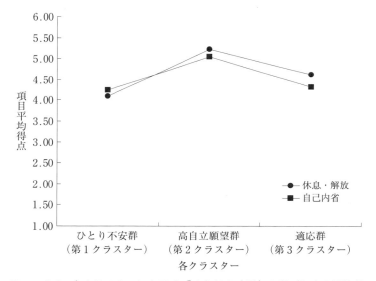

Figure 3-6　各クラスターにおける「ひとりの時間」の過ごし方の平均値

分散分析を行った（Table 3-21, Figure 3-6参照）。その結果，どちらの下位尺度でも，有意な主効果が見られ，Tukey法による多重比較の結果,「休息・解放」は，クラスター2＞3＞1の順で高く,「自己内省」はクラスター2＞1・3という結果となった。以上から，ひとり不安群は「休息・解放」・「自己内省」両方とも頻度が低く，高自立願望群は「休息・解放」・「自己内省」両方とも頻度が高く，適応群は「休息・解放」が中程度で「自己内省」が低いという特徴が見られた。ひとり不安群は，ひとりで過ごすことに孤独

や不安の気持ちが強く,安心して「ひとりの時間」を過ごすことが難しいため,両方とも頻度が低いと考えられる。逆に,高自立願望群は,ひとりで過ごすことに孤独や不安感は低く,ひとりで過ごしたいと思っているために,両方とも頻度が高くなると考えられる。一方,適応群は,自立願望が達成されて弱まった状態であると考えられるため,内省する頻度は低くなり,「休息・解放」は中程度という,バランスの良い状態に落ち着いていると推測される。

3.4.3.3 各群における,自我同一性,友人に対する感情,対人恐怖心性の比較

ひとりで過ごすことに関する感情・評価の違いで分けられた各群において,自我同一性,友人に対する感情,対人恐怖心性の違いを明らかにするために,3つのクラスターを独立変数,自我同一性,友人に対する感情,対人恐怖心性の各下位尺度を従属変数とした分散分析を行った(Table 3-22〜3-24, Figure 3-7〜3-9参照)。

まず,自我同一性に関しては(Table 3-22, Figure 3-7),すべての下位尺度および「自我同一性全体」において有意な主効果が見られた。Tukey法による多重比較の結果,「自己斉一性・連続性」・「対他的同一性」・「自我同一性全体」はクラスター3＞1・2の順で高く,「対自的同一性」はクラスタ

Table 3-22 各クラスターでの多次元自我同一性の平均値と分散分析結果

	第1クラスター ひとり不安群 (N=131) M (SD)	第2クラスター 高自立願望群 (N=82) M (SD)	第3クラスター 適応群 (N=96) M (SD)	F値	多重比較(Tukey法)
多次元自我同一性					
自己斉一性・連続性	4.19(1.33)	4.41(1.42)	4.90(1.31)	7.70***	クラスター3＞1・2
対自的同一性	3.80(1.14)	4.15(1.44)	4.25(1.19)	4.28*	クラスター3＞1
対他的同一性	3.72(1.04)	3.60(1.31)	4.23(1.06)	8.35***	クラスター3＞1・2
心理社会的同一性	3.81(0.97)	4.24(1.20)	4.49(0.99)	12.49***	クラスター2・3＞1
自我同一性全体	3.88(0.86)	4.10(1.07)	4.47(0.89)	11.16***	クラスター3＞1・2

*p<.05, ***p<.001

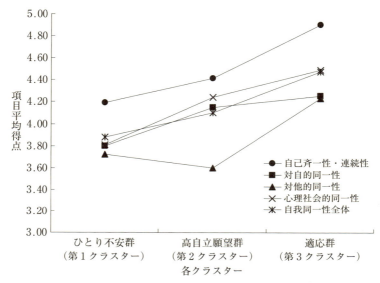

Figure 3-7　各クラスターにおける自我同一性の平均値

－3＞1の順で高く,「心理社会的同一性」はクラスター2・3＞1の順で高かった。

　以上から,適応群は自我同一性が全般的に高く,ひとり不安群は自我同一性が全般的に低い,高自立願望群は,「心理社会的同一性」のみ高めだったものの,自我同一性は全般的に低めという特徴が見られた。適応群は,自我同一性が全般的に高く安定しているのに対し,ひとり不安群は,自我同一性が全般的に低く,ひとりで過ごすことに孤独・不安を感じて充実感を感じられない状態は,自我同一性が低いことと関連していると言える。一方,高自立願望群は,現実の社会の中で自分自身を意味づけられるという,自分と社会との適応的な結びつきの感覚(谷, 2001)である「心理社会的同一性」のみ高めであったものの,他の下位尺度は全般的に低めであった。高自立願望群は,自立願望は高いものの,自我同一性の感覚はまだ不安定で,自我同一性をこれから形成していく発達途上にある群だと考えられる。

Table 3-23 各クラスターでの友人に対する感情の平均値と分散分析結果

	第1クラスター ひとり不安群 ($N=133$) M (SD)	第2クラスター 高自立願望群 ($N=82$) M (SD)	第3クラスター 適応群 ($N=101$) M (SD)	F値	多重比較（Tukey法）
友人に対する感情					
信頼・安定	3.77(0.74)	4.02(1.00)	4.06(0.77)	4.20*	クラスター3＞1
不安・懸念	3.58(0.93)	3.12(1.04)	2.94(0.93)	13.77***	クラスター1＞2・3
独立	3.92(0.97)	4.47(0.97)	4.28(0.85)	9.79***	クラスター2・3＞1
ライバル意識	3.63(1.05)	3.36(1.13)	3.07(1.10)	7.54***	クラスター1＞3
葛藤	2.85(0.87)	2.58(0.91)	2.55(0.77)	4.31*	クラスター1＞3

*$p<.05$, ***$p<.001$

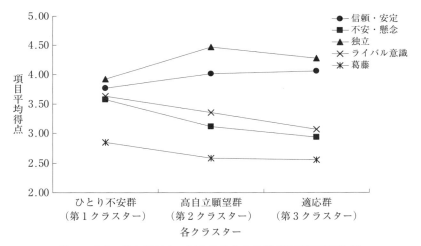

Figure 3-8 各クラスターにおける友人に対する感情の平均値

次に，友人に対する感情に関しては（Table 3-23, Figure 3-8），すべての下位尺度において有意な主効果が見られた。Tukey法による多重比較の結果，「信頼・安定」はクラスター3＞1，「不安・懸念」はクラスター1＞2・3，「独立」はクラスター2・3＞1，「ライバル意識」および「葛藤」はクラスター1＞3の順で高かった。

以上から，ひとり不安群は「不安・懸念」・「ライバル意識」・「葛藤」が高

く「信頼・安定」・「独立」が低い,適応群は逆に「信頼・安定」・「独立」が高く「不安・懸念」・「ライバル意識」・「葛藤」が低いという特徴があった。また,高自立願望群は「独立」が高いのが特徴的で,「不安・懸念」は低かった。ひとり不安群が友人に対してネガティブで不安定な感情を持つ傾向にあるのに対し,適応群は逆にポジティブで安定した感情を持っていると言える。高自立願望群は,友人に対して独立していられる感情が高く,友人から

Table 3-24 各クラスターでの対人恐怖心性の平均値と分散分析結果

	第1クラスター ひとり不安群 (N=132) M (SD)	第2クラスター 高自立願望群 (N=81) M (SD)	第3クラスター 適応群 (N=105) M (SD)	F 値	多重比較 (Tukey法)
対人恐怖心性					
〈自分や他人が気になる〉悩み	8.02(3.12)	7.01(3.94)	6.47(3.32)	6.36**	クラスター1＞3
〈集団に溶け込めない〉悩み	5.84(2.97)	6.32(3.43)	5.00(2.94)	4.49*	クラスター2＞3
〈社会的場面で当惑する〉悩み	6.61(3.33)	6.31(3.96)	5.38(3.06)	3.92*	クラスター1＞3
〈目が気になる〉悩み	5.30(3.09)	4.62(3.86)	4.40(3.30)	n.s.	
対人恐怖心性全体	25.77(9.40)	24.26(10.96)	21.25(9.75)	6.15**	クラスター1＞3

*p＜.05,　**p＜.01

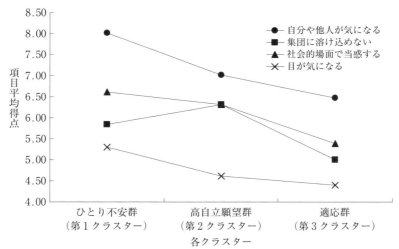

Figure 3-9 各クラスターにおける対人恐怖心性の平均値

どう思われているか気になる等の不安・懸念は低いが，有意差は見られないものの適応群ほどは友人に対する感情が安定しておらず，不安定な感情も残っている状態であると考えられる。

対人恐怖心性に関しては（Table 3-24, Figure 3-9），「自分や他人が気になる悩み」・「集団に溶け込めない悩み」・「社会的場面で当惑する悩み」および「対人恐怖心性全体」において有意な主効果が見られた。「目が気になる悩み」のみ，主効果は有意ではなかった。Tukey 法による多重比較の結果，「自分や他人が気になる悩み」・「社会的場面で当惑する悩み」・「対人恐怖心性全体」はクラスター1＞3の順で高く，「集団に溶け込めない悩み」はクラスター2＞3の順で高かった。

以上から，適応群は対人恐怖心性が全般的に低く，ひとり不安群は対人恐怖心性が全般的に高い，高自立願望群は，「集団に溶け込めない悩み」のみ高いという特徴が見られた。ひとり不安群はひとりで過ごすことに関して孤独・不安が高いが，対人的にも不安や恐怖感が他の群に比べて高いと言える。逆に，適応群はひとりで過ごすことに孤独・不安が低く，充実・満足が高めの群であるが，対人的にも不安・恐怖感が低めであることが示された。一方，高自立願望群は，先述のように，友人に対する不安・懸念は低かったものの，対人的には，集団に溶け込めない悩みが，他の群に比べて高めであると言える。

3.4.3.4　ひとりで過ごすことに関する感情・評価から見た大学生の特徴についての考察

ひとりで過ごすことに関する感情・評価の3下位尺度を基にしたクラスター分析により，3クラスターが得られ，ひとり不安群，高自立願望群，適応群と命名し，Table 3-25のようなそれぞれのグループの特徴が明らかになった。

第1クラスターであるひとり不安群は，ひとりで過ごすことに孤独・不安

Table 3-25 各クラスターのひとりで過ごすことに関する感情・評価の特徴と，「ひとりの時間」の過ごし方・自我同一性・友人に対する感情の比較

クラスター	ひとりで過ごすことに関する感情・評価			「ひとりの時間」の過ごし方	自我同一性	友人に対する感情	対人恐怖心性
	孤独・不安	自立願望	充実・満足				
第1クラスター（ひとり不安群）	高い	低い	低い	休息・解放 自己内省 }低い	全般的に低い	不安定 不安・懸念 ライバル意識 }高い 葛藤 信頼・安定 }低い 独立	全般的に高い
第2クラスター（高自立願望群）	低い	高い	高い	休息・解放 自己内省 }高い	全般的に低め	やや安定 独立…高い 不安・懸念…低い 信頼・安定 ライバル意識 }中程度 葛藤	「集団に溶け込めない」のみ高い
第3クラスター（適応群）	低め	低い	高い	休息・解放…中程度 自己内省…低い	全般的に高い	安定 信頼・安定 独立 }低い 不安・懸念 ライバル意識 }高い 葛藤	全般的に低い

が高く，自立願望および充実・満足が低い群である。ひとりで過ごすことに孤独・不安感が高く，ひとりでも過ごせるようになりたいといった自立願望も低いため，「ひとりの時間」を安心して過ごすことは難しく，また，「ひとりの時間」をあまり求めていないとも考えられる。また，ひとり不安群は，自我同一性が低く，友人に対する感情は不安定で，対人恐怖心性が高かった。自分自身についても，他者との関係についても不安定である群と言える。したがってこの群は，極端に言うと「ひとりでいられない」群とも考えられる。

第2クラスターである高自立願望群は，ひとりで過ごすことに自立願望および充実・満足が高く，孤独・不安が低い群である。この群は，ひとりでも過ごせるようになりたいと思い，実際にひとりで過ごすことに充実・満足感も感じていて，「ひとりの時間」を「休息・解放」・「自己内省」の時間とし

て過ごす頻度も高い。したがって,「ひとりの時間」を大事に思い, 実際に「ひとりの時間」を充実して過ごせていると言える。しかしながら, 自我同一性は全般的に低めで, 集団に溶け込めない悩みが他の群より高く, ひとりでは充実して過ごすことができていても, 他者や集団の中では適応しきれていない人たちであると考えられる。したがってこの群は, 発達途上群とも言え, また, 極端に言うと,「ひとりでしかいられない」群とも言える。

第3クラスターである適応群は, ひとりで過ごすことに孤独・不安が低めで, 自立願望は低く, 充実・満足は高めの群である。ひとりで過ごす感情・評価だけを見ると, 高自立願望群の方が一見「ひとりの時間」が充実しているようにも見えるが, この群は, 自立願望がいったん高まってから低くなった状態だと考えられる。なぜなら, 自立願望は, ひとりでも過ごせるようになりたいが, 実際にはまだそうなりきれていない状態を示す感情・評価であり, 一時期高まるが, 実際に自立が達成されると低くなると考えられるからである。またこの群は, 自我同一性が高く, 友人に対する感情はポジティブで安定しており, 対人恐怖心性は低く, したがって, 自分自身についても他者との関係においても安定したバランスの良い状態であり, その意味でも適応群と考えてよいと思われる。「ひとりの時間」の過ごし方は,「休息・解放」が中程度で「自己内省」が低いが, 自立願望が高まって内省する時期を過ぎた, あるいは, 自分自身も他者との関係も安定しているため, 過度に「ひとりの時間」に休息や内省をしなくてもいられるほどほどの良い状態だと考えられる。

3.5 本章のまとめ

本章では, 大学生の「ひとりの時間」の構造と, その個人差を説明すると思われる個人特性との関連を明らかにすることを目的とした。

第一に, 大学生の「ひとりの時間」の構造については, まず, ひとりで過

ごすことに関する感情・評価尺度、および「ひとりの時間」の過ごし方尺度、という2つの尺度を作成した。ひとりで過ごすことに関する感情・評価は、「孤独・不安」・「自立願望」・「充実・満足」の3下位尺度から構成されること、「ひとりの時間」の過ごし方は「休息・解放」・「自己内省」の2下位尺度から構成されることが示された。また、性差・学年差の検討から、ひとりで過ごすことに関する感情・評価に関しては、「自立願望」・「充実・満足」の学年差、「自立願望」の性差が見られ、「ひとりの時間」の過ごし方に関しては、「自己内省」の学年差が見られた。

　第二に、個人特性との関連に関しては、ひとりで過ごすことに関する感情・評価および「ひとりの時間」の過ごし方と、友人に対する感情、自我同一性、孤独感、対人恐怖心性との関連が明らかになった。具体的な結果は以下の通りである。①「孤独・不安」というネガティブな感情・評価は友人に対するネガティブで不安定な感情と関連し、「充実・満足」というポジティブな感情・評価は友人に対するポジティブで安定した感情と関連していた、②「ひとりの時間」の過ごし方がひとりで過ごすことに関する感情・評価に影響し、それが自我同一性に影響することが示された、③ひとりで過ごすことに関する感情・評価および「ひとりの時間」の過ごし方は、孤独感と関連する部分はあるがそれだけではないことが示された、④ひとりで過ごすことに関する感情・評価および「ひとりの時間」の過ごし方は、対人恐怖心性というパーソナリティ特性とも一部関連があった。

　特に、②の自我同一性との関連については、モデルを作成してパス解析を行い、第一に「休息・解放」と「自己内省」の過ごし方が「自立願望」を高め、「自立願望」は自我同一性の揺らぎに影響して自我同一性形成のきっかけとなること、第二に、「休息・解放」の過ごし方が「充実・満足」を高め、「充実・満足」は自我同一性形成を促進することが示唆された。ただし、適合度指標であるRMSEAは十分な値までは達していなかったため、次章でさらにモデルの確認を行うこととする。

第三に，ひとりで過ごすことに関する感情・評価を基にしたクラスター分析により3クラスターが得られ，ひとり不安群，高自立願望群，適応群とした。これらの群は，「ひとりの時間」の過ごし方，自我同一性，友人に対する感情，対人恐怖心性において，違いが見られた。

　本章で得られた結果に基づき，青年期の「ひとりの時間」の発達的変化について，および「ひとりの時間」と自我同一性形成との関連について，次章でさらに検討することとする。

第4章　青年期における「ひとりの時間」の発達的変化

4.1　本章の問題と目的

　第2・3章では大学生の「ひとりの時間」について検討したが，ひとりで過ごすことに関する感情・評価や「ひとりの時間」の過ごし方は，青年期を通して発達することが推測される。そこで，本章では中・高・大学生の女子を対象とし，第一に，青年期における「ひとりの時間」の発達的変化を検討すること，第二に，自我同一性，友人に対する感情との関連の学校段階による違いを検討すること，第三に，ひとりで過ごすことに関する感情・評価の持ち方にどのような特徴を持つ青年群が存在するかを明らかにすることを目的とする。

　本章で女子を対象としたのは，第2章での検討において，女子の方がひとりの時間の必要度が高く，「ひとりの時間」の意味尺度でも，9つ中5つのカテゴリーで女子の方が高く，女子の方がより「ひとりの時間」の意味を感じていることが示されたため，「ひとりの時間」に関する意識が高いと考えられる女子に特に焦点を当てて検討したいと考えたためである。

　まず，第2節（4.2）では，青年期における「ひとりの時間」の発達的変化を検討する。前章で作成した尺度を使用し，①ひとりで過ごすことに関する感情・評価と②「ひとりの時間」の過ごし方について，中・高・大学生の比較検討を行う。

　次に，第3節（4.3）では，青年期における「ひとりの時間」について，自我同一性との関連および友人に対する感情との関連が，学校段階によりどのように違うかを検討する。特に，自我同一性との関連については，「ひと

りの時間」の過ごし方がひとりで過ごすことに関する感情・評価に影響し，それが自我同一性に影響するという，第3章で作成されたモデルを確認し，学校段階による違いを検討する。

さらに，第4節（4.4）では，ひとりで過ごすことに関する感情・評価を基に対象者を分類し，各グループの特徴と，それぞれのグループの「ひとりの時間」の過ごし方の特徴，および個人特性との関連を検討する。

4.2 青年期における「ひとりの時間」の発達的変化の検討

4.2.1 目 的

本節では，ひとりで過ごすことに関する感情・評価および「ひとりの時間」の過ごし方が，青年期において，どのように発達するかを検討することを目的とする。具体的には，中学2年・高校2年・大学2年・大学4年の女子を対象とし，その比較を通して検討することとする。このように，2年生を中心とした学年選択としたのは，それぞれの学校段階において，入学して間もない初期適応の時期および進路選択が中心となる時期を避けるためである。また，前節で，大学生で学年差が見られていることから，大学生期の中でも変化する可能性を考慮に入れ，大学生に関しては2年生だけでなく，4年生も対象とし，検討することとする。

4.2.2 方 法
4.2.2.1 調査対象者

首都圏のA女子大学付属の中高一貫私立校に通う中学2年生，高校2年生，およびA女子大学に通う大学2年生・4年生を調査対象とした。中学2年生250名，高校2年生238名，大学2年生190名，大学4年生84名に質問紙を配布し，中学2年生247名，高校2年生154名，大学2年生183名，大学4年生50名から回答を得た。回収率は，中学生99％，高校生65％，大学生85％であ

った。高校生の回収率が低かったのは，中学生はその場で回収したが，高校生は後日回収したことによるものである。そのうち，調査への協力が得られなかった者，回答に不備があった者，大学生で年齢が25歳以上の者を除く606名（全員女性，中学2年生233名・高校2年生143名・大学2年生182名・大学4年生48名）を分析対象とした。

4.2.2.2 調査時期および実施方法

2009年5月～7月にかけ，無記名式質問紙による調査を行った。中学生・高校生に関しては，学校に調査を依頼し，担任教師により実施された。大学生に関しては，授業時間もしくはホームルームの時間の一部を利用して集団実施，あるいは，授業時間中に質問紙を配布し後日回収した。質問紙には，プライバシーを保護すること，および，質問への回答は自由意志によるものであることを明記した。また，調査自体に協力したくない場合，あるいは特定のページに回答したくない場合に，印を記入する欄を設けた。分析対象者のうち，フェイスシート（1ページ目）に回答を拒否した者は1名（高校生1名），ひとりで過ごすことに関する感情・評価尺度（2ページ目）に回答を拒否した者は4名（中学生3名，高校生1名），「ひとりの時間」の過ごし方尺度（4ページ目）に回答を拒否した者は27名（中学生24名，高校生2名，大学2年生1名）であった。全体として，回答拒否は中学生で多く，質問紙の後半ほど多かった。これは，特定の尺度に特に答えにくかったというよりも，質問紙の後半になるにつれて回答の意欲が低下したために，学校段階の低い中学生で多かったものと推測される。

4.2.2.3 調査内容

①ひとりで過ごすことに関する感情・評価

前章で作成した，「ひとりで過ごすことに関する感情・評価尺度」（22項目）を使用した。実施に際しては，「ひとりで過ごすことについてあなたが

どう考えているかについて、質問します。」と教示し、「とてもそう思う(6)」〜「まったく思わない(1)」の6件法で回答を求めた。

②「ひとりの時間」の過ごし方

前章で作成した、「『ひとりの時間』の過ごし方尺度」(15項目)を使用した。実施に際しては、「あなたは『ひとりの時間』を次のような時間として使ったと感じることはどのくらいありますか。その頻度について最もあてはまると思うところの数字に○をつけてください。」と教示し、「とてもよくある(6)」〜「まったくない(1)」の6件法で回答を求めた。

4.2.3 結果と考察
4.2.3.1 尺度の確認

ひとりで過ごすことに関する感情・評価尺度について、第3章第2節での分析に従い、主因子法・プロマックス回転による因子分析を実施した。分析には、中学生から大学生までの全データを投入した。因子負荷量が.40未満であった項目・当該因子以外にも.30以上の負荷量を示した項目（計4項目）を除外し、最終的な因子パターンを得た。採用した項目の結果をTable 4-1に示す。回転前の3因子で18項目の全分散を説明する割合は56.18％であった。また、それぞれの因子尺度でCronbachのα係数を算出した結果、第1因子尺度は.87、第2因子尺度は.85、第3因子尺度は.76であった。第3章での大学生のみを対象とした分析では、第1因子が「孤独・不安」、第2因子が「自立願望」、第3因子が「充実・満足」であったが、本分析では、第2因子と第3因子が逆となり、第1因子が「孤独・不安」、第2因子が「充実・満足」、第3因子は「自立願望」となった。既述の4項目は除外されたものの、前章での分析とほぼ同様の因子構造が確認された。

また、「ひとりの時間」の過ごし方尺度について、主因子法・プロマックス回転による因子分析を実施したところ（上記と同様、分析には全データを投入した）、第3章での大学生のみを対象とした分析と同様の2因子構造が確認

第4章　青年期における「ひとりの時間」の発達的変化　175

Table 4-1　ひとりで過ごすことに関する感情・評価尺度の因子分析結果
（プロマックス回転後・＊は逆転項目）

質問項目	I	II	III	共通性	平均値 (SD) (N=596-602)	
第1因子　孤独・不安						
17「ひとりの時間」が苦手だ	.84	−.05	.04	.75	2.57	(1.29)
16「ひとりの時間」は孤独だ	.81	.04	.05	.61	2.72	(1.32)
10「ひとりの時間」はさみしい	.80	.09	−.04	.59	2.97	(1.37)
6　ひとりで過ごしていると不安になる	.71	.04	.01	.47	2.93	(1.35)
19　ひとりで過ごすことに苦痛を感じるようになった	.66	−.10	.02	.51	2.17	(1.11)
21　できることなら，ひとりでいたくない	.63	.00	−.09	.42	3.45	(1.47)
11　ひとりでいると人の目が気になる	.51	−.02	.13	.27	3.01	(1.57)
1　ひとりでいても安心して過ごすことができる＊	.49	−.11	−.20	.40	2.54	(1.33)
第2因子　充実・満足						
9「ひとりの時間」を有効に使えるようになった	.01	.83	−.01	.67	3.78	(1.39)
8　充実した「ひとりの時間」を持てていると思う	−.05	.83	−.08	.69	3.98	(1.36)
13　バランス良く「ひとりの時間」が作れている	.09	.74	.08	.53	3.47	(1.35)
18「ひとりの時間」の過ごし方に満足している	−.19	.61	−.02	.52	3.88	(1.30)
第3因子　自立願望						
14　ひとりでも過ごせる人はすてきだと思う	−.05	.01	.74	.56	4.23	(1.40)
20　友達と一緒でなくても行動できるようになりたい	−.10	−.10	.59	.35	4.02	(1.44)
7「ひとりの時間」を楽しめるようになりたい	.00	−.02	.59	.34	4.42	(1.30)
12「ひとりの時間」を自分の成長のために使いたい	.14	.17	.58	.39	4.10	(1.43)
22　ひとりで過ごすことには自立のイメージがある	.17	.01	.58	.33	3.91	(1.44)
2　ひとりでも生きていける人間になりたい	−.14	−.05	.48	.25	4.50	(1.31)

因子間相関	I	II	III
I	—	−.52	−.17
II		—	.32

Table 4-2 「ひとりの時間」の過ごし方尺度の因子分析結果（プロマックス回転後）

質問項目	I	II	共通性	平均値 (SD) (N=570-577)
第1因子　休息・解放				
11　自分を解放する時間	.83	-.12	.61	4.60 (1.28)
3　ありのままの自分でいる時間	.73	.02	.54	4.70 (1.26)
7　ストレスを解消する時間	.72	-.10	.46	4.36 (1.40)
10　心を休める時間	.70	.05	.53	4.72 (1.24)
12　本当の自分を出す時間	.66	-.07	.40	4.12 (1.44)
2　ストレスを感じなくて済む時間	.64	.01	.42	4.31 (1.44)
8　何もつくろわないでいる時間	.58	.18	.46	4.52 (1.35)
15　自分だけのために費やす時間	.51	-.05	.24	4.56 (1.31)
5　人間関係での精神的疲れをいやす時間	.49	.27	.43	4.20 (1.45)
第2因子　自己内省				
1　自分を見つめなおす時間	-.13	.86	.66	3.83 (1.48)
6　人生や生き方を考える時間	-.06	.84	.65	3.78 (1.49)
13　過去や将来について考える時間	-.07	.80	.59	3.96 (1.47)
4　気持ちや考えを整理する時間	.08	.76	.64	4.46 (1.32)
9　落ち着いてじっくり考える時間	.23	.59	.54	4.52 (1.31)
14　周りの人の大切さを再確認する時間	-.02	.56	.31	3.55 (1.40)
因子間相関	I	II		
I	—	0.47		

された。結果を Table 4-2 に示す。回転前の2因子で15項目の全分散を説明する割合は56.04％であった。また，Cronbach の α 係数を算出した結果，第1因子は.87，第2因子は.88であった。

4.2.3.2　ひとりで過ごすことに関する感情・評価の発達的変化の検討

ひとりで過ごすことに関する感情・評価の各下位尺度について，学校段階（中学2年生・高校2年生・大学2年生・大学4年生）を要因とした分散分析を実施した（Table 4-3，Figure 4-1）。その結果，どの下位尺度においても要因の主効果が有意であった（「孤独・不安」：$F(3, 578) = 8.97, p < .001$，「充実・満足」：$F(3, 588) = 17.90, p < .001$，「自立願望」：$F(3, 582) = 34.91, p < .001$）。多重比較（Tukey法）の結果，「孤独・不安」は，大学2年生・4年生よりも中学2年

Table 4-3　ひとりで過ごすことに関する感情・評下位尺度得点の分散分析結果

	中学2年 (N=220 -227) M(SD)	高校2年 (N=136 -138) M(SD)	大学2年 (N=178 -179) M(SD)	大学4年 (N=48) M(SD)	F値	多重比較 (Tukey法)
孤独・不安	3.00 (1.07)	2.76 (0.96)	2.67 (0.89)	2.28 (0.70)	8.97***	中2＞大2・大4, 高2＞大4
充実・満足	3.45 (1.09)	3.70 (1.11)	4.12 (1.07)	4.35 (0.96)	17.90***	大2・大4＞中2・高2
自立願望	3.81 (0.93)	4.13 (0.93)	4.59 (0.76)	4.79 (0.73)	34.91***	大2・大4＞高2＞中2

***$p<.001$

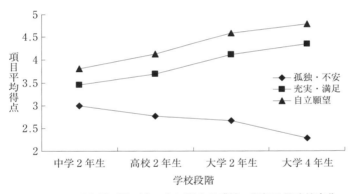

Figure 4-1　ひとりで過ごすことに関する感情・評価の発達的変化

生で高く，大学4年生よりも高校2年生で高かった。「充実・満足」は，中学2年生・高校2年生よりも大学2年生・4年生で高かった。「自立願望」は，大学2年生・4年生が最も高く，次いで高校2年生，中学2年生の順であった。

　以上の結果から，ひとりで過ごすことに関する「孤独・不安」の感情・評価は，学校段階が上がるにつれて低くなることが示された。中学生の時期は，親からの自立に向けて，友人への一時的な依存が強まる時期であり，青年期

のうちで，ひとりで過ごすことに関して最も「孤独・不安」感が強いと考えられる。それが，学校段階が上がるに従い，自分自身というものができあがってくることに加え，金銭面でも行動範囲の面でもひとりでできることの選択肢が増えたり（買い物や喫茶店，映画など），自己決定する場面が増えたりする中で，「孤独・不安」感が減ってくると推測される。

　また，「充実・満足」の感情・評価は，中学生・高校生に比べ大学生で高く，中学・高校段階では変化しないが，大学生になると，ひとりで過ごすことに「充実・満足」感を感じられるようになることが示唆された。大学生になると，授業のスケジュールやサークル・アルバイトなど自分で選択して決めることが多く，時間的に自由度が大きく，上述のように，金銭面でも行動範囲の面でもひとりでできることの選択肢が広がる。このような大学生に比べて，中学生・高校生段階では，学校での集団生活の時間が主であり，ひとりで過ごす機会やひとりでできることの範囲が限られている。そのため，ひとりで過ごすことに充実・満足感を感じられるようになるまでには至らないのではないかと推測される。

　「自立願望」の感情・評価は，中学生より高校生，高校生より大学生で高い結果となり，学校段階が上がるほど高くなることが示された。「自立願望」は，ひとりで過ごすことに関して自立のイメージや，ひとりでも過ごせるようになりたいといった願望を見出す感情・評価であり，ひとりで過ごすことをポジティブに捉えようとする，変化の態度を表すものであると言える。このような感情・評価は，自立に向けて，すなわち自我同一性の形成に向けて高まると考えられ，また，友人関係の構築よりも後の段階で出てくるものと考えられる。そのため，友人関係の構築が主となる青年期前期から，自我同一性の形成が主となる青年期後期にかけて，段階的に高まっていくと推測される。

　なお，「孤独・不安」「自立願望」「充実・満足」ともに，大学2年生と4年生の間で有意な差は見られなかった。第3章での大学1～3年生の比較で

は,「自立願望」で1年生より2年生が高く,「充実・満足」で2年生より1・3年生が高いという学年差が見られている。対象とした学年が違うため単純に比較はできないが,ひとりで過ごすことに関する感情・評価は,大学生期の中ではそれほど発達的に変化せず（変化したとしても緩やかな変化であり）,中学生から大学生にかけて,青年期前期から後期にかけて,発達的に変化すると考えられる。

4.2.3.3 「ひとりの時間」の過ごし方の発達的変化の検討

「ひとりの時間」の過ごし方の各下位尺度について,学校段階（中学2年

Table 4-4 「ひとりの時間」の過ごし方下位尺度得点の分散分析結果

	中学2年 (N=199 -200) $M(SD)$	高校2年 (N=138 -139) $M(SD)$	大学2年 (N=181) $M(SD)$	大学4年 (N=48) $M(SD)$	F値	多重比較 (Tukey法)
休息・解放	4.25 (1.07)	4.39 (0.92)	4.64 (0.82)	4.81 (0.73)	8.05***	大2・大4＞中2,大4＞高2
自己内省	3.36 (1.13)	4.00 (1.00)	4.58 (0.80)	4.70 (0.62)	59.55***	大2・大4＞高2＞中2

***$p<.001$

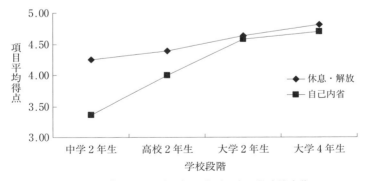

Figure 4-2 「ひとりの時間」の過ごし方の発達的変化

生・高校2年生・大学2年生・大学4年生）を要因とした分散分析を実施した（Table 4-4, Figure 4-2）。その結果，どの下位尺度においても要因の主効果が有意であった（「休息・解放」：$F(3, 563) = 8.05, p < .001$，「自己内省」：$F(3, 563) = 59.55, p < .001$）。多重比較（Tukey法）の結果，「休息・解放」は，中学2年生よりも大学2年生・4年生で高く，高校2年生よりも大学4年生で高かった。「自己内省」は，大学2年生・4年生が最も高く，次いで高校2年生，中学2年生の順であった。

以上の結果から，「休息・解放」も「自己内省」も，学校段階が上がるにつれて高まることが示された。学校段階が上がるにつれて，「ひとりの時間」を，休息や解放をしたり，自分自身を内省したりという，意味のある時間として過ごす頻度が高まり，「ひとりの時間」を有効に使えるようになると考えられる。なお，第3章では，大学1〜3年生の比較において，「休息・解放」には有意な学年差は見出されなかったが，「自己内省」では1年生より3年生の方が高いという学年差が見られている。しかし，本研究では，「休息・解放」・「自己内省」ともに，大学2年生と4年生の間で有意な差は見られなかった。対象とした学年が違うため，単純に比較はできないが，「ひとりの時間」の過ごし方は，大学生期の中でというよりも，中学生から大学生にかけて，発達的に変化すると考えられる。

4.2.3.4　本節のまとめと課題

ひとりで過ごすことに関する感情・評価に関しては（Table 4-3, Figure 4-1），「孤独・不安」は学校段階が上がるにつれて低くなるが，「自立願望」・「充実・満足」は学校段階が上がるにつれて高くなるという発達的変化があることが示唆された。この結果は，充実した「ひとりの時間」を持てるようになる，あるいは，ネガティブな「孤独」からポジティブな「孤独」へ，「ひとりでいられない」から「ひとりで過ごす時間を心から楽しむことがある」という方向があるという本研究の推測を裏付けるものであると考え

られる。また，大嶽・多川・吉田（2010）は，青年期女子の友人グループに着目し，「ひとりぼっち回避行動」の捉え方の発達的変化を検討しており，青年期前期には，「ひとりで過ごすことへの不安感」や「（女子友人グループ間の）壁が明確であるがゆえのひとりで過ごすことの居づらさ」があるが，青年期後期には，「無理に一緒にいなくてもいい捉われのなさ」や「ひとりでいる時があってもいいのだという発見」があることを，面接調査から明らかにしている。「孤独・不安」が低くなり，「自立願望」・「充実・満足」が高くなるという本研究での結果は，大嶽らの知見と重なるものであり，それを量的に示したものであると同時に，友人グループに着目した大嶽らの研究結果を「ひとりで過ごす」という側から見たものとも考えられる。

　また，「ひとりの時間」の過ごし方に関しては（Table 4-4, Figure 4-2），「休息・解放」・「自己内省」ともに学校段階が上がるにつれて高くなり，学校段階が上がるほど「ひとりの時間」を意味のある時間として有効に使えるようになることが示唆された。この点についても，能動的にひとりで過ごす機会を作るようになり，充実した「ひとりの時間」を持てるようになるという本研究の推測を裏付けるものと考えられる。

　本節で確認された，ひとりで過ごすことに関する感情・評価および「ひとりの時間」の過ごし方の発達的変化は，それらが単独で発達するというよりも，自我同一性の形成や，友人に対する感情の発達的変化と関連していると考えられる。そこで次節では，この点について検討を行う。

4.3　青年期における「ひとりの時間」に関連する要因の検討

4.3.1　目　的

　本節では，中・高・大学生の女子を対象に，ひとりで過ごすことに関する感情・評価および「ひとりの時間」の過ごし方が，自我同一性および友人に対する感情とどのように関連しているかについて，学校段階による違いを検

討する．特に，自我同一性との関連については，「ひとりの時間」の過ごし方がひとりで過ごすことに関する感情・評価に影響し，それが自我同一性に影響するという，第3章で作成されたモデルを確認し，学校段階による違いを検討する．なお，前節において，ひとりで過ごすことに関する感情・評価および「ひとりの時間」の過ごし方のどちらも，大学2年生と4年生の間では差が見られなかったので，本節では，大学2年生と4年生をまとめて検討を行うこととする．

4.3.2 方　法
4.3.2.1 調査対象者
　第2節と同一の対象者であるが，本分析では，ひとりで過ごすことに関する感情・評価尺度，「ひとりの時間」の過ごし方尺度，多次元自我同一性尺度，友人に対する感情尺度のすべてに欠損なく回答した者を分析対象とした．

4.3.2.2 調査時期および実施方法
　第2節と同一．

4.3.2.3 調査内容
　①ひとりで過ごすことに関する感情・評価
　第2節と同一．
　②「ひとりの時間」の過ごし方
　第2節と同一．
　③自我同一性
　谷（2001）が作成した「多次元自我同一性尺度」（20項目）を使用した．この尺度は，「自己斉一性・連続性」「対他的同一性」「対自的同一性」「心理社会的同一性」の4つの下位尺度からなる．「自己斉一性・連続性」とは「自分が自分であるという一貫性を持っており，時間的連続性を持っているとい

う感覚」,「対自的同一性」とは「自分自身が目指すべきもの,望んでいるものなどが明確に意識されている感覚」,「対他的同一性」とは「他者からみられているであろう自分自身が,本来の自分自身と一致しているという感覚」,「心理社会的同一性」とは「現実の社会の中で自分自身を意味づけられるという,自分と社会との適応的な結びつきの感覚」を言う(谷,2001)。実施に際しては,「次の文章について,それぞれ現在の自分にあてはまると思う数字に○印をつけてください。」と教示し,「非常にあてはまる(7)」〜「全くあてはまらない(1)」の7件法で回答を求めた。

④友人に対する感情

榎本(1999,2003にも掲載されている)が作成した「友人に対する感情の質問紙」(25項目)を,第3章と同様に一部表現を修正して使用した。実施に際しては,「あなたの同性の親しい友達との付き合い方について質問します。以下の事柄に関し,その親しい友達との関係について,当てはまる数字に○をつけてください。」と教示し,「とてもそう思う(6)」〜「まったく思わない(1)」の6件法で回答を求めた。

4.3.3 結果と考察
4.3.3.1 中・高・大学生における「ひとりの時間」と自我同一性との関連

ここでは,ひとりで過ごすことに関する感情・評価および「ひとりの時間」の過ごし方と自我同一性との関連の仕方が,各学校段階でどのように違うかを検討する。

1) ひとりで過ごすことに関する感情・評価,「ひとりの時間」の過ごし方,自我同一性の学校段階比較

ひとりで過ごすことに関する感情・評価,「ひとりの時間」の過ごし方,自我同一性の,学校段階差を明らかにするために,ひとりで過ごすことに関する感情・評価尺度,「ひとりの時間」の過ごし方尺度,多次元自我同一性

Table 4-5 ひとりで過ごすことに関する感情・評価,「ひとりの時間」の過ごし方,自我同一性の下位尺度得点の学校段階別平均値と分散分析結果

		中学生 ($N=153$) M (SD)	高校生 ($N=112$) M (SD)	大学生 ($N=214$) M (SD)	F値	多重比較 (Tukey法)
ひとりで過ごすこと に関する感情・評価	孤独・不安	2.96(1.09)	2.76(0.98)	2.58(0.87)	7.18***	中＞大
	充実・満足	3.48(1.08)	3.72(1.10)	4.20(1.04)	21.06***	大＞中・高
	自立願望	3.79(0.94)	4.10(0.95)	4.64(0.74)	45.27***	大＞高＞中
「ひとりの時間」の 過ごし方	休息・解放	4.22(1.06)	4.40(0.95)	4.67(0.79)	10.96***	大＞中・高
	自己内省	3.31(1.13)	3.97(1.01)	4.61(0.77)	84.16***	大＞中＞高
多次元 自我同一性	自己斉一性・連続性	4.84(1.44)	4.72(1.45)	4.69(1.24)	n.s.	
	対自的同一性	4.22(1.24)	4.21(1.26)	4.12(1.15)	n.s.	
	対他的同一性	4.07(1.33)	4.14(1.28)	4.16(1.12)	n.s.	
	心理社会的同一性	4.04(0.74)	4.16(0.81)	4.24(0.72)	3.30*	大＞中
	自我同一性全体	4.29(0.95)	4.31(1.00)	4.30(0.88)	n.s.	

*$p<.05$, ***$p<.001$

尺度について,下位尺度得点を算出し,学校段階(中・高・大)を独立変数とした分散分析を実施した(前節の再分析であり,分析対象者数が多少異なるが,結果に大きな違いはなかった)。平均値を Table 4-5に示す。Tukey法による多重比較の結果,ひとりで過ごすことに関する感情・評価については,「孤独・不安」は中＞大,「充実・満足」は大＞中・高,「自立願望」は大＞高＞中という学校段階差が見られた。また,「ひとりの時間」の過ごし方については,「休息・解放」は大＞中・高,「自己内省」は大＞中＞高という学校段階差が見られた。自我同一性尺度については,「心理社会的同一性」で大学生＞中学生という学校段階差が見られたものの,それ以外の各下位尺度および自我同一性全体では学校段階差は見られなかった。

自我同一性については,学校段階が上がるほど高まると予測していたが,「心理社会的同一性」のみ大学生＞中学生という学校段階差が見られたものの,ほとんど差は見られなかった。これは,質問紙の文章(例:「自分が望んでいるものがはっきりしている」など)をどう捉えて回答しているかが学校段階によって異なっているためだと推測される。例えば,その学校段階時点で「自分が望んでいるものがはっきりしている」としても,それぞれの文章で

想定されているものは学校段階により異なっており，「自分が望んでいるものがはっきりしている」ことの質的レベルは違うが，数値の差としては出てこない可能性が考えられる。

2）ひとりで過ごすことに関する感情・評価と自我同一性との関連

各学校段階で，ひとりで過ごすことに関する感情・評価と自我同一性がどのように関連しているかを明らかにするために，中・高・大学生別に，ひとりで過ごすことに関する感情・評価尺度と多次元自我同一性尺度の下位尺度間相関係数を算出し，Table 4-6に示した。

その結果，①「孤独・不安」に関しては，高校生で「自己斉一性・連続性」・「対自的同一性」・「対他的同一性」・「自我同一性全体」との間に負の相関，大学生で「自己斉一性・連続性」・「対自的同一性」・「心理社会的同一性」・「自我同一性全体」との間に負の相関が見られたが，中学生では有意な相関は見られなかった。②「充実・満足」に関しては，中学生で「対自的同

Table 4-6 ひとりで過ごすことに関する感情・評価尺度と多次元自我同一性尺度の下位尺度間の相関係数

			多次元自我同一性				
			自己斉一性・連続性	対自的同一性	対他的同一性	心理社会的同一性	自我同一性全体
ひとりで過ごすことに関する感情・評価							
	孤独・不安	中	−.11	−.08	.01	−.02	−.07
		高	−.32***	−.23*	−.27**	−.14	−.30***
		大	−.18**	−.19**	−.10	−.20**	−.20**
	充実・満足	中	.08	.20*	−.07	.11	.09
		高	.36***	.37***	.41***	.27**	.44***
		大	.17*	.27***	.20**	.28***	.27***
	自立願望	中	−.28***	−.08	−.33***	−.16	−.28***
		高	−.32***	−.02	−.21*	−.07	−.21*
		大	−.13	.02	−.00	−.11	−.06

分析対象（N）：中学生153，高校生112，大学生214．*$p<.05$，**$p<.01$，***$p<.001$

一性」との間に正の相関，高校生・大学生ではすべての自我同一性の下位尺度との間に正の相関が見られた。③「自立願望」に関しては，中学生・高校生では「自己斉一性・連続性」・「対他的同一性」・「自我同一性全体」との間に負の相関が見られたが，大学生では有意な相関は見られなかった。

以上から，中学生段階では「自立願望」が自我同一性と負の関連をするが，「孤独・不安」・「充実・満足」は自我同一性とあまり関連がないこと，高校生段階では，「孤独・不安」・「自立願望」は自我同一性と負の関連，「充実・満足」は自我同一性と正の関連をし，特に「充実・満足」と自我同一性との関連が強いこと，大学生段階では，「孤独・不安」は自我同一性と負の関連，「充実・満足」は自我同一性と正の関連をするが，「自立願望」と自我同一性とは関連がないことが示された。学校段階によって，ひとりで過ごすことに関する感情・評価と自我同一性との関連の仕方に違いがあり，特に高校生段階で，他の学校段階よりも関連が強いことが示唆された。

相関の分析によるものなので推測の域を出ないが，中学生段階では，ひとりで過ごすことに関して自立願望が高いほど，アイデンティティの揺らぎにつながり，自分とは何かを考えるようになるが，ひとりで過ごすことに充実感や孤独感を感じるかどうかは自我同一性に影響しない可能性が推測される。高校生段階では，ひとりで過ごすことに関する感情・評価の3下位尺度すべてが自我同一性と関連し，中・大学生よりもひとりで過ごすことに関する感情・評価が自我同一性と結びついていると考えられる。大学生段階では，中・高校生と違い，自立願望は自我同一性と関連せず，自立願望が自我同一性の揺らぎにつながる時期は過ぎているのかもしれない。

3）「ひとりの時間」の過ごし方と自我同一性との関連

各学校段階で，「ひとりの時間」の過ごし方と自我同一性がどのように関連しているかを明らかにするために，中・高・大学生別に，「ひとりの時間」の過ごし方尺度と多次元自我同一性尺度の下位尺度間相関係数を算出し，

Table 4-7 「ひとりの時間」の過ごし方尺度と多次元自我同一性尺度の下位尺度間の相関係数

			多次元自我同一性				
			自己斉一性・連続性	対自的同一性	対他的同一性	心理社会的同一性	自我同一性全体
「ひとりの時間」の過ごし方							
休息・解放	中		－.10	－.04	－.22**	－.26***	－.18*
	高		－.06	.22*	－.02	.15	.07
	大		－.13*	.06	－.19**	.03	－.08
自己内省	中		－.17*	－.06	－.14	－.03	－.14
	高		－.22*	.04	－.02	.10**	－.05
	大		－.16*	.11	.04	.05	－.00

分析対象（N）：中学生153，高校生112，大学生214．*p＜.05，**p＜.01，***p＜.001

Table 4-7に示した。

 その結果，①「休息・解放」に関しては，中学生で「対他的同一性」・「心理社会的同一性」・「自我同一性全体」との間に弱い負の相関，高校生で「対自的同一性」との間に弱い正の相関，大学生で「自己斉一性・連続性」・「対他的同一性」との間に弱い負の相関が見られた。②「自己内省」に関しては，中学生・高校生・大学生で「自己斉一性・連続性」との間に弱い負の相関，高校生ではさらに，「心理社会的同一性」との間に弱い正の相関が見られた。

 全体として，一番高い値が r＝－.26であり，どの学校段階においても「ひとりの時間」の過ごし方と自我同一性の関連はそれほど強くなかった。これは，第3章での大学生のみを対象とした結果と同様であった。「ひとりの時間」の過ごし方は，第3章で示されたように，ひとりで過ごすことに関する感情・評価を介して自我同一性に影響している可能性が考えられる。

 「自己内省」に関しては，すべての学校段階で「自己斉一性・連続性」との間に弱い負の相関が見られ，「ひとりの時間」に自己内省をする頻度は，自我同一性の中でも，自分自身の一貫性や時間的連続性と関連があると言える。

4)「ひとりの時間」の過ごし方とひとりで過ごすことに関する感情・評価との関連

各学校段階で,「ひとりの時間」の過ごし方とひとりで過ごすことに関する感情・評価がどのように関連しているかを明らかにするために,「ひとりの時間」の過ごし方尺度とひとりで過ごすことに関する感情・評価尺度との下位尺度間相関を求めた(Table 4-8)。

その結果,「休息・解放」に関しては,すべての学校段階で「充実・満足」・「自立願望」との間に弱い～中程度の正の相関が見られた。また,大学生では,「休息・解放」と「孤独・不安」の間にも弱い負の相関が見られた。

「自己内省」に関しては,すべての学校段階で「自立願望」との間に弱い正の相関が見られた。

以上から,すべての学校段階で,「ひとりの時間」を「休息・解放」の時間として過ごせているほど,ひとりで過ごすことに「充実・満足」および「自立願望」が高いことが示された。それに加えて,大学生では,「休息・解放」が高いほど「孤独・不安」が低いことが示された。また,すべての学校

Table 4-8 「ひとりの時間」の過ごし方尺度とひとりで過ごすことに関する感情・評価尺度の下位尺度間の相関係数

「ひとりの時間」の過ごし方			ひとりで過ごすことに関する感情・評価		
			孤独・不安	充実・満足	自立願望
休息・解放	中		−.15	.27***	.21**
	高		.02	.31***	.42***
	大		−.25***	.19**	.29***
自己内省	中		.06	.10	.33***
	高		.14	.18	.39***
	大		−.06	.08	.30***

分析対象 (N):中学生153, 高校生112, 大学生214
**$p<.01$, ***$p<.001$

段階で,「ひとりの時間」を「自己内省」の時間として過ごせているほど,「自立願望」が高いことが示された。

5) 中・高・大学生における,「ひとりの時間」の過ごし方およびひとりで過ごすことに関する感情・評価が自我同一性に及ぼす影響

各学校段階で,「ひとりの時間」の過ごし方およびひとりで過ごすことに関する感情・評価が自我同一性にどのように影響しているかを明らかにするために,第3章で作成したモデルを基に,学校段階別に多母集団同時分析を行った。なお,「ひとりの時間」の過ごし方の下位尺度間には相関が見られたため,共変関係を設けた。解析には,Amos19.0を用いた。解析結果を,Figure 4-3に示す。モデルの適合度指標は,$\chi^2=11.483$ $(n.s.)$, $df=12$, GFI=.990, AGFI=.964, RMSEA=.000となり,適合度の高いモデルが得られた。なお,影響の仕方は各学校段階で異なっており,「自立願望」から「自我同一性全体」へのパスで高校生と大学生の間に有意差が見られ($z=2.242$),「充実・満足」から「自我同一性全体」へのパスで中学生と高校生

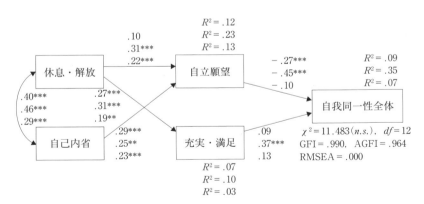

上段=中学生（$N=153$），中段=高校生（$N=112$），下段=大学生（$N=214$）
**$p<.01$, ***$p<.001$　誤差変数は省略

Figure 4-3　自我同一性への影響の多母集団同時分析結果

の間（z=3.607），および高校生と大学生の間（z=-2.612）に有意差が見られた。

以上から，「ひとりの時間」の過ごし方およびひとりで過ごすことに関する感情・評価が自我同一性に及ぼす影響に関して，第3章で作成したモデルの有効性が確認された。「ひとりの時間」の過ごし方からひとりで過ごすことに関する感情・評価への影響は，学校段階によって有意差は見られなかったが，ひとりで過ごすことに関する感情・評価から自我同一性への影響は，学校段階による有意差が見られた。具体的には，「自立願望」から「自我同一性全体」へのパスの標準化係数は，大学生よりも高校生の方が有意に高く，「充実・満足」から「自我同一性全体」へのパスは，中学生・大学生よりも高校生で有意に高かった。ひとりで過ごすことに関する感情・評価から自我同一性への影響は，特に高校生で影響が大きいことが示された。また，「自立願望」から自我同一性への影響は，大学生になると弱くなることが示唆された。中学生段階では，「自立願望」は自我同一性の揺らぎに影響するが，「ひとりの時間」に「充実・満足」感を持てるかどうかは自我同一性にはあまり影響しない，高校生段階では，「自立願望」が自我同一性の揺らぎに大きく影響し，「ひとりの時間」に「充実・満足」感を持てることが自我同一性に影響している，大学生段階では，高校生に比べ「自立願望」も「充実・満足」も自我同一性への影響が弱くなると考えられる。これは，中学生・高校生段階では「自立願望」が自分とは何かを考えるきっかけになるが，ひとりで過ごすことに「充実・満足」感を持てることが自我同一性に影響するのは高校生になってからであることが考えられる。また，高校生では，「自立願望」も「充実・満足」も自我同一性に影響するが，大学生では有意な影響は見られない結果となったのは，大学生になると「自立願望」やひとりで過ごすことの「充実・満足」感だけでは自我同一性への影響は少なく，「ひとりの時間」に考えたものを他者の中で確認すること（田中・渡邉，2006）が必要であるためではないかと考えられる。なお，第3章での大学生を対象とし

た分析では,「自立願望」も「充実・満足」も自我同一性に対して有意な影響が見られていたが,本分析では有意な影響が見られない結果となった。これは,第3章では特に大学1年生のデータが多いのに対し,第4章では大学2年生と4年生のみのデータであり,自我同一性の平均値も第4章の対象者の方が高いこと,また,第3章は男女のデータであるのに対し,第4章では女性のみのデータであること等が影響しているかもしれない。

4.3.3.2 中・高・大学生における「ひとりの時間」と友人に対する感情との関連

ここでは,ひとりで過ごすことに関する感情・評価および「ひとりの時間」の過ごし方と友人に対する感情との関連の仕方が,各学校段階でどのように違うかを検討する。

1) 友人に対する感情の学校段階比較

友人に対する感情の各下位尺度の高さが,学校段階によって違うかを明らかにするために,友人に対する感情尺度について,下位尺度得点を算出し,学校段階(中・高・大)を独立変数とした分散分析を実施した。平均値をTable 4-9に示す。Tukey法による多重比較の結果,「ライバル意識」は中・高>大という学校段階差が見られたが,「信頼・安定」・「不安・懸念」・「独立」・「葛藤」に関しては学校段階差は見られなかった。

Table 4-9 友人に対する感情の下位尺度得点の学校段階別平均値と分散分析結果

	中学生 ($N=152$) $M(SD)$	高校生 ($N=114$) $M(SD)$	大学生 ($N=207$) $M(SD)$	F値	多重比較(Tukey法)
信頼・安定	4.19(0.87)	4.11(0.80)	4.27(0.75)	n.s.	
不安・懸念	3.44(1.12)	3.33(1.15)	3.23(0.88)	n.s.	
独立	3.92(1.10)	4.03(1.02)	4.12(0.85)	n.s.	
ライバル意識	3.67(1.20)	3.61(1.19)	3.27(0.95)	6.96***	中・高>大
葛藤	2.64(0.99)	2.57(0.88)	2.53(0.79)	n.s.	

***$p<.001$

榎本（1999）の発達的変化の検討では，「ライバル意識」は中学生で強く，「不安・懸念」は中学生・高校生で強く，「独立」は大学生で強いという結果が示されている。今回の分析では，「ライバル意識」は大学生よりも中・高校生で強いという点では榎本に類似しているが，「不安・懸念」・「独立」に関しては，榎本（1999）のような学校段階差は見られなかった。

2）ひとりで過ごすことに関する感情・評価と友人に対する感情との関連

各学校段階で，ひとりで過ごすことに関する感情・評価と友人に対する感情がどのように関連しているかを明らかにするために，中・高・大学生別に，ひとりで過ごすことに関する感情・評価尺度と友人に対する感情尺度の下位尺度間相関係数を算出し，Table 4-10に示した。

その結果，①「孤独・不安」に関しては，中・高・大学生すべてで，「不

Table 4-10 ひとりで過ごすことに関する感情・評価尺度と友人に対する感情尺度の下位尺度間の相関係数

ひとりで過ごすことに関する感情・評価		友人に対する感情				
		信頼・安定	不安・懸念	独立	ライバル意識	葛藤
孤独・不安	中	.11	.39***	−.25**	.32***	.29***
	高	−.18	.53***	−.21*	.28**	.27**
	大	.07	.43***	−.20**	.09	.17*
充実・満足	中	.08	−.27***	.33***	−.18*	−.22**
	高	.39***	−.32***	.35***	−.01	−.21*
	大	.07	−.16*	.12	−.09	−.08
自立願望	中	.06	.33***	.15	.30***	.21*
	高	.09	.25**	−.06	.19*	.17
	大	.10	.04	.02	.08	.03

分析対象（N）：中学生152，高校生114，大学生207． *$p<.05$，**$p<.01$，***$p<.001$

安・懸念」・「葛藤」との間に弱い〜中程度の正の相関，「独立」との間に弱い負の相関が見られた。また，中・高校生で，「ライバル意識」との間に弱い正の相関が見られた。②「充実・満足」に関しては，中・高・大学生すべてで，「不安・懸念」との間に弱い負の相関が見られた。また，中・高校生で，「独立」との間に弱い正の相関，「葛藤」との間に弱い負の相関が見られた。さらに，中学生では「ライバル意識」との間に弱い負の相関，高校生では「信頼・安定」との間に弱い正の相関が見られた。③「自立願望」に関しては，中・高校生では「不安・懸念」・「ライバル意識」との間に弱い正の相関が見られた。また，中学生では，「葛藤」との間に弱い正の相関が見られた。なお，大学生では，「自立願望」は友人に対する感情のどの下位尺度とも，有意な相関は見られなかった。

　以上から，まず第一に，学校段階によって，ひとりで過ごすことに関する感情・評価と友人に対する感情との関連の仕方に違いがあり，中・高校生に比べ，大学生では，ひとりで過ごすことに関する感情・評価と友人に対する感情の関連が弱いことが示唆された。具体的には，大学生において，「孤独・不安」と友人に対する感情との関連は見られたものの，「充実・満足」・「自立願望」と友人に対する感情の関連はほとんど見られなかった。中学生・高校生期は，青年期前期にあたり，友人関係がより重要となる時期である。大嶽・多川・吉田（2010）は，青年期前期には，「ひとりで過ごすことへの不安感」や「壁が明確であるがゆえのひとりで過ごすことの居づらさ」があることを明らかにしており，この時期は，友人関係にもひとりで過ごすことにも敏感になりその間で揺れ動く時期であり，友人に対する感情がダイレクトにひとりで過ごすことに関する感情・評価に反映する時期と考えられる。そのため，中学生・高校生では，大学生よりも，ひとりで過ごすことに関する感情・評価と友人に対する感情との関連が見られたと推測される。それが，大学生である青年期後期になると，中学生・高校生に比べ，友人に対する感情が，ひとりで過ごすことに「充実・満足」感や「自立願望」を感じ

ることには直接結びつかないため，このような結果になったと推測される。また，中学生・高校生では，自分のクラスや時間割などがほぼ決められた中で生活し，自分の所属クラスが生活の中心となるのに対し，大学生になると，自己決定や自分で時間配分する場面が増え，友人関係も多様化し，学校生活のスタイルが大きく変化する。このようなことも，大学生では，友人に対する感情とひとりで過ごすことに関する感情・評価の関連が弱い一因だと考えられる。

　第二に，ひとりで過ごすことに関する感情・評価と友人に対する感情の関連としては，学校段階を通じた全体的な傾向として，①「孤独・不安」が高いほど「不安・懸念」・「ライバル意識」・「葛藤」が高く「独立」が低い，②「充実・満足」が高いほど「独立」が高く「不安・懸念」・「ライバル意識」・「葛藤」が低い，③「自立願望」が高いほど「不安・懸念」・「ライバル意識」・「葛藤」が高いという結果となった。この結果から，ひとりで過ごすことに「孤独・不安」というネガティブな感情・評価を持つ人は，友人に対しても安定した感情を持ちにくく，「充実・満足」というポジティブな感情・評価を持つ人は，友人に対してもポジティブで安定した感情を持っていると言え，これは第3章での大学生のみの分析と同様であった。ただし，「自立願望」については，第3章での大学生のみの分析では，「信頼・安定」・「独立」と弱い正の相関が見られたが，本分析においては，大学生では関連が見られず，中・高校生で「不安・懸念」・「ライバル意識」・「葛藤」（「葛藤」は中学生のみ）と弱い正の相関という結果となった。第3章の大学生のみの分析では，弱い相関ではあるが，友人に対するポジティブで安定した感情と関連が見られたものの，本分析では，中・高校生で友人に対する不安定な感情と関連していた。これは，中・高校生と大学生では，ひとりで過ごすことに関する感情・評価と友人に対する感情の関連に違いがあることを示すものと考えられる。また，「自立願望」は，ひとりでも過ごせるようになりたいという願望や理想像を抱きながらも実際にはまだそうできていない状

態を示し，このような状態は，中・高校生では，友人からどう思われるかという不安など友人に対する不安定な感情と関連していることが示唆される。

　第三に，本分析では，高校生で「充実・満足」と「信頼・安定」に弱い正の相関が見られたものの，「信頼・安定」と友人に対する感情の関連は，あまり見られなかった。第3章の大学生のみの分析では，「孤独・不安」・「自立願望」・「充実・満足」ともに弱い関連が見られたものの，本分析では異なる結果となった。本分析での結果は，高校生では友人に対して信頼・安定した感情を持っていることがひとりで過ごすことの充実・満足感に結びつくが，中学生ではまだそうではない，大学生では友人に対する信頼・安定だけではひとりで過ごすことの充実・満足感までは結びつかないということを示しているかもしれない。

3）「ひとりの時間」の過ごし方と友人に対する感情との関連

　各学校段階で，「ひとりの時間」の過ごし方と友人に対する感情がどのように関連しているかを明らかにするために，中・高・大学生別に，「ひとり

Table 4-11　「ひとりの時間」の過ごし方尺度と友人に対する感情尺度の下位尺度間の相関係数

			友人に対する感情				
			信頼・安定	不安・懸念	独立	ライバル意識	葛藤
「ひとりの時間」の過ごし方							
休息・解放	中		.11	.02	.21**	.18*	.00
	高		.23*	.22*	−.05	.21*	.03
	大		−.07	.10	−.05	.09	.09
自己内省	中		.00	.08	.06	.29***	.04
	高		.15	.18	.08	.11	−.06
	大		.11	.04	.14*	.08	−.07

分析対象（N）：中学生152，高校生114，大学生207．　*$p<.05$，　**$p<.01$，　***$p<.001$

の時間」の過ごし方尺度と友人に対する感情尺度の下位尺度間相関係数を算出し，Table 4-11に示した。

全体として，一番高い値が $r=.29$ であり，どの学校段階においても「ひとりの時間」の過ごし方と自我同一性の関連はそれほど強くなかった。あまり関連が見られなかったことは，第3章での大学生のみの分析と同様であった。本分析では，弱い相関ではあるが，学校段階によって関連の仕方が異なっていた。また，「休息・解放」・「自己内省」の過ごし方は，友人に対する安定した感情（「信頼・安定」・「独立」）とも不安定な感情（「不安・懸念」・「ライバル意識」）とも関連している部分が見られ，友人に対する感情が不安定であるために，ひとりで「休息・解放」や「自己内省」をする頻度が増えることもあれば，逆に友人に対する感情が安定しているために，ひとりで安心して「休息・解放」や「自己内省」できることもあるという，どちらも存在するのではないかと推測される。

4.3.3.3 本節のまとめ

自我同一性との関連については，「ひとりの時間」の過ごし方がひとりで過ごすことに関する感情・評価に影響し，それが自我同一性に影響するという，第3章で作成したモデルを基に多母集団同時分析を行い，適合度の高いモデルが得られた（Figure 4-3）。「ひとりの時間」の過ごし方がひとりで過ごすことに関する感情・評価におよぼす影響は，学校段階によって有意な違いは見られなかったが，ひとりで過ごすことに関する感情・評価から自我同一性への影響に関しては学校段階差が見られ，特に高校生では，「自立願望」も「充実・満足」も自我同一性に影響していた。

友人に対する感情との関連では（Table 4-10, 4-11），ひとりで過ごすことに関する感情・評価が友人に対する感情と関連していたが，中・高校生に比べ，大学生では関連が弱かった。一方，「ひとりの時間」の過ごし方は，友人に対する感情とあまり関連がなかった。

4.4 ひとりで過ごすことに関する感情・評価から見た青年の群別特徴

4.4.1 目　的
　本節では，中・高・大学生の女子を対象に，ひとりで過ごすことに関する感情・評価の持ち方にどのような特徴を持つ青年群が存在するかを明らかにすること，および，それらの群によって，「ひとりの時間」の過ごし方，自我同一性，友人に対する感情に違いがあるかを検討することを目的とする。そのために，ひとりで過ごすことに関する感情・評価を基に，対象者を分類し，各グループの特徴と，それぞれのグループの「ひとりの時間」の過ごし方の特徴，および自我同一性・友人に対する感情との関連を調べることとする。

4.4.2 方　法
4.4.2.1 調査対象者
　第2節と同一。

4.4.2.2 調査時期および実施方法
　第2節と同一。

4.4.2.3 調査内容
　第3節と同一。

4.4.3 結果と考察
4.4.3.1 ひとりで過ごすことに関する感情・評価を基にした対象者の分類
　ひとりで過ごすことに関する感情・評価の持ち方にどのような特徴を持つ

青年群が存在するかを明らかにするために，ひとりで過ごすことに関する感情・評価尺度の3つの下位尺度得点を標準化したものを用いて，Ward法によるクラスター分析を行い，5つのクラスターを得た。なお，分析には，中・高・大学生のデータをまとめて投入した。クラスター分析のデンドログラムをFigure 4-4に示す。

次に，得られた5つのクラスターを独立変数，「孤独・不安」・「充実・満足」・「自立願望」の3つの下位尺度を従属変数とした分散分析を行った（Table 4-12, Figure 4-5参照）。その結果，3つの下位尺度すべてにおいて有意な主効果が見られ，Tukey法による多重比較の結果，「孤独・不安」は，クラスター3＞1＞2・5＞4の順で高く，「充実・満足」はクラスター4＞2＞1＞5＞3の順で高く，「自立願望」はクラスター2＞3・5＞4＞1の順で高かった。

第1クラスターは，「自立願望」が5群中で1番低く「孤独・不安」が高めで「充実・満足」が中程度の群であり，「低自立願望群」と命名した。第2クラスターは「自立願望」が5群中で1番高く「孤独・不安」が低めで「充実・満足」が高めの群であり，「高自立願望群」と命名した。第3クラス

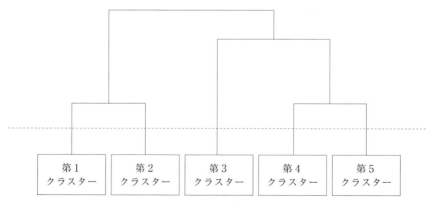

Figure 4-4　ひとりで過ごすことに関する感情・評価を基にしたクラスター分析のデンドログラム

第4章 青年期における「ひとりの時間」の発達的変化　199

Table 4-12　各クラスターでのひとりで過ごすことに関する感情・評価の平均値と分散分析結果

	第1クラスター 低自立願望群 (N=120) M(SD)	第2クラスター 高自立願望群 (N=153) M(SD)	第3クラスター ひとり不安群 (N=132) M(SD)	第4クラスター 適応群 (N=59) M(SD)	第5クラスター 中程度群 (N=98) M(SD)	F値	多重比較 (Tukey法)
ひとりで過ごすことに関する感情・評価							
孤独・不安	3.01 (0.65)	2.29 (0.69)	4.04 (0.63)	1.74 (0.40)	2.24 (0.45)	237.03***	クラスター3＞1＞2・5＞4
充実・満足	3.63 (0.81)	4.65 (0.80)	2.81 (0.74)	5.07 (0.57)	3.28 (0.85)	150.93***	クラスター4＞2＞1＞5＞3
自立願望	3.29 (0.69)	5.09 (0.45)	4.14 (0.90)	3.69 (0.69)	4.32 (0.55)	132.40***	クラスター2＞3・5＞4＞1

***$p<.001$

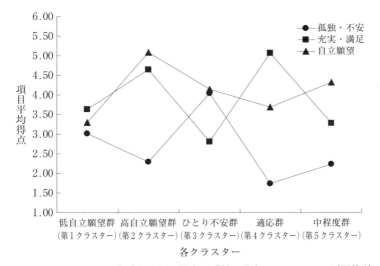

Figure 4-5　ひとりで過ごすことに関する感情・評価のクラスター別平均値

Table 4-13　各クラスターと学校段階のクロス集計表

	学校段階			合計
	中学生	高校生	大学生	
第1クラスター（低自立願望群）	65(31%)	23(18%)	32(14%)	120
第2クラスター（高自立願望群）	21(10%)	29(22%)	103(47%)	153
第3クラスター（ひとり不安群）	66(31%)	31(24%)	35(16%)	132
第4クラスター（適応群）	25(12%)	11(9%)	23(10%)	59
第5クラスター（中程度群）	35(17%)	35(27%)	28(13%)	98
合計	212	129	221	562

数値は度数．（　）内は各学校段階における割合

ターは,「孤独・不安」が5群中で1番高く「自立願望」が中程度で「充実・満足」が5群中で1番低い群であり,「ひとり不安群」と命名した。第4クラスターは,「孤独・不安」が5群中で1番低く「自立願望」が低めで「充実・満足」が5群中で1番高い群であり,「適応群」と命名した。第5クラスターは,「孤独・不安」が低めで,「自立願望」が中程度で,「充実・満足」が低めの群であり,「中程度群」と命名した。「高自立願望群」・「ひとり不安群」・「適応群」は，第3章での大学生のみの分析における「高自立願望群」・「ひとり不安群」・「適応群」に対応すると考えられる。本分析では，中・高・大学生を対象としたことにより，第3章で得られた3群に加え，まだ自立願望を持たない「低自立願望群」と，適応群までは発達していない中程度群が加わったと推測される。各クラスターと学校段階のクロス集計表を見ると（Table 4-13），中学生では低自立願望群とひとり不安群が割合として多めだが，高校生では中程度群が若干多く他は同程度で分布しており（適応群以外），大学生では高自立願望群が多いという結果となった。

4.4.3.2　各群における,「ひとりの時間」の過ごし方の比較

　ひとりで過ごすことに関する感情・評価の違いで分けられた各群において,「ひとりの時間」の過ごし方の特徴を明らかにするために，5つのクラスタ

第4章 青年期における「ひとりの時間」の発達的変化　201

ーを独立変数，「ひとりの時間」の過ごし方の2下位尺度を従属変数とした分散分析を行った（Table 4-14，Figure 4-6参照）。その結果，どちらの下位尺度でも，有意な主効果が見られ，Tukey法による多重比較の結果，「休息・解放」は，クラスター2＞1・3・5の順で高く，「自己内省」はクラスター2＞1・3・4・5，およびクラスター3・5＞1の順で高いという結果となった。以上から，低自立願望群は「休息・解放」・「自己内省」両方とも頻度が低く，高自立願望群は両方とも頻度が高く，ひとり不安群および中程度群は「休息・解放」が低く「自己内省」は中程度，適応群は「休息・解放」が中程度で自己内省は低めという特徴が見られた。低自立願望群は，自

Table 4-14　各クラスターでの「ひとりの時間」の過ごし方の平均値と分散分析結果

	第1クラスター 低自立願望群 (N=104) M (SD)	第2クラスター 高自立願望群 (N=151) M (SD)	第3クラスター ひとり不安群 (N=119) M (SD)	第4クラスター 適応群 (N=59) M (SD)	第5クラスター 中程度群 (N=89) M (SD)	F 値	多重比較 (Tukey法)
休息・解放	4.12(0.96)	4.82(0.82)	4.26(0.94)	4.50(0.99)	4.41(0.91)	11.10***	クラスター 2＞1・3・5
自己内省	3.52(1.09)	4.59(0.89)	3.90(1.10)	3.70(1.26)	4.03(1.00)	19.13***	クラスター 2＞1・3・4・5, 3・5＞1

***p＜.001

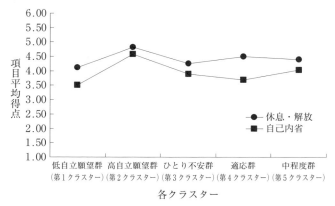

Figure 4-6　各クラスターにおける「ひとりの時間」の過ごし方の平均値

立願望が低く「ひとりの時間」にそんなに関心がなく，ひとりで過ごしたい気持ちが弱いために，両方とも頻度が低く，逆に高自立願望群は，「ひとりの時間」に関心を持ち，ひとりで過ごしたいと思っているために，両方とも頻度が高くなると考えられる。また，ひとり不安群と中程度群は，「充実・満足」が低いあるいは低めである群であり，さらにひとり不安群は「孤独・不安」が高い群である。そのため，「ひとりの時間」に安心して「休息・解放」できる状態にはならないと考えられる。一方，適応群は，自立願望が達成されて弱まった状態であると考えられるために，内省する頻度は低くなり，バランスの良い状態に落ち着いているのではないかと推測される。ただし，大学生だけでなく，中・高校生でも適応群は存在することから，適応群には，自立願望が一度高まってから達成されて弱まった群と，一度も高まっていない群の両方が混在している可能性もある。

4.4.3.3 各群における，自我同一性および友人に対する感情の比較

ひとりで過ごすことに関する感情・評価の違いで分けられた各群において，自我同一性および友人に対する感情の違いを明らかにするために，5つのクラスターを独立変数，自我同一性および友人に対する感情の各下位尺度を従属変数とした分散分析を行った（Table 4-15・4-16，Figure 4-7・4-8参照）。

まず，自我同一性に関しては（Table 4-15，Figure 4-7），「自己斉一性・連続性」・「対自的同一性」・「心理社会的同一性」・「自我同一性全体」において有意な主効果が見られた。Tukey法による多重比較の結果，「自己斉一性・連続性」はクラスター4＞1・2・3の順で高く，「対自的同一性」はクラスター2・4＞3の順で高く，「心理社会的同一性」はクラスター4＞1・2・3の順で高く，「自我同一性全体」はクラスター4＞2・3の順で高かった。

以上から，適応群は自我同一性が全般的に高く，ひとり不安群は自我同一性が全般的に低い，高自立願望群は対自的同一性のみ高く他は低め，低自立

第4章　青年期における「ひとりの時間」の発達的変化　203

Table 4-15　各クラスターでの多次元自我同一性の平均値と分散分析結果

	第1クラスター 低自立願望群 ($N=96$) M (SD)	第2クラスター 高自立願望群 ($N=143$) M (SD)	第3クラスター ひとり不安群 ($N=115$) M (SD)	第4クラスター 適応群 ($N=56$) M (SD)	第5クラスター 中程度群 ($N=84$) M (SD)	F 値	多重比較 (Tukey法)
自己斉一性・連続性	4.80(1.28)	4.57(1.43)	4.43(1.25)	5.38(1.42)	4.87(1.24)	5.62***	クラスター 4＞1・2・3
対自的同一性	4.12(1.20)	4.25(1.18)	3.84(1.10)	4.53(1.46)	4.19(1.12)	3.67**	クラスター 2・4＞3
対他的同一性	4.23(1.24)	4.10(1.30)	3.90(1.15)	4.31(1.30)	4.14(1.11)	n.s.	
心理社会的同一性	4.11(0.75)	4.15(0.79)	3.98(0.72)	4.51(0.74)	4.18(0.65)	5.05***	クラスター 4＞1・2・3
自我同一性全体	4.31(0.93)	4.27(0.98)	4.04(0.86)	4.68(0.97)	4.35(0.84)	4.86***	クラスター 4＞2・3

**$p<.01$, ***$p<.001$

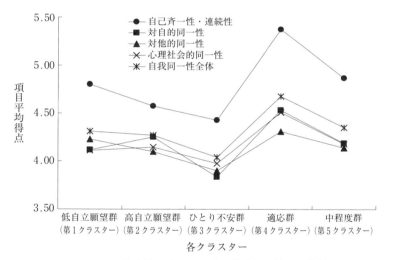

Figure 4-7　各クラスターにおける自我同一性の平均値

願望群は自我同一性が全般的に低め，中程度群は自我同一性が全般的に中程度という特徴が見られた。適応群は，自我同一性が全般的に高く安定しているのに対し，高自立願望群は，自分自身が目指すべきもの，望んでいるものなどが明確に意識されている感覚（谷，2001）は高いけれども，自分自身の

一貫性や,他者や社会と自分自身との関係に納得のいく感覚は低いと考えられる。また,ひとり不安群は自我同一性が全般的に低く,ひとりで過ごすことに孤独・不安を感じて充実感を感じられない状態は,自我同一性が低いことと関連していると言える。

次に,友人に対する感情に関しては(Table 4-16, Figure 4-8),「不安・懸念」・「独立」・「ライバル意識」・「葛藤」において有意な主効果が見られた。Tukey法による多重比較の結果,「不安・懸念」はクラスター3＞1・2・4・5,およびクラスター1・2＞4の順で高く,「独立」はクラスター2・4＞1・3の順で高く,「ライバル意識」はクラスター3＞1・4の順で高く,「葛藤」はクラスター1・3＞4の順で高かった。

以上から,ひとり不安群は「不安・懸念」・「ライバル意識」・「葛藤」が高く「独立」が低い,適応群は逆に「独立」が高く「不安・懸念」・「ライバル意識」・「葛藤」が低いという特徴があった。また,低自立願望群は,「葛藤」が高く「独立」・「ライバル意識」は低く「不安・懸念」は中程度,高自立願望群は「独立」が高く「不安・懸念」は中程度,中程度群は全般的に中程度という傾向があった。ひとり不安群が友人に対して不安定な感情を持つ傾向

Table 4-16 各クラスターでの友人に対する感情の平均値と分散分析結果

	第1クラスター 低自立願望群 ($N=101$) $M(SD)$	第2クラスター 高自立願望群 ($N=145$) $M(SD)$	第3クラスター ひとり不安群 ($N=111$) $M(SD)$	第4クラスター 適応群 ($N=52$) $M(SD)$	第5クラスター 中程度群 ($N=86$) $M(SD)$	F値	多重比較 (Tukey法)
信頼・安定	4.06(0.82)	4.33(0.78)	4.15(0.81)	4.25(0.92)	4.13(0.68)	n.s.	
不安・懸念	3.34(1.05)	3.24(1.00)	3.85(0.90)	2.71(1.06)	3.20(0.88)	13.88***	クラスター 3＞1・2・4・5, 1・2＞4
独立	3.83(0.92)	4.25(0.90)	3.72(0.89)	4.43(1.17)	4.05(0.95)	8.41***	クラスター 2・4＞1・3
ライバル意識	3.36(0.98)	3.44(1.09)	3.84(1.14)	3.08(1.20)	3.42(1.07)	5.20***	クラスター 3＞1・4
葛藤	2.67(0.92)	2.53(0.86)	2.82(0.81)	2.14(0.98)	2.55(0.81)	5.81***	クラスター 1・3＞4

***$p<.001$

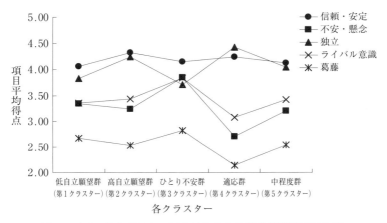

Figure 4-8　各クラスターにおける友人に対する感情の平均値

にあるのに対し，適応群は逆に友人に対する不安定な感情は低く，安定して独立していられる感情を持っていると言える。高自立願望群は，友人に対して独立の意識は高いが，不安・懸念がまだ残っている状態と考えられる。

4.4.3.4　本節のまとめ

ひとりで過ごすことに関する感情・評価の3下位尺度を基にしたクラスター分析により，5クラスターが得られ，低自立願望群，高自立願望群，ひとり不安群，適応群，中程度群と命名し，次頁 Table 4-17のようなそれぞれのグループの特徴が明らかになった。

4.5　本章のまとめ

本章では中・高・大学生を対象とし，青年期における「ひとりの時間」の発達的変化を検討すること，および，それに関連すると思われる個人特性との関連を検討することを目的とした。

第一に，ひとりで過ごすことに関する感情・評価に関しては，「孤独・不

Table 4-17 各クラスターのひとりで過ごすことに関する感情・評価の特徴と、「ひとりの時間」の過ごし方・自我同一性・友人に対する感情の比較

クラスター	ひとりで過ごすことに関する感情・評価			「ひとりの時間」の過ごし方	自我同一性	友人に対する感情
	孤独・不安	自立願望	充実・満足			
第1クラスター (低自立願望群)	2番目に高い	5群中で1番低い	中程度	休息・解放 自己内省 }低い	全般的に低め	葛藤…高い 不安・懸念…中程度 独立…低い ライバル意識…低い
第2クラスター (高自立願望群)	低め	5群中で1番高い	2番目に高い	休息・解放 自己内省 }高い	対自的同一性のみ高い 他は低め	独立…高い 不安・懸念…中程度
第3クラスター (ひとり不安群)	5群中で1番高い	中程度	5群中で1番低い	休息・解放…低い 自己内省…中程度	全般的に低い	不安・懸念 ライバル意識 葛藤 }高い 独立…低い
第4クラスター (適応群)	5群中で1番低い	2番目に低い	5群中で1番高い	休息・解放…中程度 自己内省…低め	全般的に高い	独立…高い 不安・懸念 ライバル意識 }低い 葛藤
第5クラスター (中程度群)	低め	中程度	2番目に低い	休息・解放…低い 自己内省…中程度	全般的に中程度	全般的に中程度

安」は学校段階が上がるにつれて低くなるが,「自立願望」・「充実・満足」は学校段階が上がるにつれて高くなるという発達的変化があることが示唆された。また,「ひとりの時間」の過ごし方に関しては,「休息・解放」・「自己内省」ともに学校段階が上がるにつれて高くなり,学校段階が上がるほど「ひとりの時間」を意味のある時間として有効に使えるようになることが示唆された。

第二に,自我同一性との関連については,「ひとりの時間」の過ごし方がひとりで過ごすことに関する感情・評価に影響し,それが自我同一性に影響するという,第3章で作成したモデルを基に多母集団同時分析を行い,適合度の高いモデルが得られた。「ひとりの時間」の過ごし方がひとりで過ごすことに関する感情・評価におよぼす影響は,学校段階によって有意な違いは

見られなかったが，ひとりで過ごすことに関する感情・評価から自我同一性への影響に関しては学校段階差が見られ，特に高校生では，「自立願望」も「充実・満足」も自我同一性に影響していた。

　第三に，友人に対する感情との関連では，ひとりで過ごすことに関する感情・評価が友人に対する感情と関連していたが，中・高校生に比べ，大学生では関連が弱かった。一方，「ひとりの時間」の過ごし方は，友人に対する感情とあまり関連がなかった。

　第四に，ひとりで過ごすことに関する感情・評価を基にしたクラスター分析により5クラスターが得られ，低自立願望群，高自立願望群，ひとり不安群，適応群，中程度群とした。これらの群は，「ひとりの時間」の過ごし方，自我同一性，友人に対する感情のすべてにおいて，違いが見られた。ひとりで過ごすことに関する感情・評価の違いは，自我同一性および友人に対する感情と関連していることが示唆された。

第5章　総括と展望

5.1　本研究の概要

　本研究では，現代青年における「ひとりの時間」の持つ意味を検討すること，また，「ひとりの時間」と自我同一性形成との関連に焦点を当てて検討することを目的とした。本章では，本研究の総括として，本研究で得られた結果を概観し，総合的な考察を行うこととする。

　本研究では，以下の点を主な目的とした。
1）大学生の「ひとりの時間」に関する探索的研究を行う（第2章）。
2）「ひとりの時間」に関する尺度として，ひとりで過ごすことに関する感情・評価尺度と，「ひとりの時間」の過ごし方尺度を作成する（第3章）。
3）大学生の「ひとりの時間」の構造と，「ひとりの時間」に関連する要因を検討する。その際，特に，自我同一性との関連に着目する（第3章）。
4）対象者の群分けから，大学生の「ひとりの時間」の個人差を明らかにする（第3章）。
5）青年期における「ひとりの時間」の発達的変化と，「ひとりの時間」に関連する要因を検討する（第4章）。その際，特に，自我同一性との関連に着目する（第4章）。
6）対象者の群分けから，青年期の「ひとりの時間」の個人差を明らかにする（第4章）。

5.1.1　大学生の「ひとりの時間」に関する探索的研究

　第2章では，大学生が「ひとりの時間」をどう捉えるかに関する基礎デー

タを得ることを目的とした探索的研究を行った。

　第2節では，大学生が「ひとりの時間」をどう捉えるかについて，自由記述の分析を中心とした検討を行い，大学生は，「1人」という言葉に対して，孤独，寂しいなどの否定的イメージだけではなく，リラックス，自由，気楽，自立などのさまざまな肯定的イメージを抱いていること，そして「ひとりの時間」を好きで「ひとりの時間」には意味があると感じている人が大多数であることが明らかとなった。

　第3節では，多肢選択方式による調査から，大学生における「ひとりの時間」の持つ意味の探索を行った。「ひとりの時間」の認知は，場所や行動による差および個人差があり，「物理的にひとりでいる場所で，ぼーっとする・だらだらする・考え事をするなど，精神的にリラックスする行動によって，あるいは，趣味・娯楽の活動を通して，のんびりできる時間」に，「ひとりの時間」を感じる人が多かった。

　また，ひとりで過ごしたいときと他者と一緒に過ごしたいときを比較したところ，①活動内容の違い，②時間的余裕の有無，③他者に対する気分の違い，④一日の中のどんな時間か，⑤体調・調子（身体的・精神的）の違い，⑥気分・思考・出来事がポジティブかネガティブか，の6点から区別された。この6点を具体的に見ると，ひとりで過ごしたいときは，①読書や趣味などの個人的活動や，勉強・集中，考え事・自己内省をしたいとき，②時間的余裕がないとき，③他者を回避する気分のとき，④お風呂のときや学校の後，⑤疲労・不調のとき，⑥ネガティブな気分・思考・出来事のとき（イライラしているとき・怒っているとき等）と言える。また，他者と過ごしたいときは，①活動・気分の共有や，話・報告・相談をしたいとき，②時間的余裕があるとき，③他者を希求する気分のとき，④食事，学校・授業，テレビを見るとき，⑤体調・調子が良いとき，あるいは，悪いとき，⑥ネガティブな気分・思考・出来事のとき（落ちこんでいるとき・悩んでいるとき等），あるいは，ポジティブな気分・出来事のとき（嬉しいとき・楽しいとき等）とまとめられる。

さらに，「ひとりの時間」の意味の認知として，①他者からの解放，②趣味や活動への没頭・集中，③精神安定・休息，④考え事・考えの整理，⑤自己解放，⑥自己内省，⑦ストレスからの解放，⑧考えなくてよい，⑨積極的意味を見出さない，の9範疇が見出された。また，ひとりの時間と他者と過ごす時間のバランスの取りやすさや，ひとりの時間の意味の認知には，性別・生活形態・個人特性による違いが示唆された。

第4節では，ひとりで過ごす状況を①自分の意志であえてひとりで過ごす場合（「能動的なひとり」）と，②ひとりで過ごしたくないのに，ひとりで過ごすしかない場合（「受動的なひとり」）に分けて検討した。「受動的なひとり」の場合には，ネガティブな気分の記述が約85％と大部分を占めていたのに対して，「能動的なひとり」の場合には，ポジティブな気分が過半数に上るものの，ネガティブな気分，アンビバレントな気分，ニュートラルな気分など様々な記述が見られた。また，大学生にとって自分の意志でひとりで過ごす時間（「能動的なひとり」）が身近なものであり，そういう時間を好んだり大切にしたりしている様子が示唆された。

上記に加え，第2・3節で「ひとりの時間」の定義の確認を行い，本研究の「ひとりの時間」の定義が妥当であることが確認された。

5.1.2 「ひとりの時間」に関する尺度の作成

第3章第2節では，青年の「ひとりの時間」について調べるための尺度作成を目的とし，ひとりで過ごすことに関する感情・評価尺度，および「ひとりの時間」の過ごし方尺度，という2つの尺度を作成した。

ひとりで過ごすことに関する感情・評価は，「孤独・不安」・「自立願望」・「充実・満足」の3下位尺度から構成されることが示された。具体的には，①「孤独・不安」：ひとりで過ごすことに孤独・不安感や苦手意識，孤独なイメージを持つというネガティブな感情・評価，②「自立願望」：ひとりで過ごすことに関して自立のイメージや理想像を見出したり，「ひとりで過ご

すこしも悪くない」といったポジティブな見方への変化を見出したりする感情・評価，③「充実・満足」：ひとりで過ごすことに充実・満足感を持つというポジティブな感情・評価，と言える。

「ひとりの時間」の過ごし方は「休息・解放」・「自己内省」の2下位尺度から構成されることが示された。具体的には，①「休息・解放」：ひとりになって精神面での疲れから休息をしたり，ストレスから解放されたり，自分を解放したりする時間としての過ごし方，②「自己内省」：人生や生き方について考えたり，気持ちや考えを整理するなど，自分を見つめなおし内省する時間としての過ごし方，と言える。

5.1.3 大学生の「ひとりの時間」の構造と，「ひとりの時間」に関連する要因の検討

第3章第3節では，大学生の「ひとりの時間」の構造と，「ひとりの時間」に関連する要因を検討した。

大学生の「ひとりの時間」の構造については，上記に述べたように，ひとりで過ごすことに関する感情・評価として，「孤独・不安」・「自立願望」・「充実・満足」の3下位尺度，「ひとりの時間」の過ごし方として「休息・解放」・「自己内省」の2下位尺度が見出された。

また，性差・学年差（1～3年）の検討から，ひとりで過ごすことに関する感情・評価に関して，「自立願望」は2年生＞1年生，「充実・満足」は2年生＞1・3年生という学年差，「自立願望」は女性＞男性という性差が見られたが，「孤独・不安」については有意な性差・学年差は見られなかった。「孤独・不安」の感情・評価は大学生期においては変化せず一定であるが，「自立願望」・「充実・満足」の感情・評価は，発達的に変化する可能性が示唆された。「ひとりの時間」の過ごし方に関しては，「自己内省」で3年生＞1年生という学年差が見られ，「休息・解放」の過ごし方は学年によらず一定であるが，「自己内省」の過ごし方は発達的に変化する可能性が示唆され

た。

　大学生の「ひとりの時間」に関連する要因の検討では，ひとりで過ごすことに関する感情・評価および「ひとりの時間」の過ごし方と，友人に対する感情，自我同一性，孤独感，対人恐怖心性との関連を検討した。

　友人に対する感情との関連では，「孤独・不安」というネガティブな感情・評価は友人に対するネガティブで不安定な感情と関連し，「充実・満足」というポジティブな感情・評価は友人に対するポジティブで安定した感情と関連していることが示された。

　自我同一性との関連では，「ひとりの時間」の過ごし方が，ひとりで過ごすことに関する感情・評価に影響し，それが自我同一性に影響するという仮説に基づき，モデルを作成し，パス解析を行った。その結果，第一に「休息・解放」と「自己内省」の過ごし方が「自立願望」に正の影響をし，「自立願望」は「自我同一性全体」に負の影響を及ぼすこと，第二に，「休息・解放」の過ごし方が「充実・満足」に正の影響をし，「充実・満足」は「自我同一性全体」に正の影響を及ぼすことが示された。第一に関しては，「ひとりの時間」に「休息・解放」・「自己内省」をすることにより，「自立願望」が高まり，「自立願望」は自我同一性の揺らぎにつながるが，それは自我同一性形成のきっかけとなると考えられること，第二に関しては，「ひとりの時間」に「休息・解放」できることで，ひとりで過ごすことの「充実・満足」感が高まり，「充実・満足」感が感じられることで自我同一性の形成が促進されることが示唆された。

　孤独感との関連では，「自立願望」の感情・評価および「ひとりの時間」の過ごし方は，孤独感における「個別性への気づき」と関連していた。しかし，ひとりで過ごすことに「充実・満足」感を感じられるかどうかは，孤独感とは関連がなかった。

　対人恐怖心性との関連では，ひとりで過ごすことに関する感情・評価および「ひとりの時間」の過ごし方は，対人恐怖心性というパーソナリティ特性

とも一部関連があった。対人恐怖心性が高い人は「ひとりの時間」に「休息・解放」する頻度は高いが，「孤独・不安」が高く「充実・満足」感は低かったため，のびのびと寛げるような「ひとりの時間」は過ごせていない可能性が示唆された。

5.1.4 ひとりで過ごすことに関する感情・評価から見た群別特徴

　第3章第4節では，ひとりで過ごすことに関する感情・評価の3下位尺度を基にクラスター分析を行い，ひとりで過ごすことに関する感情・評価にどのような特徴を持つ群が存在するかを検討したところ，3クラスターが得られ，ひとり不安群，高自立願望群，適応群とした。これらの群は，「ひとりの時間」の過ごし方，自我同一性，友人に対する感情，対人恐怖心性において，違いが見られた。

　ひとり不安群は，ひとりで過ごすことに孤独・不安が高く，自立願望および充実・満足が低い群である。ひとりで過ごすことに孤独・不安感が高く，ひとりでも過ごせるようになりたいといった自立願望も低いため，「ひとりの時間」を安心して過ごすことは難しく，また，「ひとりの時間」をあまり求めていないとも考えられる。また，ひとり不安群は，自我同一性が低く，友人に対する感情は不安定で，対人恐怖心性が高かった。自分自身についても，他者との関係についても不安定である群と言える。

　高自立願望群は，ひとりで過ごすことに自立願望および充実・満足が高く，孤独・不安が低い群である。この群は，ひとりでも過ごせるようになりたいと思い，実際にひとりで過ごすことに充実・満足感も感じていて，「ひとりの時間」を「休息・解放」・「自己内省」の時間として過ごす頻度も高い。したがって，「ひとりの時間」を大事に思い，実際に「ひとりの時間」を充実して過ごせていると言える。しかしながら，自我同一性は全般的に低めで，集団に溶け込めない悩みが他の群より高く，ひとりでは充実して過ごすことができていても，他者や集団の中では適応しきれていない人たちであると考

えられる。

　適応群は，ひとりで過ごすことに孤独・不安が低めで，自立願望は低く，充実・満足は高めの群である。ひとりで過ごす感情・評価だけを見ると，高自立願望群の方が一見「ひとりの時間」が充実しているようにも見えるが，この群は，自立願望がいったん高まってから低くなった状態だと考えられる。なぜなら，自立願望は，ひとりでも過ごせるようになりたいが，実際にはまだそうなりきれていない状態を示す感情・評価であり，一時期高まるが，実際に自立が達成されると低くなると考えられるからである。またこの群は，自我同一性が高く，友人に対する感情はポジティブで安定しており，対人恐怖心性は低く，したがって，自分自身についても他者との関係においても安定したバランスの良い状態であり，その意味でも適応群と考えてよいと思われる。「ひとりの時間」の過ごし方は，「休息・解放」が中程度で「自己内省」が低いが，自立願望が高まって内省する時期を過ぎた，あるいは，自分自身も他者との関係も安定しているため，過度に「ひとりの時間」に休息や内省をしなくてもいられるほどほどの良い状態だと考えられる。

5.1.5　青年期における「ひとりの時間」の発達的変化と，「ひとりの時間」に関連する要因の検討

　第4章第2節では，中・高・大学生を対象とし，青年期における「ひとりの時間」の発達的変化を検討した。ひとりで過ごすことに関する感情・評価に関しては，「孤独・不安」は学校段階が上がるにつれて低くなるが，「自立願望」・「充実・満足」は学校段階が上がるにつれて高くなるという発達的変化があることが示唆された。また，「ひとりの時間」の過ごし方に関しては，「休息・解放」・「自己内省」ともに学校段階が上がるにつれて高くなり，学校段階が上がるほど「ひとりの時間」を意味のある時間として有効に使えるようになることが示唆された。この第4章における分析では，大学生期の中で変化する可能性を考慮に入れ，大学生については2年生と4年生を対象と

したが，ひとりで過ごすことに関する感情・評価および「ひとりの時間」の過ごし方ともに，大学2年生と4年生の間で有意な差は見られなかった。

　第4章第3節では，中・高・大学生を対象とし，青年期における「ひとりの時間」と関連する要因を検討した。ひとりで過ごすことに関する感情・評価は，自我同一性および友人に対する感情と関連しており，関連の仕方は学校段階によって異なっていた。一方，「ひとりの時間」の過ごし方は，自我同一性および友人に対する感情と一部関連しているのみであった。

　さらに，第3章で作成した，「ひとりの時間」の過ごし方がひとりで過ごすことに関する感情・評価に影響し，それが自我同一性へ影響するというモデルを基に，パス解析を行ったところ，適合度の高いモデルが得られた。「ひとりの時間」の過ごし方からひとりで過ごすことに関する感情・評価への影響は，学校段階による差は見られなかったが，ひとりで過ごすことに関する感情・評価から自我同一性への影響の仕方は学校段階により異なっていた。中学生段階では，「自立願望」は自我同一性の揺らぎに影響するが，「ひとりの時間」に「充実・満足」感を持てるかどうかは自我同一性にはあまり影響しない，高校生段階では，「自立願望」が自我同一性の揺らぎに大きく影響し，「ひとりの時間」に「充実・満足」感を持てることが自我同一性に影響している，大学生段階では，高校生に比べ「自立願望」も「充実・満足」も自我同一性への影響が弱くなることが示唆された。

5.1.6　ひとりで過ごすことに関する感情・評価から見た群別特徴

　第4章第4節では，中・高・大学生を対象に，ひとりで過ごすことに関する感情・評価の3下位尺度を基にクラスター分析を行い，ひとりで過ごすことに関する感情・評価にどのような特徴を持つ群が存在するかを検討したところ，5クラスターが得られ，低自立願望群，高自立願望群，ひとり不安群，適応群，中程度群とした。高自立願望群，ひとり不安群，適応群の3つはそのまま，第3章での大学生のみを対象とした分析における高自立願望群，ひ

とり不安群，適応群に対応し，そこにまだ自立願望を持たない低自立願望群と，適応群までは発達していない中程度群が加わったと推測された。これらの群は，「ひとりの時間」の過ごし方，自我同一性，友人に対する感情において，違いが見られた。

5.2 本研究の総合考察と今後の展望―充実した「ひとりの時間」を持つための提言―

本節では，本研究で得られた結果を基に，第1章で述べた，社会学的観点，発達心理学的観点，臨床心理学的観点という3つの観点から本研究の総合考察を行い，充実した「ひとりの時間」を持つための提言と，本研究から考えられる，現代青年における「ひとりの時間」の持つ意味，および今後の課題について述べる。

5.2.1 社会学的観点からの総合考察

本研究から，現代の青年は，ひとりで過ごすことに否定的イメージだけでなく，さまざまな肯定的イメージを抱いており，「ひとりの時間」を好きで「ひとりの時間」には意味があると考えている人が大多数であることが示された。個人主義や希薄な友人関係という特徴が言われる現代青年にとって，「ひとりの時間」は身近なものであり，彼らがそのような時間を大事にしている様子がうかがえた。これは，能動的にひとりで過ごす頻度を，「よくある」「ときどきある」「たまにある」と回答した大学生が合わせて82.7%であったことからも分かる。

また，「ひとりの時間」の過ごし方がひとりで過ごすことに関する感情・評価に影響し，それが自我同一性に影響していることが示された。具体的には，①「ひとりの時間」に「休息・解放」ができることによって，ひとりで過ごすことに「充実・満足」感が感じられることが，自我同一性形成を促す

こと，②「ひとりの時間」に「休息・解放」・「自己内省」ができることによって，「自立願望」が高まることが，自我同一性形成のきっかけとなることが示唆された。現代日本には，「個」を重視する風潮の一方で自我同一性を形成する難しさがあるが，その中で，「ひとりの時間」を充実させることが自我同一性形成を促す要因の1つとなると言え，これは「ひとりの時間」を身近に感じている現代青年にとって，実行しやすい方法だと考えられる。

ひとりで過ごすことに関する感情・評価を基にした対象者のクラスター分析からは，大学生がひとり不安群，高自立願望群，適応群の3群に分類された。希薄な対人関係と言われる現代的青年の特徴は，ひとりで過ごすことに「充実・満足」感を感じるが，他者や集団の中では適応しきれていない，高自立願望群に近いと考えられる。

5.2.2　発達心理学的観点からの総合考察

本研究では，ひとりで過ごすことに関する感情・評価および「ひとりの時間」の過ごし方は，発達的に変化すると考え，それについて検討した。本研究の結果から，ひとりで過ごすことに関する感情・評価に関しては，「孤独・不安」は学校段階が上がるにつれて低くなるが，「自立願望」・「充実・満足」は学校段階が上がるにつれて高くなるという発達的変化があること，「ひとりの時間」の過ごし方に関しては，「休息・解放」・「自己内省」ともに学校段階が上がるにつれて高くなり，学校段階が上がるほど「ひとりの時間」を意味のある時間として有効に使えるようになることが示された。従来から心理学においては，青年期に，友人への一時的な依存を経て自我同一性を形成していくと言われるが，友人への一時的な依存が特に強まると考えられる中学生段階では，ひとりで過ごすことに関して「孤独・不安」感が強いが，高校生段階，大学生段階と進むにつれ，徐々に「友達と一緒でなくても行動できるようになりたい」「『ひとりの時間』を楽しめるようになりたい」といった「自立願望」が高まっていき，「自立願望」の高まりとともに，実

際にひとりで過ごす機会も増えていく。それによって，大学生段階になると，ひとりで過ごすことへの「孤独・不安」感が減り，「充実・満足」感が増すと考えられる。

　また，上記のようなひとりで過ごすことに関する感情・評価および「ひとりの時間」の過ごし方には，他者と過ごすことをどう捉えるかも関係していた。具体的には，ひとりで過ごすことに関してネガティブな感情・評価を持つ人は，友人に対してもネガティブで不安定な感情を持つ傾向にあり，ひとりで過ごすことにポジティブな感情・評価を持っている人は，友人に対してもポジティブで安定した感情を持っていることが示された。したがって，ひとりで過ごすことに「充実・満足」感を持てるようになるには，友人関係の構築も重要であると考えられる。

　さらに，自我同一性形成との関連では，「ひとりの時間」の過ごし方がひとりで過ごすことに関する感情・評価に影響し，ひとりで過ごすことに関する感情・評価が自我同一性に影響することが明らかになった。「ひとりの時間」を「休息・解放」の時間として過ごせることで，ひとりで過ごすことに「充実・満足」感を持てることが自我同一性の形成を促すと言える。「休息・解放」とは，項目を詳しく見ると，①ありのままの自分でいる，本当の自分を出す，自分を解放する，自分だけのために費やすなど，本来の自分を解放し自分らしく過ごす時間，②ストレスを解消する，ストレスを感じなくて済むなどのストレスから解放される時間，③心を休める，精神的疲れを癒すなどの休息の時間，といった過ごし方であり，「ひとりの時間」をこのような時間として過ごせることで，ひとりで過ごすことに「充実・満足」感が持てると考えられる。

　以上をまとめると，「ひとりの時間」に充実感を持てるには，「ひとりの時間」に本来の自分を解放したり休息したりする過ごし方ができることが重要である。すなわち，他者から心理的に離れて，本来の自分を出し，自分らしく過ごせることで，「ひとりの時間」に充実感が持てると言える。このよう

な，充実した「ひとりの時間」を持つためには，①友人との関係がポジティブで安定したものになること（対人関係の構築），②ひとりでも過ごせるようになりたいという「自立願望」を持ち，現実に試行錯誤しながらひとりで過ごす体験を積み重ねること（「ひとりもいい」と思える体験），③自分にとってちょうど良い「ひとりの時間」と他者と過ごす時間のバランスを知り，自分なりの「ひとりの時間」の持ち方を獲得していくこと（自他のバランスの把握と構築）が重要であると考えられる。特に，ひとりでしかいられない人には①の対人関係の構築，ひとりでいられない人には①と共に②のような体験が必要であり，①～③を通して，自我同一性も高まると考えられる。

なお，青年期前期で友人関係の構築は重要となり，その後の段階である青年期後期で「ひとりの時間」の充実は重要となると当初は考えていたが，現代日本の青年においては，友人関係の構築から「ひとりの時間」の充実へという流れだけでなく，「ひとりの時間」の充実がまずあって友人関係の構築へと進む流れも考えてよいと思われる。特に，高自立願望群のような人達にとっては，後者の流れで発達を促進していくことも必要かもしれない。

5.2.3 臨床心理学的観点からの総合考察

ひとりで過ごすことに関する感情・評価を基に，対象者を群分けしたところ，大学生を対象とした分析ではひとり不安群，高自立願望群，適応群の3群に分類され，ひとりで過ごすことに関する感情・評価に違いがある青年群が存在することが示された。

ひとり不安群は，ひとりで過ごすことに孤独・不安が高く，自立願望および充実・満足が低い群である。この群は，「ひとりの時間」に「休息・解放」「自己内省」をする頻度は低く，自我同一性が低く，友人に対する感情も不安定であったことから，自分自身についても，他者との関係についても，不安定である群と言える。このようなひとり不安群の人達は，友人との関係がポジティブで安定したものになること（対人関係の構築）とともに，ひとりで

も過ごせるようになりたいという「自立願望」を持ち，現実に試行錯誤しながらひとりで過ごす体験を積み重ねること（「ひとりもいい」と思える体験）が，充実した「ひとりの時間」を持つために重要であると推測される。

　高自立願望群は，ひとりで過ごすことに自立願望および充実・満足が高く，孤独・不安が低い群である。この群は，「ひとりの時間」を「休息・解放」・「自己内省」の時間として過ごす頻度も高く，「ひとりの時間」を大事に思い，実際に「ひとりの時間」を充実して過ごせていると言える。しかしながら，自我同一性は全般的に低めで，集団に溶け込めない悩みが他の群より高く，ひとりでは充実して過ごすことができていても，他者や集団の中では適応しきれていない人たちであると考えられる。したがって，高自立願望群の人達は，「ひとりの時間」を引き続き大事にしながらも，友人との関係がポジティブで安定したものになること（対人関係の構築）を目指していくことが，より充実した「ひとりの時間」を持つためにも，自我同一性の形成のためにも，重要であると推測される。

　適応群は，ひとりで過ごすことに孤独・不安が低めで，自立願望は低く，充実・満足は高めの群である。ひとりで過ごす感情・評価だけを見ると，高自立願望群の方が一見「ひとりの時間」が充実しているようにも見えるが，この群は，自立願望がいったん高まってから低くなった状態だと考えられる。なぜなら，自立願望は，ひとりでも過ごせるようになりたいが，実際にはまだそうなりきれていない状態を示す感情・評価であり，一時期高まるが，実際に自立が達成されると低くなると考えられるからである。またこの群は，自我同一性が高く，友人に対する感情はポジティブで安定しており，対人恐怖心性は低く，したがって，自分自身についても他者との関係においても安定したバランスの良い状態であり，その意味でも適応群と考えてよいと思われる。「ひとりの時間」の過ごし方は，「休息・解放」が中程度で「自己内省」が低いが，自立願望が高まって内省する時期を過ぎた，あるいは，自分自身も他者との関係も安定しているため，過度に「ひとりの時間」に休息や

内省をしなくてもいられるほどほどの良い状態だと考えられる。したがって，ひとり不安群および高自立願望群の人達は，適応群のような状態を目指すとよいのではないかと推測される。

5.2.4 本研究から考えられる，現代青年における「ひとりの時間」の持つ意味

　本研究では，現代青年における「ひとりの時間」の持つ意味を検討することを目的にさまざまな角度から分析を行った。

　「ひとりの時間」の持つ意味に関して，第2章の分析では，自由記述結果を基に，「ひとりの時間」の意味として，①精神安定・休息，②考え事・考えの整理，③自己内省，④自己解放，⑤趣味や活動への没頭・集中，⑥ストレスからの解放，⑦他者からの解放，⑧考えなくてよい，⑨積極的意味を見出さないの9範疇が得られた（⑨は厳密には「ひとりの時間」の持つ意味ではないが）。第3章では，これらの項目を基にして，「ひとりの時間」の過ごし方という行動面を測る尺度として作成し直したところ，「ひとりの時間」の過ごし方は，「休息・解放」と「自己内省」の2つに分けられることが示された。現代青年にとっての「ひとりの時間」の持つ意味として，上述の①〜⑧があり，これらは大きく分けると，「休息・解放」と「自己内省」の2つに分かれると考えられる。青年にとっての「ひとりの時間」は，休息や自分の解放を通して，ありのままの自分を取り戻したり，自分の過去・将来や他者との関係性について見つめなおすことで，自分自身のあり方を再確認したりといった，「自分」というものの確認作業としての意味合いが強いと考えられ，このことは，本研究の問題意識で想定していたように，「ひとりの時間」が自我同一性の形成の場となっている証拠ではないかと推測される。

　第2章ではまた，自由記述の分析から，「能動的にひとりで過ごす」ということが，自立と依存，自由と孤独というような青年期に特有の葛藤を含んでいることが示唆された。「能動的なひとり」の理由として，「自分を見つめ

なおしたい」,「ありのままの自分でいられる」,「自分の原動力」,「ひとりでも生きていける人間になりたい」など，自己との関連の記述が見られたことや，能動的にひとりで過ごすときの気分として，ポジティブな気分だけでなく，ネガティブな気分，ニュートラルな気分，アンビバレントな気分を併せ持つ（例．「少しさみしいけれど落ち着く」）など，さまざまな記述が見られたことは，自他のバランスを把握し，自我同一性を形成しようとしている青年期の特徴が反映されていると考えられる。また，第3章で，ひとりで過ごすことに関する感情・評価尺度の作成を行い，「孤独・不安」・「自立願望」・「充実・満足」の3下位尺度が得られた。第4章での分析からは，ひとりで過ごすことに関する感情・評価および「ひとりの時間」の過ごし方が発達的に変化することが示された。これらの結果から，現代青年にとって，「ひとりの時間」に何をするかということだけでなく，ひとりで過ごすこと自体とどのように向き合っていくか（ひとりで過ごすことをどのように捉えるか，複雑な感情や葛藤と向き合いながらどうやって自分なりの充実した「ひとりの時間」を見つけていけるか，どのようにひとりで過ごすことと他者と過ごすことのバランスを取っていくか）というプロセスに，現代青年にとっての「ひとりの時間」の持つ意味があると考えられる。また，ひとりで過ごすこと自体と向き合っていくプロセスが，自我同一性を形成していく過程であるとも考えられる。

　自我同一性形成との関連に関しては，第3章で，「ひとりの時間」の過ごし方が，ひとりで過ごすことに関する感情・評価に影響し，それが自我同一性に影響するというモデルを作成し，分析した。その結果，第一に，「ひとりの時間」に「休息・解放」・「自己内省」をすることにより，「自立願望」が高まり，「自立願望」は自我同一性の揺らぎにつながるが，それは自我同一性形成のきっかけとなると考えられること，第二に，「ひとりの時間」に「休息・解放」できることで，ひとりで過ごすことの「充実・満足」感が高まり，「充実・満足」感が感じられることで自我同一性の形成が促進されることが示唆された。第一の，「自立願望」から自我同一性への影響について，

「自立願望」は，ひとりで過ごせるようになりたいという願望を持ちながらも，実際にはまだそうなっていない状態であり，それは自我同一性の揺らぎ（自分とは何だろうか）につながると考えられる。これは，Marcia (1966) のステイタス論で言えば，危機を現在経験している状態，つまりモラトリアム型に当たると考えられる。しかし，「自立願望」の高まりは一時的に自我同一性を低下させるが，それにより自我同一性の模索が行われると推測されるため，長期的に見れば，自我同一性を形成するきっかけ，あるいは自我同一性の形成途上の状態として機能していると考えられる。また，第4章で，第3章で作成したモデルの有効性が確認され，特に高校生で影響が大きいことが示された。これらの結果は，「ひとりの時間」の過ごし方およびひとりで過ごすことに関する感情・評価が自我同一性形成に影響することを実証する結果であると言える。

　上記は，「ひとりの時間」が自我同一性形成を促進する面について述べたが，「ひとりの時間」の過ごし方やひとりで過ごすことに関する感情・評価によっては，自我同一性拡散に結びつく可能性もある。ひとりで過ごすことに「孤独・不安」感が高いと，自我同一性は低くなる可能性がある。あるいは，クラスター分析での高自立願望群のように，ひとりで過ごすことには「充実・満足」感を感じるが，他者や集団の中では適応しきれない状態に陥ってしまう可能性もある。第3章・4章のクラスター分析の結果と Marcia (1966) のステイタスとを関連づけて考えると，低自立願望群とひとり不安群は危機前拡散，高自立願望群と中程度群はモラトリアムと言えるのではないかと考えられる。そして，このような同一性拡散やモラトリアム状態に対して，ひとりで過ごすこととどう向き合っていくかということ，そして，「ひとりの時間」を充実して過ごせるようになることが，同一性を形成するために有効と考えられ，それはひとりで過ごすことと向き合うこと（感情・評価面）と，「ひとりの時間」を充実して過ごせるようになること（行動面）を通して，自己を意味づけしていく過程だと言える。ただし，ひとり不安群

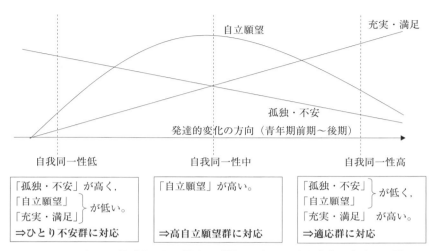

Figure 5-1 ひとりで過ごすことに関する感情・評価の発達的変化と自我同一性との関連についてのモデル

も高自立願望群も，適応群の状態に近づいていかずに，その状態がさらに進んでしまったり悪化してしまったりすると，危機後拡散に陥ってしまう危険もあり，ひとり不安群や高自立願望群が極端に悪化した形の拡散状態に対して，具体的にどのような手立てが有効かについては，今後のさらなる検討が必要であろう。

　本研究から考えられる，ひとりで過ごすことに関する感情・評価と自我同一性の形成の関連についてのモデルを Figure 5-1 に示す。

5.2.5　今後の課題

　本研究をふまえた，今後の課題と展望を以下に述べる。

　第一に，本研究では，青年の「ひとりの時間」について，特に自我同一性形成との関連についてモデルを作成し，検討した。今後は，第3・4章で作成したモデルの確認を行うとともに，「ひとりの時間」の過ごし方や内省の仕方の質的側面を検討することで，さらに自我同一性への影響を検討したい

と考える。また，Figure 5-1に示したモデルの確認も行いたい。

　第二に，本研究で得た，「ひとりの時間」の発達的変化（第4章）の結果は，女性のみを対象としたものであり，男性では結果が異なる可能性もある。今後は，男性も含めた調査を行うことで，男性における「ひとりの時間」の発達的変化も確認していきたい。また，男女の違いを見ることで，女性がひとりでいることの独自性も浮かび上がらせることができるであろう。

　第三に，本研究は横断的研究であったが，縦断的研究や面接調査を通して，1人の人の中での，ひとりで過ごすことに関する感情・評価および「ひとりの時間」の過ごし方の発達的変化の詳細を明らかにしていくことも必要であると考えられる。

　第四に，本研究では，一般の中・高・大学生を対象としたが，その中でも，ひとりでいられない人や，ひとりでしかいられない人に焦点を当て，そのような人にとっての「ひとりの時間」のあり方を検討し，臨床的支援に役立てていくことである。本研究の群分けでも，ひとりで過ごすことに関する感情・評価の個人差とそれぞれの群の特徴が見出されたが，そのような個人差を検討することで，有効な支援を考えていきたい。特に，自我同一性拡散の問題と「ひとりの時間」との関連，同一性拡散状態にある人にとっての「ひとりの時間」のあり方をさらに検討することが，臨床的支援を考える上で役立つと考えられる。

　第五に，本研究では，「ひとりの時間」の持ち方を検討するにあたり，対人関係の持ち方も合わせて検討することが必要であると考え，そのような面から考察も行ったが，ひとりで過ごすことに関しては，ひとりで過ごすことに関する感情・評価（感情面）と「ひとりの時間」の過ごし方（行動面）の両方から検討したのに対し，友人関係に関しては，友人に対する感情という感情面からしか測定していない。今後は，実際に友人とどう関わっているかという行動面も測定し，対人関係の行動面も含めた上での「ひとりの時間」を見ることによって，「ひとりの時間」の意味や個人差がさらに明確になると

考えられる。

　第六に，本研究で得られた結果は，現代日本の青年の特徴を表すと考えられる。これに対して，日本と同様に急激に変化している韓国や中国等では，ひとりで過ごすことや自我同一性をどのように考え，どのように伝統的価値との折り合いをつけているのかについて比較文化的研究をすることも必要であると考えられる。

引 用 文 献

朝日新聞(2009). 友達いなくて便所飯? 7月6日夕刊
浅野智彦(2009). 多元化するアイデンティティ 解説 広田照幸(監修)浅野智彦(編著)若者とアイデンティティ 日本図書センター pp.187-192.
浅野智彦(2013).「若者」とは誰か―アイデンティティの30年― 河出書房新社
Berzonsky, M. D. (1989). Identity Style: Conceptualization and measurement. *Journal of Adolescent Research, 4*, 268-282.
Berzonsky, M. D., & Sullivan, C. (1992). Social-cognitive aspects of identity style: Need for cognition, experiential openness, and introspection. *Journal of Adolescent Research, 7*, 140-155.
Bourne, E. (1978). The state of research on ego identity: A review and appraisal. partⅠ & partⅡ. *Journal of Youth and Adolescence, 7*, 223-251 & 371-392.
Clancy, S. M., & Dollinger, S. J. (1993). Identity, self, and personality: I. Identity status and the five-factor model of personality. *Journal of Research on Adolescence, 3*, 227-245.
Côté, J. E., & Levine, C. (1988). A critical examination of the ego identity status paradigm. *Developmental Review, 8*, 147-184.
土井隆義(2004).「個性」を煽られる子どもたち―親密圏の変容を考える― 岩波書店
遠藤利彦(1995). 性的成熟とアイデンティティの模索 無藤隆・久保ゆかり・遠藤利彦(著)現代心理学入門2 発達心理学 岩波書店 pp.115-119.
榎本淳子(1999). 青年期における友人との活動と友人に対する感情の発達的変化 教育心理学研究, *47*, 180-190.
榎本淳子(2003). 青年期の友人関係の発達的変化―友人関係における活動・感情・欲求と適応― 風間書房
Erikson, E. H. (1956). The problem of ego identity. *Journal of American Psychoanalytic Association, 4*, 56-121.
Erikson, E. H. (1959). *Identity and the life cycle.* New York: W. W. Norton & Company. (エリクソン, E. H. 小此木圭吾(訳編)(1973). 自我同一性 誠信書房)
藤井恭子(2001). 青年期の友人関係における山アラシ・ジレンマの分析 教育心理学研究, *49*, 146-155.

Galanaki, E. (2004). Are children able to distinguish among the concepts of aloneness, loneliness, and solitude? *International Journal of Behavioral Development, 28*, 435-443.

畑野　快（2010）．アイデンティティ形成プロセスについての一考察―自己決定を指標として―　発達人間学論叢, *13*, 31-38.

堀井俊章・小川捷之（1996）．対人恐怖心性尺度の作成　上智大学心理学年報, *20*, 55-65.

堀井俊章・小川捷之（1997）．対人恐怖心性尺度の作成（続報）　上智大学心理学年報, *21*, 43-51.

池田幸恭（2009）．大学生における親の期待に対する反応様式とアイデンティティの感覚との関係　青年心理学研究, *21*, 11-16.

井上忠典（1995）．大学生における親との依存―独立の葛藤と自我同一性の関連について　筑波大学心理学研究, *17*, 163-173.

岩田　紀（1987）．日本人大学生におけるプライバシー志向性と人格特性との関係　社会心理学研究, *3*, 11-16.

金子俊子（1995）．青年期における他者との関係のしかたと自己同一性　発達心理学研究, *6*, 41-47.

川喜田二郎（1967）．発想法―創造性開発のために―　中央公論社

Kerpelman, J. L., Pittman, J F., & Lamke, L. K. (1997). Toward a microprocess perspective on adolescent identity development: An identity control theory approach. *Journal of Adolescent Research, 12*, 325-346.

奇　恵英（2005）．日本・韓国のアイデンティティ形成における「集団性」の相違　福岡女学院大学大学院紀要：臨床心理学, *2*, 1-6.

児美川孝一郎（2006）．若者とアイデンティティ　法政大学出版局

久米禎子（2001）．依存のあり方を通してみた青年期の友人関係―自己の安定性との関連から―　京都大学大学院教育学研究科紀要, *47*, 488-499.

Larson, R. (1997). The emergence of solitude as a constructive domain of experience in early adolescence. *Child Development, 68*, 80-93.

Larson, R., & Lee, M. (1996). The capacity to be alone as a stress buffer. *The Journal of Social Psychology, 136*, 5-16.

Leary, M. R., Herbst, K. C., & McCrary, F. (2003). Finding pleasure in solitary activities: desire for aloneness or disinterest in social contact? *Personality and Individual Difference, 35*, 59-68.

町沢静夫（2002）．学校，生徒，教師のためのこころの健康ひろば　駿河台出版社

Marcia, J. E. (1965). Determination and construct validity of ego identity status, *Dissertation Abstructs, 25,* (11-A), 6763. (Ohao State University, Dissertation, 1964)

Marcia, J. E. (1966). Development and validation of ego-identity status. *Journal of Personality & Social Psychology, 3,* 551-558.

Marcia, J. E. (1976). Identity six year after: A follow-up study. *Journal of Youth and Adolescence, 5,* 145-160.

Marcoen, A., & Goossens, L. (1993). Loneliness, attitude towards aloneness, and solitude: Age differences and developmental significance during adolescence. In S. Jackson & H, Rodriguez-Tomé (Eds.), *Adolescence and its social worlds.* Hove: Lawrence Erlbaum Associates. pp. 197-227.

Marshall, N. J. (1972). Privacy and environment. *Human Ecology, 1,* 93-110.

松尾和美・小川俊樹（2000）．青年期における「ひとりでいられる能力」について―依存性との比較から―　筑波大学心理学研究, *22,* 207-214.

松尾和美・小川俊樹（2001）．青年期における「ひとりでいられる能力」について(2)―KJ法による自由記述の分析を通して―　筑波大学心理学研究, *23,* 201-207.

松下姫歌・吉田　愛（2009）．大学生における友人関係と自我同一性との関連　広島大学心理学研究, *9,* 207-216.

宮下一博（1995）．日本におけるアイデンティティ研究の展望　鑪　幹八郎・宮下一博・岡本祐子（共編）アイデンティティ研究の展望Ⅱ　ナカニシヤ出版 pp. 237-289.

宮下一博（1998）．アイデンティティ形成に関する研究　解説　鑪　幹八郎・宮下一博・岡本祐子（共編）アイデンティティ研究の展望Ⅴ-1　ナカニシヤ出版 pp. 85-88.

宮下一博（2009）．序章　宮下一博（監修）　松島公望・橋本広信（編）　ようこそ！青年心理学―若者たちは何処から来て何処へ行くのか―　ナカニシヤ出版 pp. 1-8.

溝上慎一（2008）．自己形成の心理学―他者の森をかけ抜けて自己になる―　世界思想社

水野将樹（2004）．青年は信頼できる友人との関係をどのように捉えているのか―グラウンデッド・セオリー・アプローチによる仮説モデルの生成―　教育心理学研究, *52,* 170-185.

水野正憲 (1982). 不安の研究(3)―不安と自我同一性― 岡山大学教育学部研究集録, *60*, 255-269.

諸富祥彦 (2001). 孤独であるためのレッスン 日本放送出版協会

中里清子 (2005). 現代中学生における「心の居場所」の機能と学級風土・家族機能との関連 昭和女子大学大学院生活機構研究科生活文化研究専攻心理学講座修士論文（未公刊）．

夏野良司・西本由美・小川玉樹 (1997). 職業アイデンティティに関する研究 鑪幹八郎・宮下一博・岡本祐子（共編）アイデンティティ研究の展望Ⅳ ナカニシヤ出版 pp. 181-221.

落合良行 (1983). 孤独感の類型判別尺度（LSO）の作成 教育心理学研究, *31*, 332-336.

落合良行 (1999). 孤独な心―淋しい孤独感から明るい孤独感へ― サイエンス社

大日向雅美 (1990). 青年から成人へ 無藤隆・高橋惠子・田島信元（編） 発達心理学入門Ⅱ 青年・成人・老年 東京大学出版会 pp. 82-100.

大嶽さと子・多川則子・吉田俊和 (2010). 青年期女子における「ひとりぼっち回避行動」に対する捉え方の発達的変化―面接調査に基づく探索的なモデル作成の試み― 対人社会心理学研究, *10*, 179-185.

岡田 努 (1995). 現代大学生の友人関係と自己像・友人像に関する考察 教育心理学研究, *43*, 354-363.

岡田 努 (1999). 現代大学生の認知された友人関係と自己意識の関連について 教育心理学研究, *47*, 432-439.

岡田 努 (2007). 大学生における友人関係の類型と，適応及び自己の諸側面の発達の関連について パーソナリティ研究, *15*, 135-148.

岡本祐子 (1997). ケアすることによるアイデンティティ発達に関する研究Ⅰ―高齢者介護による成長・発達感とその関連要因の分析― 広島大学教育学部紀要．第二部, *46*, 111-117.

Pedersen, D. M. (1979). Dimensions of privacy. *Perceptual and Motor Skills, 48*, 1291-1297.

臨時教育審議会 (1985). 教育改革に関する第一次答申

佐川由紀 (2005). プライベート空間の確保と心理的ゆとり 学習院大学人文科学論集, *14*, 229-248.

清水秀美・今栄国晴 (1981). STATE-TRAIT ANXIETY INVENTORY の日本語版（大学生用）の作成 教育心理学研究, *29*, 348-353.

宗田直子・岡本祐子（2006）．アイデンティティの発達をとらえる際の「個」と「関係性」の概念の検討―「個」尺度と「関係性」尺度作成の試み―　青年心理学研究，17，27-42．

杉本希映（2009）．中学生の「居場所環境」における心理的機能に関する研究　風間書房

杉本希映・庄司一子（2006）．「居場所」の心理的機能の構造とその発達的変化　教育心理学研究，54，289-299．

杉本希映・庄司一子（2007）．子どもの「居場所」研究の動向と課題　カウンセリング研究，40，81-91．

杉村和美（1998）．青年期におけるアイデンティティの形成：関係性の観点からのとらえ直し　発達心理学研究，9，45-55．

杉村和美（2001）．関係性の観点から見た女子青年のアイデンティティ探求：2年間の変化とその要因　発達心理学研究，12，87-98．

杉村和美（2005）．関係性の観点から見たアイデンティティ形成における移行の問題　梶田叡一（編）自己意識研究の現在2　ナカニシヤ出版　pp.77-100．

杉村和美（2008）．大学生の時期にやっておくべきこと―アイデンティティ形成の契機―　宮下一博・杉村和美（著）大学生の自己分析―いまだ見えぬアイデンティティに突然気づくために―　ナカニシヤ出版　pp.49-79．

杉浦　健（2000）．2つの親和動機と対人的疎外感との関係―その発達的変化―　教育心理学研究，48，352-360．

田所摂寿（2003）．「孤独」のイメージおよび積極的側面に関する研究―看護学生への自由記述調査の分析から―　明治学院大学心理臨床センター研究紀要，1，97-108．

高田利武（2004）．「日本人らしさ」の発達社会心理学―自己・社会的比較・文化―　ナカニシヤ出版

竹澤みどり・小玉正博（2004）．青年期後期における依存性の適応的観点からの検討　教育心理学研究，52，310-319．

田中詔子・渡邉寛子（2006）．思春期女子の自己形成　上里一郎（監修）都筑　学（編）思春期の自己形成―将来への不安の中で―　ゆまに書房　pp.211-234．

谷　冬彦（1997）．青年期における自我同一性と対人恐怖的心性　教育心理学研究，45，254-262．

谷　冬彦（2001）．青年期における同一性の感覚の構造―多次元自我同一性尺度（MEIS）の作成―　教育心理学研究，49，265-273．

谷　冬彦（2004）．アイデンティティの定義　谷　冬彦・宮下一博（編）さまよえる青少年の心　北大路書房　pp.2-4.

谷　冬彦（2008）．自我同一性の人格発達心理学　ナカニシヤ出版

鑪　幹八郎（1984）．同一性概念の広がりと基本的構造　鑪　幹八郎・山本　力・宮下一博（編）自我同一性研究の展望　ナカニシヤ出版　pp.39-58.

鑪　幹八郎・山本　力・宮下一博（編）（1984）．自我同一性研究の展望　ナカニシヤ出版

泊　真児・吉田富二雄（1998a）．プライベート空間の心理的意味とその機能－プライバシー研究の概観と新たなモデルの提出－　筑波大学心理学研究, 20, 173-190.

泊　真児・吉田富二雄（1998b）．プライベート空間機能尺度の作成及び信頼性・妥当性の検討　日本社会心理学会第39回大会発表論文集, 90-91.

泊　真児・吉田富二雄（1999）．プライベート空間の機能と感情及び場所利用との関係　社会心理学研究, 15, 77-89.

泊　真児・吉田富二雄（2000）．感情状態とプライベート空間の7機能－場所利用を媒介として－　筑波大学心理学研究, 22, 113-121.

泊　真児・吉田富二雄（2001）．性格特性のBig Fiveと日常生活におけるプライベート空間の7機能　社会心理学研究, 16, 147-158.

Westin, A. F. (1967). *Privacy and freedom*. New York: Atheneum.

Winnicott, D.W. (1958). The capacity to be alone. *International Journal of Psycho-analysis, 39*, 416-420.

山田剛史（2004）．現代大学生における自己形成とアイデンティティ－日常的活動とその文脈の観点から－　教育心理学研究, 52, 402-413.

山本　力（1984）．アイデンティティ理論との対話　鑪　幹八郎・山本　力・宮下一博（編）自我同一性研究の展望　ナカニシヤ出版　pp.9-38.

読売新聞（2004）．女性の単独行動どう思う？　8月25日朝刊

吉田圭吾・溝上慎一（1996）．プライバシー志向性尺度（本邦版）に関する検討　心理学研究, 67, 50-55.

吉岡和子（2002）．友人関係の理想と現実のズレ及び自己受容から捉えた友人関係の満足感　青年心理学研究, 13, 13-30.

付　録

Appendix 1　親和動機尺度の質問項目（杉浦，2000）

「拒否不安」
- 仲間から浮いているように見られたくない
- どんなときでも相手の機嫌を損ねたくない
- できるだけ敵は作りたくない
- 友達と対立しないように注意している
- 誰からも嫌われたくない
- みんなと違うことはしたくない
- 仲間はずれにされたくない
- 一人でいることで変わった人と思われたくない
- 一人ぼっちでいたくない

「親和傾向」
- 人とつきあうのが好きだ
- 友人とは本音で話せる関係でいたい
- 友達には自分の考えていることを伝えたい
- 人と深く知り合いたい
- 友達と喜びや悲しみを共有したい
- 知り合いが増えるのが楽しい
- できるだけ多くの友達を作りたい
- 友達と非常に親密になりたい
- 一人でいるよりも人と一緒にいたい

Appendix 2　プライバシー志向性尺度の質問項目 (吉田・溝上, 1996)

「独居」
　　私は，一人で自分の部屋にいるのが好きである。
　　私は，自分の部屋で一人になると心の安らぎを得られるので好きである。
　　ひとりでいることのできる時間や空間は私にとって貴重である。

「自由意志」
　　私は他人に邪魔されずに自分の意志で自由に行動したい。
　　私は，自分のやりたいことを他人に気がねなくやりたい。
　　他人に迷惑をかけなければ，いかなる行動をしようと私の自由である。

「友人との親密性」
　　私にとって，自分のことをなんでも話せる人がいることは大切であり，その人には私のもっとも深い個人的な考えや感情も知ってほしいと思う。
　　自分の大切な秘密を打ち明けても，その秘密を口外しないでくれる友人を持つことは，私にとって大変重要である。
　　私は，自分が落ち込んでいるときに，友人が共感してくれて，私を元気づけてくれるとうれしい。

「遠慮期待」
　　私は，あまりよく知らない人に自分のプライベートな事柄についてしゃべることは普通しない。
　　私はぶしつけで個人的な質問をされるのは好まない。
　　私は，長い間つき合うまで個人的なことを友達と話すのを好まない。

「家族との親密性」
　　私は，家族のメンバーだけで一緒に行動するのが好きである。
　　家族にとって，友人や親戚から離れて家族のメンバーだけで一緒に過ごせる時間を持つことは大切である。
　　私は，家で家族と一緒に楽しんでいるときに他から邪魔が入ってほしくない。

「閑居」
　　家を持つとすれば，声を限りに叫ばないかぎり隣には聞こえないくらい隣家から十分に離れている方がよい。
　　私は，他の家の視界からはずれた人目につかないような家に住みたい。
　　私は，自分の許可なしには誰にも入られないようなプライベートな隠れ家がほしい。

「隔離」
　　私は，山小屋経営のような仕事もしてみたいなと思う。
　　私は，夏の間，自分一人で野山を散策してみたいと思う。
　　私にとって，森の別荘でまったくひとりで暮らすのはどんなに楽しいことだろう。

Appendix 3　多次元自我同一性尺度の質問項目（谷，2001）

「自己斉一性・連続性」
1　過去において自分をなくしてしまったように感じる。（＊）
5　過去に自分自身を置き去りにしてきたような気がする。（＊）
9　いつのまにか自分が自分でなくなってしまったような気がする。（＊）
13　今のままでは次第に自分を失っていってしまうような気がする。（＊）
17　「自分がない」と感じることがある。（＊）

「対自的同一性」
2　自分が望んでいることがはっきりしている。
6　自分がどうなりたいのかはっきりしている。
10　自分のするべきことがはっきりしている。
14　自分が何をしたいのかよくわからないと感じるときがある。（＊）
18　自分が何を望んでいるのかわからなくなることがある。（＊）

「対他的同一性」
3　自分のまわりの人々は，本当の私をわかっていないと思う。（＊）
7　自分は周囲の人々によく理解されていると感じる。
11　人に見られている自分と本当の自分は一致しないと感じる。（＊）
15　本当の自分は人には理解されないだろう。（＊）
19　人前での自分は，本当の自分ではないような気がする。（＊）

「心理社会的同一性」
4　現実の社会の中で，自分らしい生き方ができると思う。
8　現実の社会の中で，自分らしい生活が送れる自信がある。
12　現実の社会の中で自分の可能性を十分に実現できると思う。
16　自分らしく生きてゆくことは，現実の社会の中では難しいだろうと思う。（＊）
20　自分の本当の能力を生かせる場所が社会にはないような気がする。（＊）

（＊）は逆転項目

Appendix 4　孤独感の類型判別尺度（LSO）の質問項目　（落合，1983）

「人間同士の理解・共感（LSO-U）」
 1　私のことに親身に相談相手になってくれる人はいないと思う。（＊）
 2　人間は，他人の喜びや悩みを一緒に味わうことができると思う。
 3　私のことをまわりの人は理解してくれていると，私は感じている。
 4　私は，私の生き方を誰かが理解してくれると信じている。
 6　私の考えや感じを何人かの人はわかってくれると思う。
 7　私の考えや感じを誰もわかってくれないと思う。（＊）
10　私の生き方を誰もわかってくれはしないと思う。（＊）
14　誰も私をわかってくれないと，私は感じている。（＊）
15　人間は，互いに相手の気持ちをわかりあえると思う。

「個別性への気づき（LSO-E）」
 5　結局，自分はひとりでしかないと思う。
 8　自分の問題は，最後は，自分で解決しなくてはならないのだと思う。
 9　人間は，本来，ひとりぼっちなのだと思う。
11　結局，人間は，ひとりで生きるように運命づけられていると思う。
12　私とまったく同じ考えや感じをもっている人が，必ずどこかにいると思う。（＊）
13　私の人生と同じ人生は，過去にも未来にもないと思う。
16　どんなに親しい人も，結局，自分とは別個の人間であると思う。

（＊）は逆転項目

補　章　大学生における「ひとりの時間」の再検討

6.1　補章設定の経緯および本章の問題と目的

　本書の第1章から第5章は，2012年3月に昭和女子大学より学位を授与された博士論文「現代青年における『ひとりの時間』の持つ意味―自我同一性形成との関連に焦点を当てて―」を基にしたものである。そして，本書の第3章の一部は，青年心理学研究に投稿し，「大学生における『ひとりの時間』の検討および自我同一性との関連」（増淵（海野），2014, pp.105-123）として，2014年に発行された青年心理学研究第25号に掲載された。投稿時の審査の過程で，審査員の先生方から重要なご指摘を多数頂戴し，再分析，再検討を重ねたため，第3章とは内容が大きく変更となり，第3章の分析が修正され，さらに発展させたものとなっている。特に，因子分析の際，「現在の心理学会では，天井効果・フロア効果の見られた項目を削除する分析プロセスは問題点であると指摘されている」とのご指摘を頂き，尺度作成の部分を訂正，再分析したため，作成した尺度構成および「ひとりの時間」と自我同一性との関連に関するその後の分析結果がすべて修正されている。そこで，本章では補章として，上記の青年心理学研究掲載論文を基に，2012年3月よりのちに再検討された内容について記述する。具体的には，第3章における「ひとりの時間」に関する2つの尺度の作成および「ひとりの時間」と自我同一性との関連の部分についての再分析結果を述べる。結果は青年心理学研究に掲載されたものと同様であるが，本書の全体の趣旨に沿った形で修正して記述する。

　なお，主な変更点は以下の6点である。

1）「ひとりの時間」の過ごし方尺度の因子分析の際，第3章では，天井効果・フロア効果の見られた項目および尖度・歪度が1以上であった項目を除外したが，これらの項目を除外せずに再度因子分析を実施した。これにより，第3章では2因子構造であったものが，4因子構造となり，4下位尺度からなる尺度に修正された。
2）1）と同様に，ひとりで過ごすことに関する感情・評価尺度の因子分析の際，第3章では，天井効果・フロア効果の見られた項目および尖度・歪度が1以上であった項目を除外したが，これらの項目を除外せずに再度因子分析を実施した。これにより，第3章では2因子構造であったものが，4因子構造となり，4下位尺度からなる尺度に修正された。
3）1）2）に伴い，大学生の「ひとりの時間」の過ごし方とひとりで過ごすことに関する感情・評価の関連（相関）を再分析した。
4）1）2）に伴い，大学生の「ひとりの時間」の過ごし方およびひとりで過ごすことに関する感情・評価と，自我同一性との関連について，再分析した。これにより，「ひとりの時間」の過ごし方およびひとりで過ごすことに関する感情・評価が自我同一性に及ぼす影響に関するパス解析の結果が修正され，第3章よりも適合度の良いモデルが得られた。
5）1）2）に伴い，大学生のひとりで過ごすことに関する感情・評価から見た群別特徴について，再度クラスター分析を行い，群分けが修正された。
6）5）をもとに，ひとりで過ごすことに関する感情・評価，「ひとりの時間」の過ごし方，自我同一性の発達の仮説モデルを新たに提示した。

6.2 「ひとりの時間」に関する尺度の作成（3.2の再分析）

6.2.1 目的（3.2.2の再分析）

「ひとりの時間」の過ごし方尺度（行動面）と，ひとりで過ごすことに関する感情・評価尺度（感情・評価面）という2つの尺度を作成する。

6.2.2 方　法（3.2.2.2と同一）

6.2.2.1　調査対象者
　第3章第2節の研究Ⅰと同一。

6.2.2.2　調査時期および実施方法
　第3章第2節の研究Ⅰと同一。

6.2.2.3　調査内容
　第3章第2節の研究Ⅰと同一。

6.2.3　結果と考察（3.2.2.3の再分析）

6.2.3.1　「ひとりの時間」の過ごし方（意味づけ）尺度の因子分析

　26項目を対象として，主因子法・プロマックス回転による因子分析を行い，固有値の推移と解釈可能性から4因子解が妥当と判断した。最大因子負荷量が.40未満であった項目・当該因子以外にも.35以上の負荷量を示した項目（計5項目）を除外し，因子数を4に指定して再度因子分析を行い，最終的な因子パターンを得た。結果を Table 6-1に示す。回転前の4因子で21項目の全分散の62.37％を説明した。

　第1因子に負荷量の高い項目は，自己を内省したり，考えを整理したりする時間を表していると考えられることから，「自己内省」因子と命名した。第2因子に負荷量の高い項目は，他者を気にせずに自己を解放する時間を表していると考えられることから，「自己解放」因子と命名した。第3因子に負荷量の高い項目は，趣味や個人的活動に没頭したり，自由気ままに過ごしたりする時間を表していると考えられることから，「個人的活動への没頭」因子と命名した。第4因子に負荷量の高い項目は，人間関係での精神的疲れやストレスから解放される時間を表していると考えられることから，「ストレスからの解放」因子と命名した。

Table 6-1 「ひとりの時間」の過ごし方尺度の因子分析結果（プロマックス回転後）

質問項目	I	II	III	IV	平均値	(SD)
第1因子　自己内省（α=.87）						
12　人生や生き方を考える時間	.88	-.06	-.07	.06	4.32	(1.43)
23　過去や将来について考える時間	.86	-.19	-.04	.11	4.40	(1.32)
4　自分を見つめなおす時間	.74	.16	-.06	-.06	4.44	(1.33)
15　落ち着いてじっくり考える時間	.70	.14	.18	-.13	4.72	(1.19)
8　気持ちや考えを整理する時間	.61	.32	.00	-.17	4.86	(1.09)
25　周りの人の大切さを再確認する時間	.57	-.29	.03	.27	3.86	(1.53)
第2因子　自己解放（α=.88）						
3　人に気をつかわなくて済む時間	-.06	.83	.01	-.16	5.08	(1.11)
7　ありのままの自分でいる時間	-.11	.74	-.04	.21	4.67	(1.27)
14　何もつくろわないでいる時間	-.07	.65	.08	.06	4.70	(1.28)
22　本当の自分を出す時間	-.03	.64	-.08	.23	4.31	(1.44)
1　落ち着く時間	.22	.57	.11	-.11	5.04	(1.00)
17　自分を解放する時間	.10	.57	.01	.25	4.57	(1.29)
18　だれにも邪魔されない時間	-.04	.56	.27	-.01	4.87	(1.28)
第3因子　個人的活動への没頭（α=.78）						
21　好きなことを自由気ままにする時間	-.12	.07	.82	-.12	5.19	(1.03)
26　自分だけのために費やす時間	-.04	-.04	.64	.16	4.56	(1.32)
9　趣味に没頭する時間	-.01	.00	.61	.01	4.99	(1.16)
19　集中して作業する時間	.19	-.03	.49	-.01	4.79	(1.20)
24　リラックスする時間	.04	.17	.48	.14	5.00	(1.01)
第4因子　ストレスからの解放（α=.73）						
11　人間関係での精神的疲れをいやす時間	.08	.29	-.13	.65	4.20	(1.47)
10　嫌なことを忘れる時間	.02	-.05	.03	.58	3.58	(1.58)
13　ストレスを解消する時間	.03	.02	.32	.52	4.49	(1.35)
因子間相関　I	—	.54	.38	.27		
II		—	.71	.50		
III			—	.44		

　各因子に負荷量の高い項目（.40以上）によりその因子に対応する下位尺度を構成した。Cronbachのα係数を算出した結果，第1下位尺度は6項目からなりα=.87，第2下位尺度は7項目からなりα=.88，第3下位尺度は5項目からなりα=.78，第4下位尺度は3項目からなりα=.73であり，内的一貫性が確認された。

　尺度作成における項目の選定の段階では，①精神安定・休息，②考え事・

考えの整理，③自己内省，④自己解放，⑤趣味や活動への没頭・集中，⑥ストレスからの解放，⑦他者からの解放，⑧考えなくてよい（何も考えなくてよい時間），という 8 カテゴリーを想定していたが，最終的に，「自己内省」は②③を含む形，「自己解放」は④⑦と①の一部，「個人的活動への没頭」は⑤および①の一部，「ストレスからの解放」は①⑥⑧を併せ持つ形となった。

　杉本・庄司（2006）は，「自分ひとりの居場所」では，「思考・内省」「行動の自由」「他者からの自由」の 3 つの心理的機能が高いことを見出している。本研究で見出された「自己内省」は，杉本・庄司での「思考・内省」に相当し，「自己解放」は，杉本・庄司の「他者からの自由」に相当し，「個人的活動への没頭」は「行動の自由」に相当する。「自分ひとりの居場所」で高い 3 つの心理的機能とほぼ共通する結果となったことは，「ひとりの時間」が「自分ひとりの居場所」と類似していることを考えると，妥当な結果であると言える。

　また，泊・吉田（1998）のプライベート空間の心理的機能と比較すると，本研究で見出された「自己内省」は，泊・吉田における「自己内省」に相当し，「自己解放」は「緊張解消」・「情緒的解放」，「個人的活動への没頭」は「課題への集中」，「ストレスからの解放」は「緊張解消」・「気分転換」に相当すると考えられる。泊・吉田のプライベート空間には，他者とのコミュニケーション行為をしている場面も含まれるが，本研究での結果は，単独行為をしている場面での機能を抜き出したものに近いと言える。ただし，本研究で得られた「個人的活動への没頭」は，「好きなことを自由気ままにする時間」，「趣味に没頭する時間」など，好きなことに取り組む内容が入っているのに対し，泊・吉田の「課題への集中」は，勉強や作業，課題に取り組むことのみである。また，プライベート空間機能における「自己変身」は「ひとりの時間」の過ごし方（意味づけ）には含まれておらず，全体的にプライベート空間機能の方が，「思いきりはしゃげる」，「がらっと気分を一新できる」など「発散」の要素が強い。これは，成人一般を想定していると考えられる

プライベート空間の機能に対して，大学生にとっての「ひとりの時間」は，自分の過去・将来や他者との関係性について見つめなおすことで自分自身のあり方を再確認する，ありのままの自分を取り戻す，自分の好きなことに没頭するといった，「自分」というものの確認作業としての意味合いが強いことを示していると考えられ，このことは，「ひとりの時間」が自我同一性の形成の場となっている証拠であると推測される。

6.2.3.2　ひとりで過ごすことに関する感情・評価尺度の因子分析

　36項目を対象として，主因子法・プロマックス回転による因子分析を行い，固有値の推移と解釈可能性から4因子解が妥当と判断した。最大因子負荷量が.40未満であった項目・当該因子以外にも.35以上の負荷量を示した項目（計10項目）を除外し，因子数を4に指定して再度因子分析を行い，最終的な因子パターンを得た。結果をTable 6-2に示す。回転前の4因子で26項目の全分散の53.74％を説明した。

　第1因子に負荷量の高い項目は，「『ひとりの時間』はさみしい」「ひとりで過ごしていると不安になる」など，ひとりで過ごすことをネガティブに捉え，ひとりで過ごすことに安心感がなく，孤独・不安・苦手意識等の感情や孤独なイメージを抱いていることを示す項目からなり，「孤独・不安」因子と命名した。第2因子に負荷量の高い項目は，「『ひとりの時間』を楽しめるようになりたい」「友達と一緒でなくても行動できるようになりたい」「ひとりでも過ごせる人は素敵だと思う」など，ひとりで過ごすことをポジティブに受け止めようとし，ひとりでも過ごせるようになりたいという願望や，自立的なイメージを抱いていることを示す項目からなり，「自立願望」因子と命名した。第3因子に負荷量の高い項目は，「『ひとりの時間』を有効に使えるようになった」「『ひとりの時間』の過ごし方に満足している」など，ひとりで過ごすことをポジティブに受け止めた上で，ひとりで過ごすことに充実・満足感を抱いていることを示す項目からなり，「充実・満足」因子と命

補　章　大学生における「ひとりの時間」の再検討　245

Table 6-2　ひとりで過ごすことに関する感情・評価尺度の因子分析結果
（プロマックス回転後・＊は逆転項目）

質問項目	I	II	III	IV	平均値	(SD)
第1因子　孤独・不安（α＝.88）						
18 「ひとりの時間」はさみしい	.76	.06	−.03	−.09	2.78	(1.30)
13 ひとりで過ごしていると不安になる	.76	.14	−.03	.00	2.85	(1.30)
29 「ひとりの時間」が苦手だ	.73	.05	−.09	.02	2.23	(1.18)
27 「ひとりの時間」は孤独だ	.72	.02	.03	.12	2.72	(1.31)
31 ひとりで過ごすことに苦痛を感じるようになった	.68	−.02	−.10	.10	2.09	(1.04)
10 ひとりでいる人を見ると，さびしい人だと思う	.68	−.02	.09	.03	2.45	(1.26)
35 できることなら，ひとりでいたくない	.64	.09	−.08	−.19	3.17	(1.33)
3 ひとりで過ごすのは格好悪い	.60	−.07	.15	.15	1.92	(0.95)
11 本当は友達と一緒にいたいが，仕方なくひとりで過ごしている	.53	.04	−.01	.24	2.33	(1.23)
19 ひとりでいると人の目が気になる	.51	.06	.11	.01	3.11	(1.52)
4 ひとりでいても安心して過ごすことができる＊	.42	−.21	−.08	−.16	2.52	(1.19)
第2因子　自立願望（α＝.80）						
14 「ひとりの時間」を楽しめるようになりたい	.10	.70	−.05	−.16	4.46	(1.36)
33 友達と一緒でなくても行動できるようになりたい	.17	.68	−.08	−.08	4.13	(1.39)
25 ひとりでも過ごせる人は素敵だと思う	−.02	.66	.09	−.06	4.43	(1.31)
36 ひとりで過ごすことには自立のイメージがある	.23	.59	.07	−.04	3.77	(1.41)
6 ひとりでも生きていける人間になりたい	−.11	.51	−.17	.28	4.26	(1.50)
26 ひとりで過ごすことへの抵抗が減った	−.17	.48	.22	−.04	4.41	(1.21)
23 「ひとりの時間」を自分の成長のために使いたい	−.09	.47	.01	−.01	4.49	(1.29)
8 ひとりで過ごすのも悪くないと思えるようになった	−.25	.44	.03	.26	4.50	(1.37)
第3因子　充実・満足（α＝.84）						
17 「ひとりの時間」を有効に使えるようになった	.05	.02	.86	.01	3.93	(1.41)
30 「ひとりの時間」の過ごし方に満足している	.05	−.04	.84	.06	4.08	(1.31)
16 充実した「ひとりの時間」を持てていると思う	.02	−.03	.83	−.02	4.14	(1.41)
24 バランス良く「ひとりの時間」が作れている	.02	.04	.62	−.08	3.80	(1.28)
第4因子　孤絶願望（α＝.73）						
15 人と一緒にいることが苦痛だ	.23	−.05	.03	.73	2.14	(1.16)
7 できることなら，いつもひとりでいたい	−.03	.03	−.05	.73	2.39	(1.27)
20 できることなら，だれもいないところに住みたい	.10	−.16	−.01	.72	2.19	(1.39)

因子間相関	I	II	III	IV
I	—	−.30	−.58	−.28
II		—	.35	.29
III			—	.25

名した。第4因子に負荷量の高い項目は,「人と一緒にいることが苦痛だ」「できることなら,いつもひとりでいたい」など,対人交渉に苦痛を感じ,常にひとりでいたいという願望を抱いていることを示す項目からなり,「孤絶願望」因子と命名した。

各因子に負荷量の高い項目によりその因子に対応する下位尺度を構成した。Cronbachのα係数を算出した結果,第1下位尺度は11項目からなり$\alpha = .88$,第2下位尺度は8項目からなり$\alpha = .80$,第3下位尺度は4項目からなり$\alpha = .84$,第4下位尺度は3項目からなり$\alpha = .73$であり,内的一貫性が確認された。

なお,尺度作成における項目の選定の段階で想定した,ひとり重視,「ひとりの時間」における感情,ひとりで過ごすことへの評価,ひとり不安,不健康なひとり,ひとりで過ごすことへの感情・評価の変化,ひとりへの葛藤,ひとりへの理想の8カテゴリーは,それぞれのカテゴリーの項目が入り混じった形で4種類に分類された。

第2章第4節において,能動的にひとりで過ごす場合の気分として,ポジティブな気分,ネガティブな気分,アンビバレントな気分,ニュートラルな気分など様々な記述が見られているが,「孤独・不安」は,第2章第4節のネガティブな気分,「充実・満足」はポジティブな気分に相当すると考えられる。

また,落合(1999)は,青年の孤独感を類型化し,人と理解・共感できると考えていて,まだ自己の個別性に気づいていないタイプをA型,人と理解・共感できると考えていて,個別性にも気づいているタイプをD型としている。そして,A型は年齢とともに減っていく傾向があるのに対し,D型は年齢が増すと多くなること,A型の孤独感を感じている人は,孤独感はむなしく嫌な暗いものであるというイメージを持っているのに対し,D型の孤独感を感じている人は,孤独感を,明るく充実したもので,成熟した人が感じる好ましいものだというイメージを持っていることを明らかにしている。本

研究で見出された「孤独・不安」という次元は，落合のA型の孤独感のイメージに相当し，「充実・満足」は落合のD型の孤独感のイメージに相当すると考えられる。

6.3 大学生における「ひとりの時間」と自我同一性との関連
（3.3における自我同一性との関連に関する部分の再分析）

6.3.1 目　的（3.3.1の再分析）

　本節では，「ひとりの時間」の過ごし方およびひとりで過ごすことに関する感情・評価と自我同一性との関連を検討する。

　前節では，ひとりで過ごすことに関する感情・評価は，「孤独・不安」「自立願望」「充実・満足」「孤絶願望」の4下位尺度，「ひとりの時間」の過ごし方は，「自己内省」「自己解放」「個人的活動への没頭」「ストレスからの解放」の4下位尺度から構成されることが明らかになったため，仮説を以下のように再設定した。

① 「自己内省」，「自己解放」，「個人的活動への没頭」，「ストレスからの解放」が高いほど，自我同一性が高いだろう。

② ①の中でも特に，「自己内省」の高さが自我同一性の高さと関連しているだろう。

③ ひとりで過ごすことに関して「孤独・不安」というネガティブな感情・評価が高いほど，自我同一性が低いだろう。

④ ひとりで過ごすことに関して「充実・満足」というポジティブな感情・評価が高いほど，自我同一性が高いだろう。

⑤ 「ひとりの時間」の過ごし方がひとりで過ごすことに関する感情・評価に影響し，それが自我同一性に影響するだろう。

6.3.2 方 法 (3.3.2と同一)

6.3.2.1 調査対象者
第3章第2節の研究Ⅰと同一。

6.3.2.2 調査時期および実施方法
第3章第2節の研究Ⅰと同一。

6.3.2.3 調査内容
第3章第3節と同一。

6.3.3 結果と考察 (3.3.3.3の再分析)

6.3.3.1 「ひとりの時間」の過ごし方（意味づけ）とひとりで過ごすことに関する感情・評価との関連

「ひとりの時間」の過ごし方尺度とひとりで過ごすことに関する感情・評価尺度について，各下位尺度の合計点を項目数で除したものを下位尺度得点とした（各下位尺度の平均値と標準偏差は Table 6-3参照）。そして，「ひとりの時間」の過ごし方尺度とひとりで過ごすことに関する感情・評価尺度との下位尺度間相関を求めた（Table 6-3）。その結果，「ひとりの時間」の過ごし方の

Table 6-3 「ひとりの時間」の過ごし方（意味づけ）尺度とひとりで過ごすことに関する感情・評価尺度との下位尺度間の相関係数 ($N=326$-339)

		ひとりで過ごすことに関する感情・評価尺度			
		孤独・不安	自立願望	充実・満足	孤絶願望
「ひとりの時間」の過ごし方尺度	平均 (SD) \ 平均 (SD)	2.59(0.85)	4.29(0.87)	3.95(1.12)	2.25(1.02)
自己内省	4.43(1.03)	-.24***	.36***	.25***	.03
自己解放	4.75(0.95)	-.35***	.49***	.39***	.17**
個人的活動への没頭	3.90(0.75)	-.24***	.54***	.60***	.22***
ストレスからの解放	4.09(1.19)	-.20***	.29***	.34***	.15**

**$p<.01$, ***$p<.001$

各下位尺度と「孤独・不安」との間に弱い負の相関,「ひとりの時間」の過ごし方の各下位尺度と「自立願望」および「充実・満足」との間に正の相関が見られた。特に,「個人的活動への没頭」の過ごし方は,「自立願望」との間に $r=.54$,「充実・満足」との間に $r=.60$ の相関が見られ,他の相関と比較すると高めであった。また,「ひとりの時間」の過ごし方の各下位尺度(「自己内省」以外)と「孤絶願望」の間には正の相関が見られたが,いずれも弱いものであった。

以上から,「ひとりの時間」を「自己内省」「自己解放」「個人的活動への没頭」「ストレスからの解放」の時間として過ごせているほど,ひとりで過ごすことに「孤独・不安」が低く「自立願望」「充実・満足」が高い,すなわち,孤独や不安に支配されずにひとりでいることができ,ひとりでも過ごせようになることを求め,ひとりで過ごすことに充実・満足感を味わうことができると考えられる。その中でも特に,「個人的活動への没頭」の過ごし方が,ひとりでも過ごせるようになりたいという自立願望や,ひとりで過ごす充実・満足感と関連していると考えられる。

6.3.3.2 「ひとりの時間」の過ごし方（意味づけ）およびひとりで過ごすことに関する感情・評価と,自我同一性との関連

1)「ひとりの時間」の過ごし方と自我同一性との関連

「ひとりの時間」の過ごし方尺度と多次元自我同一性尺度との下位尺度間相関を求めた（Table 6-4）。その結果,「個人的活動への没頭」と「自己斉一性・連続性」「対他的同一性」との間に弱い負の相関,「自己内省」と「自己斉一性・連続性」との間に弱い負の相関,「自己解放」と「対他的同一性」との間に弱い負の相関が見られた。全体的に,「ひとりの時間」の過ごし方と自我同一性の関連は弱いものであり,また,有意な相関が見られた箇所はすべて負の関連であったことから,仮説①②は支持されなかった。「ひとりの時間」を求めるのは自我同一性が低い状態であり,自我同一性が形成され

Table 6-4 「ひとりの時間」の過ごし方と多次元自我同一性の下位尺度間相関係数
(N=321-334)

	「ひとりの時間」の過ごし方			
	自己内省	自己解放	個人的活動 への没頭	ストレス からの解放
自己斉一性・連続性	−.13*	−.10	−.20***	−.09
対自的同一性	.01	−.09	−.08	−.04
対他的同一性	−.04	−.16**	−.21***	−.02
心理社会的同一性	.09	−.01	.03	−.01
自我同一性全体	−.02	−.10	−.15**	−.04

*p<.05, **p<.01, ***p<.001

ていれば、自我同一性形成の場としての「ひとりの時間」をそれほど求める必要はなくなると考えられるため、このような結果になったと推測される。

2）ひとりで過ごすことに関する感情・評価と自我同一性との関連

ひとりで過ごすことに関する感情・評価尺度と多次元自我同一性尺度との下位尺度間相関を求めた（Table 6-5）。その結果，まず，「孤独・不安」と多次元自我同一性のすべての下位尺度との間にr=−.12〜−.20の弱い負の相関が見られた。「自立願望」は，「自己斉一性・連続性」（r=−.18）および「対他的同一性」（r=−.20）との間に弱い負の相関が見られたが，「対自的同

Table 6-5 ひとりで過ごすことに関する感情・評価と多次元自我同一性の下位尺度
間相関係数 (N=314-333)

	ひとりで過ごすことに関する感情・評価			
	孤独・不安	自立願望	充実・満足	孤絶願望
自己斉一性・連続性	−.18***	−.18***	.14**	−.27***
対自的同一性	−.12*	−.02	.15**	−.16**
対他的同一性	−.14*	−.20***	.03	−.37***
心理社会的同一性	−.20***	.02	.27***	−.19***
自我同一性全体	−.20***	−.11*	.18***	−.32***

*p<.05, **p<.01, ***p<.001

一性」「心理社会的同一性」との関連は見られなかった。「充実・満足」は，「自己斉一性・連続性」「対自的同一性」「心理社会的同一性」との間に弱い正の相関が見られた（r＝.14〜.27）。「孤絶願望」は，自我同一性のすべての下位尺度との間に弱い負の相関が見られた（r＝－.16〜－.37）。

　以上から，全体として，「孤独・不安」および「孤絶願望」と自我同一性との間に負の相関，「充実・満足」と自我同一性との間に正の相関が見られ，弱い相関ではあったものの，仮説③④が支持された。「孤独・不安」が高い人は，安心してひとりでいられず，「ひとりの時間」をうまく活用できない状態であり，他者の目を気にしていると考えられる。そのため，自分自身の不安定さにつながり，自我同一性の感覚が低いと考えられる。また，「孤絶願望」が高い人は，ひとりで過ごすことはできるが，対人交渉に苦痛を感じているため，他者の中で自分を位置づけることが困難であり，それが自我同一性の低さに関連していると考えられる。「充実・満足」が高い人は，ひとりでいても孤独や不安にとらわれすぎずに，安心して充実した時間を過ごすことができるため，自分自身に対しても，自分と他者・社会との関係についても，確信があり安定した感覚を持つことができ，自我同一性が高いと考えられる。また，「自立願望」は，ひとりでも過ごせるようになりたいという願望を示すが，実際にはまだ十分にそうなっていない状態を示す感情・評価と言えるため，自我同一性と負の関連が見られたと考えられる。

　次に，自我同一性の４つの下位尺度別に，ひとりで過ごすことに関する感情・評価との関連を具体的に見てみると，「自己斉一性・連続性」は，「孤独・不安」「自立願望」「充実・満足」「孤絶願望」のどの尺度とも有意な相関が得られており，自我同一性の下位尺度の中でも特に関連があった。「自己斉一性・連続性」は，谷（2001）も，自我同一性の感覚においてまず重要であると述べており，自我同一性の中でも基本となる側面であると言える。ひとりで過ごすことに関する感情・評価は，自我同一性の基本となる側面と関連していると言える。

3）「ひとりの時間」の過ごし方およびひとりで過ごすことに関する感情・評価が自我同一性に及ぼす影響

　「ひとりの時間」の過ごし方が，ひとりで過ごすことに関する感情・評価に影響し，「ひとりの時間」の過ごし方は自我同一性に対し直接的に関わる，あるいはひとりで過ごすことに関する感情・評価を媒介として間接的に関わるという仮説を基に，すべてのパスを引いたモデルを仮定し，パス解析を行った。その際，ひとりで過ごすことに関する感情・評価に関しては，「孤独・不安」と「充実・満足」の相関が高かったため（$r = -.58$），自我同一性に対して正の相関があり促進要因であると考えられる「充実・満足」のみを使用し，「孤独・不安」は分析から除外した。また，自我同一性に関しても，下位尺度間相関が高かったため，各下位尺度ではなく，4つの下位尺度をまとめた自我同一性全体得点を分析に使用した。なお，「ひとりの時間」の過ごし方の下位尺度間には相関が見られたため，共変関係を設けた。解析には，Amos19.0を用いた。

　解析においては，すべてのパスを引いたモデルを作成してパス解析を行い，その後，有意でないパスを削除して，再度パス解析を行った。最終的なパス解析の結果を Figure 6-1 に示す。まず，「ひとりの時間」の過ごし方から感情・評価に対して，「自己内省」「自己解放」「個人的活動への没頭」から「自立願望」への有意な正のパス，「個人的活動への没頭」から「充実・満足」への有意な正のパス，「個人的活動への没頭」から「孤絶願望」への有意な正のパスが見られた。次に，感情・評価から自我同一性に対しては，「充実・満足」から「自我同一性全体」への有意な正のパス，「孤絶願望」から「自我同一性全体」への有意な負のパスが見られた。「ひとりの時間」の過ごし方から自我同一性に対しては，「個人的活動への没頭」から「自我同一性全体」への有意な負のパスが見られた。モデルの適合度指標は，$\chi^2 = 23.629$ (*n.s.*)，$df = 14$，GFI $= .981$，AGFI $= .952$，RMSEA $= .048$であった。

　以上から，「ひとりの時間」の過ごし方の中でも，「個人的活動への没頭」

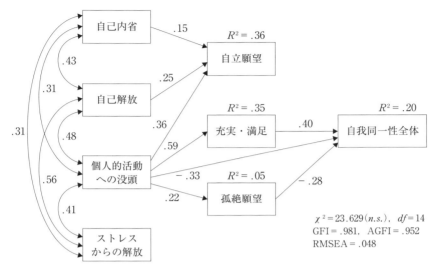

Figure 6-1　自我同一性への影響のパス解析結果
（有意なパスのみ記述，誤差変数は省略）

が自我同一性に影響していた。具体的には，第一に「個人的活動への没頭」は「充実・満足」を媒介して「自我同一性全体」に正の影響を及ぼすが，一方で，「孤絶願望」を媒介して「自我同一性全体」に負の影響を及ぼすこと，第二に，「個人的活動への没頭」は「自我同一性全体」へ直接的に負の影響を及ぼすことが示された。

　第一に関しては，「ひとりの時間」に個人的活動に没頭する頻度が高いと，ひとりで過ごすことの充実・満足感が高まり，それが自我同一性形成を促進するが，一方で，個人的活動への没頭が，孤絶願望につながると，自我同一性を低める可能性があるということである。「ひとりの時間」に自分の好きなことを自由に行ったり，趣味に没頭したりすることは，そのことで充実・満足感が得られると，自分とはこうである，自分はこういうことがやりたい等の感覚が増すために，自我同一性形成に役立つと考えられる。しかし，個人的活動への没頭が行き過ぎる場合や，対人交渉からの逃避から個人的活動

に没頭している場合には，できることならいつもひとりでいたいと望むようになり，他者や社会の中で自分を位置づけることが困難となるために自我同一性が低くなる危険性があると考えられる。「個人的活動への没頭」は自己確認作業と逃避のどちらの場合もありうるということではないかと考えられる。また，「個人的活動への没頭」が「充実・満足」を媒介して自我同一性を促進するのは，他者と過ごす時間と「ひとりの時間」とのバランス，あるいは「集団」と「個」のバランスがほどよく取れている場合とも言えるかもしれない。

　第二に関しては，「個人的活動への没頭」の頻度が高いと，自我同一性は低くなるということである。これは，「個人的活動への没頭」の頻度が多いだけでは，自我同一性にはつながらないことを意味すると考えられる。「個人的活動への没頭」は，他者や社会からの逃避として機能している可能性もあり，その場合「充実・満足」感は得にくいと考えられる。充実感と自我同一性との関連について，大野・茂垣・三好・内島（2004）はアイデンティティの実感として充実感があることを明らかにしており，谷（2001）の研究においても，アイデンティティと充実感の間に正の相関が見られている。これらの研究での充実感は，日常生活で青年が感じる充実感を意味しており，ひとりで過ごすことに関する充実感には限らないが，ひとりで過ごすことに関する「充実・満足」感が自我同一性形成に役立つ可能性があることが，本研究から明らかになった。つまり，ひとりで過ごすことの「充実・満足」感は，青年の生活全般においての充実感の一要素となると考えられる。

　また，「自己内省」「自己解放」「個人的活動への没頭」の過ごし方は，ひとりでも過ごせるようになりたいという「自立願望」に影響していたが，「自立願望」から自我同一性への影響は見られなかった。これは，ひとりでも過ごせるようになりたいという願望は，実際にひとりで安心して過ごせるかどうかとは別であるため，願望が高くても自我同一性が高まるわけではないからだと考えられる。しかし，「ひとりの時間」に自分について内省した

り，ありのままの自分でいたり，好きなことに没頭したりする過ごし方は，自立願望を高めると言える。そして，直接自我同一性には影響しなくとも，自立願望の高まりから自我同一性の模索が始まるのではないかと考えられる。

なお，「ストレスからの解放」の過ごし方は，ひとりで過ごすことに関する感情・評価にも自我同一性にも影響していなかった。「ストレスからの解放」の過ごし方は，精神的疲れやストレスから解放されるという意味はあるものの，積極的に「ひとりの時間」を活用，充実させようとする意味合いは薄いと考えられる。そのために充実・満足感や自立願望に影響しなかったと推測される。

本分析から，仮説⑤（「ひとりの時間」の過ごし方がひとりで過ごすことに関する感情・評価に影響し，それが自我同一性に影響するだろう）が支持され，「ひとりの時間」の過ごし方およびひとりで過ごすことに関する感情・評価が自我同一性に及ぼす影響のモデルが作成された。

また，本研究では，「自己内省」の過ごし方が特に自我同一性に影響すると仮定していたが，そのような影響は見られなかった。これは，「自己内省」をする頻度だけでは「充実・満足」感には結びつかず，どのような内省をするかという内省の中身が関係しているためであると推測される。

6.4 ひとりで過ごすことに関する感情・評価から見た群別特徴
（3.4の再分析）

6.4.1 目 的（3.3.1の再分析）

本節では，ひとりで過ごすことに関する感情・評価の4下位尺度を基にクラスター分析を行い，大学生には，「ひとりの時間」の過ごし方とひとりで過ごすことに関する感情・評価にどのような特徴を持つ群が存在するかを検討する（質的側面）。

6.4.2　方　法 (3.4.2と同一)

6.4.2.1　調査対象者

　第3章第2節の研究Ⅰと同一。

6.4.2.2　調査時期および実施方法

　第3章第2節の研究Ⅰと同一。

6.4.2.3　調査内容

　第3章第3節と同一。

6.4.3　結果と考察 (3.4.3の再分析)

6.4.3.1　ひとりで過ごすことに関する感情・評価を基にした対象者の分類

　大学生には，ひとりで過ごすことに関する感情・評価にどのような特徴を持つ群が存在するかを明らかにするために，ひとりで過ごすことに関する感情・評価の4下位尺度得点を用いて，Ward法による階層的クラスター分析を実施したところ，5クラスターで解釈が可能であった。

　次に，その5クラスターを独立変数とし，ひとりで過ごすことに関する感情・評価の4下位尺度について分散分析を実施した。結果をTable 6-6に示す。Tukey法による多重比較の結果，「孤独・不安」は，クラスター1・4＞3・5＞2，「自立願望」は，クラスター2・4・5＞3＞1およびクラスター2＞5，「充実・満足」は，クラスター2・5＞3＞1・4，「孤絶願望」は，クラスター5＞4＞1・2・3という有意差が見られた。

　クラスター1 ($N=42$) は，「孤独・不安」が他の群に比べて高く，「自立願望」，「充実・満足」，「孤絶願望」が低い群であり，「ひとり不安群」と命名した。クラスター2 ($N=93$) は，「自立願望」および「充実・満足」が高く，「孤独・不安」および「孤絶願望」が低い群であり，「高自立願望群」と命名した。クラスター3 ($N=60$) は，「孤独・不安」，「自立願望」，「充実・

補　章　大学生における「ひとりの時間」の再検討

Table 6-6　各クラスターでのひとりで過ごすことに関する感情・評価の平均値（標準偏差）と分散分析結果

	クラスター1 ひとり不安群 ($N=40-42$) M (SD)	クラスター2 高自立願望群 ($N=92-93$) M (SD)	クラスター3 中庸群 ($N=60$) M (SD)	クラスター4 模索群 ($N=55$) M (SD)	クラスター5 孤絶願望群 ($N=70-71$) M (SD)	F値	効果量 partial η^2	多重比較 (Tukey法)
ひとりで過ごすことに関する感情・評価								
孤独・不安	3.47(0.52)	1.82(0.50)	2.46(0.47)	3.35(0.67)	2.46(0.62)	96.67***	.55	クラスター1・4>3・5>2
自立願望	3.15(0.55)	4.91(0.65)	3.77(0.60)	4.61(0.54)	4.41(0.77)	68.18***	.46	クラスター2・4・5>3>1、2>5
充実・満足	3.05(0.78)	4.83(0.86)	3.74(0.89)	2.87(0.83)	4.51(0.69)	72.78***	.48	クラスター2・5>3>1・4
孤絶願望	1.84(0.77)	1.85(0.64)	1.67(0.61)	2.29(0.99)	3.45(0.93)	57.64***	.42	クラスター5>4>1・2・3
「ひとりの時間」の過ごし方								
自己内省	3.98(0.97)	4.86(1.03)	4.19(0.96)	4.32(0.86)	4.55(0.95)	8.14***	.09	クラスター2>4・3・1、5>1
自己解放	4.02(0.99)	5.26(0.84)	4.48(0.77)	4.55(0.85)	5.02(0.79)	20.16***	.21	クラスター2・5>4・3・1、4>1
個人的活動への没頭	3.23(0.72)	4.28(0.60)	3.74(0.69)	3.76(0.79)	4.15(0.60)	21.33***	.21	クラスター2・5>4・3>1
ストレスからの解放	3.42(1.12)	4.42(1.20)	4.02(1.13)	3.71(1.05)	4.41(1.19)	8.28***	.10	クラスター2・5>4・1
多次元自我同一性								
自己斉一性・連続性	4.67(0.99)	4.80(1.43)	4.70(1.38)	3.79(1.39)	4.25(1.30)	6.04***	.07	クラスター1・2・3>4
対自的同一性	3.86(1.09)	4.36(1.33)	4.20(1.05)	3.66(1.26)	3.85(1.30)	3.76***	.05	クラスター2>4
対他的同一性	3.90(0.84)	3.97(1.31)	4.37(0.99)	3.52(1.24)	3.49(0.99)	6.33***	.08	クラスター3>4・5
心理社会的同一性	3.78(0.94)	4.47(1.10)	4.29(0.98)	3.77(1.03)	4.04(1.15)	5.43***	.07	クラスター2>1・4
自我同一性全体	4.04(0.70)	4.38(1.05)	4.40(0.81)	3.69(1.00)	3.92(0.89)	7.05***	.09	クラスター2・3>4・5

** $p<.01$, *** $p<.001$

満足」が5つのクラスターの中では中程度で，「孤絶願望」が低い群であり，「中庸群」と命名した。クラスター4（$N=55$）は，「孤独・不安」が他の群に比べて高いが「自立願望」も高く，「充実・満足」が低く，「孤絶願望」が他の群よりやや高めの群であり，「模索群」と命名した。クラスター5（$N=71$）は，「孤絶願望」が他の群より高いことを特徴とし，「自立願望」「充実・満足」も高く，「孤独・不安」は中程度の群であり，「孤絶願望群」と命名した。

6.4.3.2　各群における「ひとりの時間」の過ごし方の比較

　ひとりで過ごすことに関する感情・評価の違いで分けられた各群において，「ひとりの時間」の過ごし方の特徴を明らかにするために，5つのクラスターを独立変数，「ひとりの時間」の過ごし方の4下位尺度を従属変数とした分散分析を行った（Table 6-6参照）。その結果，どの下位尺度でも有意な主効果が見られ，Tukey法による多重比較の結果，「自己内省」はクラスター2＞4・3・1，5＞1，「自己解放」はクラスター2・5＞4・3・1，4＞1，「個人的活動への没頭」はクラスター2・5＞4・3＞1，「ストレスからの解放」はクラスター2・5＞4・1という有意差があった。

　以上から，高自立願望群および孤絶願望群は，「ひとりの時間」の過ごし方の頻度がいずれも高く，ひとり不安群は他の群に比べ頻度がいずれも低く，中庸群および模索群は，高自立願望群および孤絶願望群ほど高くはないが，ひとり不安群ほど低くはないという中間レベルに位置していた。高自立願望群および孤絶願望群は，どちらもひとりで過ごせるようになりたいという「自立願望」とともにひとりで過ごすことに「充実・満足」感が高い群であるため，実際に「ひとりの時間」を過ごす機会も多く，「ひとりの時間」をさまざまに活用していると推測される。そのため，「ひとりの時間」の過ごし方の頻度がいずれも高い結果となったと考えられる。逆に，ひとり不安群は，ひとりで過ごすことに「孤独・不安」の気持ちが強く，安心して「ひと

りの時間」を過ごすことが難しいため,「ひとりの時間」の過ごし方の頻度
がいずれも低い結果となったと考えられる。また,模索群は,ひとりで過ご
せるようになりたいという「自立願望」が高いが,一方でひとりで過ごすこ
とに「孤独・不安」も高いために,頻度は高くも低くもない状態となったと
考えられる。

6.4.3.3 各群における自我同一性の比較

　ひとりで過ごすことに関する感情・評価の違いで分けられた各群において,
自我同一性の違いを明らかにするために,5つのクラスターを独立変数,自
我同一性の各下位尺度および「自我同一性全体」を従属変数とした分散分析
を行った（Table 6-6参照)。その結果,すべての下位尺度および「自我同一性
全体」において有意な主効果が見られた。Tukey法による多重比較の結果,
「自己斉一性・連続性」はクラスター1・2・3＞4,「対自的同一性」はク
ラスター2＞4,「対他的同一性」はクラスター3＞4・5,「心理社会的同
一性」はクラスター2＞1・4,「自我同一性全体」はクラスター2・3＞
4・5という有意差が見られた。

　以上から,高自立願望群および中庸群は自我同一性が全般的に高く,模索
群は他の群に比べ自我同一性が全般的に低かった。ひとり不安群は「自己斉
一性・連続性」のみ高自立願望群および中庸群と同程度の高さであったが,
全般的には自我同一性は5群の中で中間レベルに位置していた。孤絶願望群
は,模索群ほど低くはないが,5つの群の中では自我同一性は全般的にやや
低めという特徴が見られた。

　模索群は,ひとりで過ごせるようになりたいという「自立願望」が高いが,
一方で,ひとりで過ごす「孤独・不安」も高いという状態にあり,自我同一
性の揺らぎを体験している群であると推測される。そのため,5つの群の中
で一番自我同一性が低い結果となったと考えられる。

　また,高自立願望群は,「自立願望」およびひとりで過ごすことに「充

実・満足」感が高い群であり，中庸群は「自立願望」，「充実・満足」ともに中程度の群である。ここで，「自立願望」は，「『ひとりの時間』を楽しめるようになりたい」「友達と一緒でなくても行動できるようになりたい」といった願望を含む感情・評価であるため，その願望が達成されると得点が下がると予測される。そのため，高自立願望群は自立願望が強い群，中庸群は自立願望が達成された後で弱まった群と推察され，両方自我同一性が高い結果となっている可能性が考えられる。

6.4.3.4 本研究から考えられる，ひとりで過ごすことに関する感情・評価，「ひとりの時間」の過ごし方，自我同一性の発達の仮説モデル

　本節では，ひとりで過ごすことに関する感情・評価の発達については検討しておらず，第4章においても，本節で作成された新たな尺度を基にした発達的変化の検討はしていないため推測ではあるが，得られた各群の特徴と，「ひとりの時間」の過ごし方の頻度や自我同一性の高さ，松尾・小川（2000），落合（1999）に基づいた，「ひとりでいられなさ」から「ひとりでいることを楽しむことができる」という方向へ，むなしく嫌な暗いものとネガティブに捉える見方から，明るく充実した好ましいものとポジティブに捉える見方へと，感情・評価が発達的に変化する可能性，および第4章で得られた発達的変化の結果を考え合わせると，Figure 6-2に示すように，①ひとり不安群→②模索群→③高自立願望群→④中庸群という流れで発達的に変化する可能性が推測される。すなわち，①ひとり不安：ひとりで過ごすことに孤独・不安感が高く，「ひとりの時間」を持つ頻度も少ない状態，②模索：ひとりでも過ごせるようになりたいという自立願望が芽生えるが，まだひとりで過ごすことへの孤独・不安感が高いため，模索している状態にあり，自我同一性が揺らぐ状態，③高自立願望：自立願望の高さから，実際にひとりで過ごす頻度も高くなり，ひとりで過ごすことに孤独・不安が減り，充実・満足感が高まる状態，④中庸（適応）：自立願望が達成されることで弱まり，「ひとり

補　章　大学生における「ひとりの時間」の再検討　261

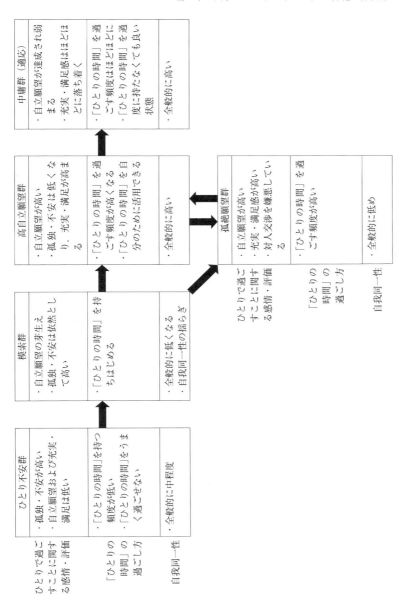

Figure 6-2　本研究から考えられる，「ひとりの時間」と自我同一性の発達的変化の仮説

の時間」を過ごす頻度もひとりで過ごす充実・満足感もほどほどに落ち着く状態，という流れである。そして，5つのクラスターの1つであった孤絶願望群の状態は，③の高自立願望の段階で，他者や社会と自分とのつながりや距離感がうまくつかめなかったり，対人関係がうまく持てなかったりした場合に，陥る可能性がある状態だと推察される。孤絶願望の状態は，発達途上の一時期とも言え，その後適応に至る可能性もあるが，極端になると，ひとりでは充実して過ごせるが対人関係からは遠ざかってしまう引きこもりのような状態に陥る可能性もあると考えられる。

　落合（1999）は，青年の孤独感を，「人間同士の理解・共感」および「個別性の自覚」の各下位尺度の合成得点がプラスかマイナスかによって，それぞれH群・L群に分類し，その組み合わせによってA型～D型の4類型に分類している。そして，A型（H・L群：他人との融合状態）→B型（L・L群：理解者の欠如態としての孤独感，理想的理解者の追求）→C型（L・H群：他人からの孤絶，他人への無関心・不信）→D型（H・H群：充実した孤独感，独立態としての孤独）という流れで発達的に変化するとしている（落合，1999）。本研究でのひとり不安群はA型，孤絶願望群はC型，高自立願望群および中庸群はD型に対応していると言えるかもしれない。

　また，大嶽・多川・吉田（2010）は，青年期女子の友人グループに着目し，「ひとりぼっち回避行動」の捉え方の発達的変化を検討しており，青年期前期には，「ひとりで過ごすことへの不安感」や「（女子友人グループ間の）壁が明確であるがゆえのひとりで過ごすことの居づらさ」があるが，青年期後期には，「無理に一緒にいなくてもいい捉われのなさ」や「ひとりでいる時があってもいいのだという発見」があることを，面接調査から明らかにしている。本研究から考えられる仮説モデルは，友人グループに着目した大嶽らの研究結果を「ひとりで過ごす」という側から見たものとも考えられる。

　しかし，Figure 6-2に示した流れはあくまでも限定的な推論の結果であり，高自立願望群と中庸群が逆で，①ひとり不安群→②模索群→③中庸群→④高

自立願望群である可能性もある。ひとりで過ごすことに関する感情・評価の発達的変化については，今後の詳細な検討が必要であると考えられる。

6.5　本章のまとめ

本章は補章として，第3章の「ひとりの時間」に関する2つの尺度の作成および「ひとりの時間」と自我同一性との関連の部分に関して，再検討することを目的とした。

第一に，第3章で作成された「ひとりの時間」の過ごし方尺度，ひとりで過ごすことに関する感情・評価尺度という2つの尺度について，天井効果・フロア効果の見られた項目および尖度・歪度が1以上であった項目を除外せずに再度因子分析を実施した。その結果，「ひとりの時間」の過ごし方は「自己内省」・「自己解放」・「個人的活動への没頭」「ストレスからの解放」の4下位尺度から構成され，ひとりで過ごすことに関する感情・評価は，「孤独・不安」・「自立願望」・「充実・満足」・「孤絶願望」の4下位尺度から構成される形に修正された。

第二に，自我同一性との関連に関しては，上記の新たに再構成された2つの尺度を用いてモデルを作成し，再度パス解析を行ったところ，「ひとりの時間」の過ごし方の中でも，「個人的活動への没頭」が自我同一性に影響していた。具体的には，「ひとりの時間」に個人的活動に没頭する頻度が高いと，ひとりで過ごすことの充実・満足感が高まり，それが自我同一性形成を促進するが，一方で，個人的活動への没頭が，孤絶願望につながると，自我同一性を低める可能性があることが示唆された。このモデルは RMSEA = .048 となり，モデル当てはまりが良いと言えるのに十分な適合度が得られた。適合度指標である RMSEA が十分な値までは達していなかった第3章での分析に対し，より適切なモデルに改善されたと考えられる。

第三に，ひとりで過ごすことに関する感情・評価を基にして，再度クラス

ター分析を行ったところ，5クラスターが得られ，ひとり不安群，高自立願望群，中庸群，模索群，孤絶願望群とした。これらの群は，「ひとりの時間」の過ごし方，自我同一性において違いが見られた。この結果を基に，本研究から考えられる，ひとりで過ごすことに関する感情・評価，「ひとりの時間」の過ごし方，自我同一性の発達の仮説モデルを新たに提示した。

　この補章では，第3章で十分でなかった箇所について再分析を行い，大学生の「ひとりの時間」の構造および自我同一性との関連について，より適切で発展した内容に修正できたと考えられる。しかしながら，第5章で挙げた今後の課題に加え，本章で作成された自我同一性との関連のモデル（Figure 6-1），発達的変化の仮説モデル（Figure 6-2）についても，今後さらに確認していくことが必要である。青年の「ひとりの時間」について，また，「ひとりの時間」と自我同一性形成との関連について，今後さらに検討を重ね，より青年の実態に即し，発達的臨床的支援を考える上で役立つ知見を得ることが重要であると考える。

補章の引用文献

増淵（海野）裕子（2014）．大学生における「ひとりの時間」の検討および自我同一性との関連　青年心理学研究, 25, 105-123.

松尾和美・小川俊樹（2000）．青年期における「ひとりでいられる能力」について―依存性との比較から―　筑波大学心理学研究, 22, 207-214.

落合良行（1999）．孤独な心―淋しい孤独感から明るい孤独感へ―　サイエンス社

大野　久・茂垣（若原）まどか・三好昭子・内島香絵（2004）．MIMIC モデルによるアイデンティティの実感としての充実感の構造の検討　教育心理学研究, 52, 320-330.

大嶽さと子・多川則子・吉田俊和（2010）．青年期女子における「ひとりぼっち回避行動」に対する捉え方の発達的変化―面接調査に基づく探索的なモデル作成の試み―　対人社会心理学研究, 10, 179-185.

杉本希映・庄司一子（2006）．「居場所」の心理的機能の構造とその発達的変化　教育心理学研究, 54, 289-299.

谷　冬彦（2001）．青年期における同一性の感覚の構造－多次元自我同一性尺度（MEIS）の作成－　教育心理学研究，*49*，265-273．

泊真児・吉田富二雄（1998）．プライベート空間機能尺度の作成及び信頼性・妥当性の検討　日本社会心理学会第39回大会発表論文集，90-91．

初 出 一 覧

本書に掲載された研究，データの初出一覧は以下の通りである。

【第1章】
海野裕子・三浦香苗（2007）．「ひとりの時間」の持ち方から見た現代青年期　昭和女子大学生活心理研究所紀要, *10*, 65-74.

【第2章】
海野裕子（2006）．大学生における「ひとりの時間」の持つ意味　昭和女子大学大学院生活機構研究科生活文化研究専攻心理学講座臨床心理士養成コース修士論文（未公刊）．
海野裕子（2007）．大学生は「ひとりの時間」をどう捉えるか―自由記述の分析を中心とした検討―　昭和女子大学大学院生活機構研究科紀要, *16*, 99-109.
海野裕子・三浦香苗（2006）．ひとりで過ごすことに関する大学生の意識―「能動的なひとり」と「受動的なひとり」の比較―　昭和女子大学生活心理研究所紀要, *9*, 53-62.

【第3章】
海野裕子（2008）．ひとりで過ごすことに関する感情・評価尺度の作成　日本教育心理学会第50回大会発表論文集, 453.
海野裕子（2009）．大学生における「ひとりの時間」と友人に対する感情との関連　昭和女子大学大学院生活機構研究科紀要, *18*, 79-92.
海野裕子・三浦香苗（2010）．大学生における「ひとりの時間」と孤独感・対人恐怖心性との関連　昭和女子大学生活心理研究所紀要, *12*, 51-61.
海野裕子・三浦香苗（2011a）．ひとりで過ごすことに関する感情・評価尺度の検討　昭和女子大学生活心理研究所紀要, *13*, 121-126.
海野裕子・森　慶輔（2008）．「ひとりの時間」の過ごし方尺度の作成　日本心理臨床学会第27回大会発表論文集, 411.

【第4章】
海野裕子（2011）．中・高・大学生におけるひとりで過ごすことに関する感情・評価

と自我同一性との関連　日本教育心理学会第53回大会発表論文集, 180.
海野裕子・三浦香苗 (2011b). 青年期における「ひとりの時間」の発達的変化　昭和女子大学大学院生活機構研究科紀要, *20*, 17-25.

【補章】
増淵（海野）裕子 (2014). 大学生における「ひとりの時間」の検討および自我同一性との関連　青年心理学研究, *25*, 105-123.

謝　辞

　本書は，2012年3月に昭和女子大学より学位を授与された博士論文「現代青年における『ひとりの時間』の持つ意味―自我同一性形成との関連に焦点を当てて―」を基にしたものです。本書を執筆するにあたり，多くの方々にご指導，ご協力をいただきました。お世話になりましたすべての方に，心より御礼申し上げます。

　博士論文の審査委員として，主査の三浦香苗先生，副査の堀毛一也先生，島谷まき子先生，今城周造先生には，本当にお世話になりました。先生方にあたたかく丁寧にご指導いただき，貴重なご意見をいただき，なんとか最後まで論文をまとめることができました。

　主査である三浦香苗先生には，修士課程入学から博士課程単位取得退学後も含め，8年間にわたってご指導いただきました。私が興味を持った「ひとりの時間」というテーマを応援してくださり，研究としてまとめるところまで導いてくださったことに御礼申し上げます。三浦先生には，頭だけで抽象的に考えるのではなく，常に現実と照らし合わせて，現実に即して物事を考えていく大切さを学ばせていただきました。他の大学から入学した私を引き受けてくださり，歩みののろい私をずっと面倒見てくださったこと，落ち込んだり悩んだりしているときにいつも励ましてくださったことは，私にとっていつも大きな心の支えでした。何度もあきらめそうになる中，博士論文をまとめることができたのは，三浦先生のご指導のおかげです。心より感謝申し上げます。

　東洋大学の堀毛先生には，外部審査員として，副査をお引き受けいただき，丁寧なご指導をいただきました。社会心理学・人格心理学の専門家でいらっしゃる堀毛先生に的確なご意見をいただけたことは，博士論文の問題と考察

をまとめあげる上でも，各章の分析や記述を見直す上でも，とてもありがたいものでした。

　島谷先生には，修士論文の審査の際にも審査委員としてお世話になり，修士論文，博士論文と継続してご指導いただきました。島谷先生のご指導により，論文のテーマである「青年期における『ひとりの時間』の持つ意味」という視点から，論文全体を見直し，考察することができたように思います。また，自我同一性の拡散の問題や，対人関係の行動面との関連など，より臨床的な側面から「ひとりの時間」を考える視点を与えていただきました。

　今城先生には，論文提出前や，審査会以外にも，何度もご相談させていただき，お時間を割いていただきました。特に，論文の核となる自我同一性との関連の分析においては，今城先生のご指導がなかったら，博士論文をまとめあげることはできなかったと思います。丁寧にご指導いただき，ありがとうございました。

　また，昭和女子大学人間社会学部心理学科の先生方，昭和女子大学生活心理研究所の皆様には，授業や公開審査の際，また，本書の出版にあたり，さまざまな場面で，貴重なご助言，ご協力，励ましをいただきました。感謝申し上げます。

　データの収集にあたっては，多くの先生方，生徒，学生の皆様のご協力を賜りました。ここでは一人ひとりのお名前を挙げることはできませんが，調査に快くご協力をいただきました先生方，生徒および学生の皆様に厚く御礼申し上げます。

　研究を進める上で，三浦研究室の皆様，昭和女子大学大学院の皆様にも，多くのご支援，ご協力をいただきました。特に，先輩である足利工業大学の森慶輔氏には，データ収集，データ分析において，多大なご協力を賜りました。論文執筆の際には，後輩である満野史子氏に多くの時間を割いていただき，ご協力いただきました。昭和女子大学人間社会学部初等教育学科の石井正子先生，岸田幸弘先生には，データ収集や論文執筆においても，研究室の

仲間としてもお世話になりました。さらに，昭和女子大学大学院の先輩・後輩・仲間として，木村あやの氏，百瀬良氏，川上万理江氏，齋藤泰子氏，瀬戸山聡子氏とは，ゼミや授業でご一緒させていただき，貴重なご意見，ご協力をいただきました。大学院の仲間として，いろいろな意見を交わしながら一緒に過ごせたこと，皆様が何度もあたたかく励ましてくださったことは，大きな心の支えとなりました。そのほか，三浦研究室の多くの後輩に，データ入力や執筆の過程でお世話になりました。皆様に心より感謝申し上げます。

　また，本書の刊行に際し，多大なご尽力をいただき，何度も丁寧に対応していただきました，風間書房の風間敬子氏，下島結氏に厚く御礼申し上げます。初めての出版で何も分からない中，お2人に何度もご助言，ご対応いただきましたおかげで，出版までこぎつけることができました。

　本書で明らかにしきれなかった部分は，今後の研究課題として，取り組んでいく所存です。本書を出発点として，この研究の過程で学ばせていただいたことを糧に，今後も研究，教育，臨床に精進して参りたいと思います。

　最後になりましたが，常に長い目であたたかく応援してくれた両親と妹，そしていつも優しく見守ってくれる夫に心から感謝いたします。

　　　2015年12月

　　　　　　　　　　　　　　　　　　　　　　　　　　　増　淵　裕　子

※なお，本書は平成27年度昭和女子大学博士論文出版助成を受けて刊行された。

著者略歴

増淵　裕子（ますぶち　ゆうこ）

1981年　茨城県生まれ
2003年　お茶の水女子大学文教育学部人間社会科学科心理学コース卒業
2006年　昭和女子大学大学院生活機構研究科生活文化研究専攻心理学講座
　　　　臨床心理士養成コース修士課程修了
2009年　昭和女子大学大学院生活機構研究科生活機構学専攻博士課程単位
　　　　取得満期退学
2012年　博士（学術）（昭和女子大学）
昭和女子大学、武蔵野大学等での非常勤講師を経て
現　在　昭和女子大学生活心理研究所　助教
　　　　臨床心理士

現代青年の「ひとりの時間」に関する発達心理学的研究
　　　―自我同一性形成との関連に焦点を当てて―

2016年1月31日　初版第1刷発行

　　　　　　　　著　者　　増　淵　裕　子
　　　　　　　　発行者　　風　間　敬　子

発行所　　株式会社　風　間　書　房
　　　〒101-0051　東京都千代田区神田神保町1-34
　　　　　　電話 03(3291)5729　FAX 03(3291)5757
　　　　　　　　　　振替 00110-5-1853

　　　　　　　印刷　太平印刷社　　製本　高地製本所

　　©2016 Yuko Masubuchi　　　　　　NDC 分類：140
　　　　ISBN978-4-7599-2112-0　Printed in Japan
　　　ǰCOPY〈(社)出版者著作権管理機構　委託出版物〉
本書の無断複製は、著作権法上での例外を除き禁じられています。複製される
場合はそのつど事前に(社)出版者著作権管理機構（電話 03-3513-6969、FAX 03-
3513-6979、e-mail: info@jcopy.or.jp）の許諾を得てください。